五日市憲法草案とその起草者たち

色川大吉 編著

日本経済評論社

新版のはしがき

私は前著『新世紀なれど 光は見えず』（日本経済評論社）の二〇一四年の項で、次のようなことを書いている。

「ことの起こりは皇后美智子妃の言葉にあります。この方が昨年、都下あきる野市の文書館で五日市憲法草案をご覧になり、まだ憲法もなく議会も開かれていない明治十年代、一八八〇年代に、国民の基本的人権を幾重にも規定した立派な憲法草案が民衆の手で作られていたことを知り感嘆された。その感想を新聞に寄せられたことが、四十六年ぶりに五日市憲法草案を蘇《よみがえ》らせる契機となったのです」と。

じつはこの「五日市草案」は、『民衆憲法の創造』という書名で、一九七〇年に評論社から刊行された本の中に収録していた。その後、これについての研究も進んでいたので、新稿を加え、新版を出さなくてはならないと考えたのである。

それに当たっては、旧著を整理する必要があった。旧著の目次に掲げた都下三多摩地区での講演記録、第Ⅰ部の五章のうち第二章と第三章を削除して、第一、四、五章の三篇だけを生かすようにした。いずれも色川の講演で、内容に重複が多いと認めたからである。

その代わりに五日市草案の起草者千葉卓三郎についての私の新稿（一九七九年一一月、卓三郎の生地宮城県志波姫町での記念講演筆記）をここに収録した。

第Ⅲ部は新井勝紘、江井秀雄の二人の執筆部分で、それぞれいくらかの加筆、補正はあるものの、基本的には前著を継承している。また、第Ⅳ部には二〇一五年、農山漁村文化協会（農文協）の『日本国憲法の大義』という憲法特集号に発表した色川の新稿と新井の新稿「自由民権期の民衆憲法こそ日本国憲法の源流」も収録した。転載を許可してくれた農山漁村文化協会に感謝したい。さらに史料として、新井、江井の校訂による五日市憲法草案と嚶鳴社憲法草案の全文を収録した。

いま、安倍内閣が国民の圧倒的多数の反対（世論）を押し切って、憲法第九条の解釈を変更する閣議決定をし、安保法制を強硬可決した上、憲法改正をも政治課題にしようとしている。こうした時であるからこそ本書のような民衆の側からの憲法草案作りの研究書が改めて出版されることの意義は小さくないと私は思う。

二〇一五年一〇月

色川大吉

旧版のはしがき

この本は二つの部分から成り立っています。

第Ⅰ部は、編者がこの三年間に多摩地方の各地で講演したものの中から、本書の主題に関係の深い幾つかを選んだものです。

一九六七年が一篇、六九年が三篇、の全部で五篇ですが、テーマは四つに分かれます。一つは、「歴史に埋もれた人びと」、とくに多摩地方に埋もれていた明治期の人脈を掘り起こし、歴史の見方を変えたものです。これは第一章と第三章とが、なか二年をおいて連続する形となっており、最後は民衆憲法の起草者の発掘で終わっています。

第二のテーマは、都市問題と自治に関心の深かった頃のもので、「東京の百年」の記念講演としておこなった「多摩の百年――自治のたたかい」に関するものです。この後、羽仁五郎氏の『都市の論理』が空前のベストセラーとなり、新時代がはじまりました。私も新しい風土論の構築をめざしました。

第三のテーマは、本書の主眼である「民衆憲法を生み出した地域と群像」に関するものであり、じっさいに武蔵五日市町に行って、その地の高校で地元の聴衆を前に講演したものです。詳論は第二部で展開されます。

第四のテーマは、以上のような地域での活動を多年続けてきた私たちの「市民の歴史学の方法と理論」について、私なりに試論をまとめてみたものです。いずれも、録音テープから様々な方が忠実に復元してくれた速記原稿に私が手を入れたもので、初めから論文として書いたものではありませんので、実証の不備、論理の一貫性の弱さが目立ちます。それを補うものとして、第二部の研究編を読んでいただけたら幸甚です。

なお、この五篇のうちの三篇までが、一九六九年十一月に集中している事実は説明を要すると思います。じつはこの頃、私の研究室の学生たちが多年の研究成果をまとめた「武州三多摩新史料展」や「自由民権展」を東京経済大学や八王子郷土資料館で開催していましたので、精神的にも昂揚していたのだと思います。いずれも草稿なしの手放しの講演だったのですが、あらためてこれらを読み直してみると、私たちの仕事ぶりやその追求の経過や方法論が、わりに正直にナマの形で出ていて、あるいは他の地域で同様の仕事に取組んでおられる人びとにも、参考になろうかとも思われました。いま出版にあたって、この録音テープや速記原稿を提供してくださった東京都立川社会教育会館、同都立八王子図書館、八王子市民新聞社、および五日市高校の皆さんに感謝したいと思います。

第Ⅱ部「民衆憲法の創造」は、私と江井秀雄君と新井勝紘君の三人の共同研究です。

一応、第一章の「千葉卓三郎研究」の解説は色川が、第二章「五日市憲法草案研究」は新井が、第三章「嚶鳴社《おうめい》憲法草案研究」は江井が書きました。しかし、全体を通じて一年余にわたる三人の追究、検討が続けられてきた上での執筆ですから、全体が共同の研究の成果であることに違いありません。そうはいえ、第二部の各章の学問的責任は、それぞれ執筆の個人が負うべきことはもちろんであります。

この本の成立過程を反省してみますと、一九六八年夏の西多摩郡深沢家文書の発掘が直接の契機になったのですから、この文書の発掘、整理、分析の作業に参加してくださった次の方々のご協力がなかったら、この本も生まれ得なかったものと思われます。ご芳名を記して厚く感謝申し上げる次第です。

深沢一彦氏、内山善一氏、千葉敏雄氏。

東京経済大学図書館多田二郎氏、藤本雅司氏。

溝口重郎君はじめ、一九六八年、六九年度第一、二部色川ゼミナールの全員。

最後に、出版をお引き受け下さった評論社の竹下晴信氏の友情にお礼申し上げます。

一九七〇年六月二三日

色川大吉

五日市憲法草案とその起草者たち

色川大吉

目次

第Ⅱ部　埋もれた多摩の人脈　色川大吉

第Ⅲ部　五日市憲法草案と嚶鳴社憲法草案の研究

第Ⅳ部　世界の模範・「日本国憲法」

第Ⅰ部　五日市憲法の創造

色川大吉

一　五日市学芸講談会と起草者千葉卓三郎

維新と山村

武蔵国西多摩郡深沢村は、五日市町から一里ほど北東に入ったところに、山に囲まれてこじんまりと息づいている。猫の額ほどの畑と、渓流沿いに斜面をひらいて造った二、三十戸の民家とが点々とつづいているだけの、小さな部落である。

旧姓を清水といい、明治になって深沢と名乗ったその家は、村代々の名主をつとめてきた旧家である。いまでもそうだが、百年前は遙かに山深かったこの僻村に、深沢権八《ごんぱち》は父名生《なおまる》の長男として生まれた。文久元年（一八六一）、江戸幕府倒壊を遡るわずか七年という〝嵐の季節〟にである。彼の家はいわゆる山林地主で、五日市の内山安兵衛家には及ばないが、西多摩では有数の資産の持主であった。

家の前には、浅い渓流が流れている。後にはかなり急峻な山が立ちならび、その南斜面の五〇〇坪ほどの台地に堂々とした茅葺きの平屋が、先祖代々の墓に見守られるようにして建っていたのであろう。嘉永ごろの古図（図1）を見ると、母屋は居間、客間などの六部屋のほか、織屋、納屋などもあって、かなり広く、別棟には土蔵、倉庫、物置などが建てられていた。今、残っているのはこれらの邸のうち、山門風の構えの門と、味噌蔵《みそぐら》ひとつにしかすぎない。

この別天地のような環境に生まれた権八は、ある時は裏山に登り、眼下にひろがる森と点綴する人家

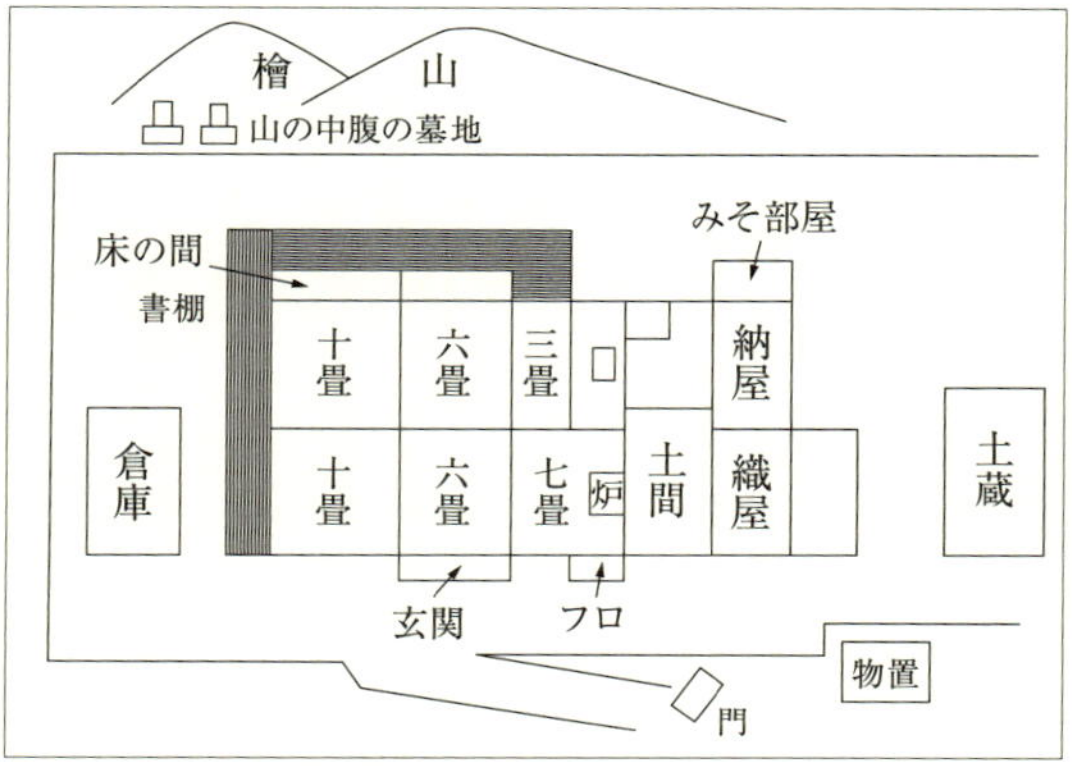

図１　深沢家屋敷図

を眺めながら何ごとかを思ったであろう。父の名生は大量の木材を江戸の深川に出していた関係上、しばしば五日市で筏《いかだ》を組み、秋川を下って海に出、江戸の木場《きば》の商人と取引もするかたわら、激しく変わりゆく世相を脳裡にきざんで、村びとや息子たちに「御一新」の切迫を語って聞かせたことであろう。

権八は十二歳の時（明治六年）近村に設立されたばかりの五日市勧能学舎へ、その第一期生として入学する。校長は旧仙台藩士の永沼織之丞。永沼の関係で数名の宮城県出身者が入れ替わり立ち替わり助教となって教鞭をとり、権八たちに激しい歴史の息吹きをふきこむ。そうした助教の一人として千葉卓三郎は深沢父子と邂逅した。それが明治何年のことであったかは、まだ明らかにできないが、後の書簡からの推定では、一応明治十年頃という線が強い。おそらく当時、深沢権八はこの小学校（勧能学舎）を卒業していたであろう。十五歳に達して成人。十六歳には早くも権八は公選により村の総代にあげられている。

このころ、西多摩郡の山奥の小学校で、深沢父子が千葉卓三郎とめぐりあったということは、運命的なことであった。深沢父子はやがてこの小学校の世話役、学務委員として千葉たち教員を助けるが、援助はそれだけにとどまらない。深沢家の文庫は、あげて卓三郎たち青年有志に開放され、そこを拠点としての研究＝学習運動が生まれ、発展しては五日市学芸講談会となり、五日市憲法草案創造の源泉ともなったのである。

五年後に「ジャパン国法学大博士タクロン・チーバー氏」を誇称する千葉卓三郎も、深沢に足を踏みいれたころは、まだ二十二、三歳のはにかみがちの青年であったろう。この人が後に全文二〇四条の卓越した憲法草案を起草し、深沢権八から、

郷友の会中もっとも俊豪
雄弁は人推《お》す米のヘンリー
卓論自ら許す仏のルッソー

と、うたわれようとは、誰も予想できなかったにちがいない。おそらく時代が彼を突き動かし、この地域〈コンミューン〉が彼の才能を開花させたと言えるのである。

私たちが、この全く未見の人千葉卓三郎を知ったのも、三多摩史料調査の一環としての深沢文書の分析による偶然からであった。いわばタクロン・チーバー氏は、深沢権八追求の副産物として発見されたのである。

いま、この八十六年間（一八八三[註]〜一九六八）多摩の草深い山間の土蔵に埋もれていた謎の人物を紹介するにあたって、その前に、この調査がどのようないきさつによって行われ、どのように経過してきたものであるかを、色川ゼミ共同研究の一員である明田恵君の文などを参照しつつ簡単にふり返っておくことにしたい。

（註）千葉卓三郎は、明治十六年（一八八三）十月十二日に病死した。早く両親に死別し、明治五年、郷里を出奔して以来、放浪に日を過ごしてきた彼は、終生妻を娶らず、天涯孤独のまま終わった。したがって、卓三郎の最期の立

会いも葬儀もすべて五日市地方の同志たち、特に深沢父子によってなされた。千葉卓三郎文書の核心的なもののほとんどが、深沢家の土蔵に残されていたのはそのためである。（しかも、その深沢父子も数年後に相次いで死んだ）したがって、彼が病死した一八八三年から数えて八十六年間、これらの文書群は手つかずの土蔵の隅に眠っていたということになる。

歴史調査の過程

私たち三多摩研究グループは、長い間、地域を方数十里という多摩の地方に限定して歴史調査を進めてきた。こんな狭い地域にも深く掘りおこしてみさえすれば、きっと豊かな泉が湧出してくるにちがいない。それを実験しようと、ただひたすらに地味な探求活動を続けてきた。

だが、その成果も思うにまかせず、日が経ってしまったが、ようやく自由民権期における無名の青年たちの情熱と波乱に富んだ体験の全貌を少しずつ明らかにすることができるようになった。

ここ西多摩郡五日市といえば、今日においては東京に残された数少ない自然境として、都会人の憩いの地のように思われている。だが、かつてこの地が民権運動の一拠点として、歴史的に由緒の深い地であったことは、その住民からも忘れられていよう。

明治維新は、偉大な社会変革であったが、なお草深い山村に不安と疑いの目をひらいていた多くの人びとを解放しはしなかった。彼らが真に解放への期待と喜びを抱いたのは、藩閥支配の打倒と自由民権による国会開設を唱えて立ちあがった十余年後のことである。地方の人民にとっては、そのときこそが、まことの文明開化であり、明治維新の幕開けであったのだ。

こうした〝目覚め〟は、さらに西多摩郡の深い沢の村においても、その青年たちの心を捉えたのである。だが、かつてこの地に住んだ青年たちが、明治の初めから一八八〇年代にかけて、すばらしい思想の高揚期を生みだし、静かさと醇朴に似合わぬ激しい気魄と、絶えず何かを求めてやまない求道心を発揮していたと誰が想像できるであろうか。

そうした静寂を内に秘め、明治の自由民権期を生き抜いた一豪農民権家深沢権八などは、その若き先駆者の一人であった。

無類の「篤学の人」「愛書家」として知られたこの青年の新しい思想への傾倒が、いい加減なものでなかった証拠は、〝明治百年〟（一九六八）の夏、深沢家の土蔵を開いたときに再び確認された。私は深沢家の文書には以前から注目していたものの、蔵開けの許しを得たのは十年後で、そこには私が最初に予期していたものをはるかに越える貴重な史料が眠っていた。

第一回の調査は、一九六八年の八月二十七日に行われた。この時、私とゼミの学生たちは五日市の秋川畔の宿舎に合宿して、その日の成果を分析した。何びとのものかわからぬ「日本帝国憲法草案」（文書）なるものが発見されたのはこの時である。

実際に、その直接の起草者千葉卓三郎については、その時は何ひとつわからなかったのである。私たちにとってもその人物は全くの謎であり、初めての邂逅であった。

第二回の調査は、秋十月十日に行われた。この時は総勢十四人で、土蔵の隅から隅までを徹底的に捜索した。そして、学界待望の「嚶鳴社憲法草案」や、まだ全国で二通しか判明していなかった「国会開設期限短縮建白書」などの重要文書が次々と発見された。千葉卓三郎のものらしい書簡が、紙屑の山の中から見つかったのもこの時である。

それから一九六九年の二月、三度び深沢の土蔵を訪れ、全文書を東京経済大学図書館に移管するまで、私たちは五つのグループに分かれ、それぞれの史料分析に没頭した。その間にもユニークな民衆憲法として「五日市憲法草案」の名は学界にも知られ、読売新聞・昭和四十三年（一九六八）十月二十三日付文化欄の色川論文によって初めてひろく一般にも紹介された。折しも、それは明治維新百年記念祝典が政府の手によって政略的に行われた当日であったのである。

千葉卓三郎の追求については、色川研究室から江井秀雄副手と新井勝紘がはるばる宮城県志波姫町の役場まで出向いて、戸籍などを究明し、また一転して遺族（卓三郎の孫、千葉敏雄氏）が神戸市に居住しておられるのをつきとめ、神戸へ飛ぶなど東奔西走した。

さらに、五日市の名家内山家の土蔵をも二度にわたって調査し、深沢文書を側面から補強する多くの史料を見ることができた。さらに江井副手らは再度、宮城県北端の栗駒山の山麓まで車を走らせて、千葉家関係の写真の取材をしてきた。このようにして、私たちの共同の事業は一歩一歩と積みあげられ、ようやく一般の展観に供し得る段階にまでこぎつけることができたのである。

なお、深沢家の史料は、偶然にも八十年以上も手がつけられていなかったため、その散逸はまぬがれたが、残念なことに近世文書の類はほとんど判読できないくらいに虫に食われたり、あるいは腐蝕していた。そのため、私たちは大学図書館の藤本雅司司書と協力して、これらの史料を修復、整理し、できるだけ一般の研究者にも見られるような形にした。その骨の折れる地味な仕事は、一九六九年の暑い夏休み全部を返上して約四十五日間にわたってつづけられ、わがゼミの在学生松崎泰雄、梅津敬、中島孝雄、飯島敏雄、本間三喜男、石堂謨らによって重要なものの一部は終えたが、なお多くの作業が残されたのである。

それはともあれ、その成果の一部は、《武州多摩郡新史料展・東国のあけぼの》として公開された。（註）

展示した史料約一〇〇〇点。一九六九年十一月一日から三日間の会期中、入場者二〇〇〇名という盛会で、特に忘れ難いのは千葉卓三郎の孫にあたる千葉敏雄氏と深沢権八の令孫深沢一彦氏との劇的な対面であった。それは急遽神戸から飛来された敏雄氏を迎えて、十一月二日東京経済大学図書館展示会場の一室で行われた。敏雄氏は大病の後の病身、しかも八十歳に近い高齢者であるため健康を危ぶまれたが、何としても卓三郎の展観には上京するとの執念を燃やして、愛嬢につきそわれて対面したのである。

そこに五日市自由民権家たちの梁山泊といわれた内山安兵衛家の長男内山善一氏も参会され、八十年前の民権時代の懐旧談に花を咲かせ、たがいに数十年ぶりの挨拶を交わされたのである。

さて、読者には唐突であったにちがいない、千葉敏雄氏がどうしてここに登場することになったか。その点については、私たち共同研究グループの間の裏話（今では逸話になった）があるので、それを当事者である江井秀雄副手の口から語ってもらおう。

（註）この深沢家文書と内山家文書を中心とする史料展は、その後も地域の要望が強く、東京経済大学での展示が終わるや、なか一週間おいて八王子市教育委員会主催の《自由民権・多摩の先駆者展》に特別出品を要請された。展示は一九七〇年一月三十日まで、ほぼ三ヵ月にわたり、八王子郷土資料館において盛況裡に行われた。なお、これと並行して、私たちの研究グループは江井秀雄、新井勝紘、溝口重郎の三人を講演者に送りだし、色川をも加えて「明治前期における自治の精神――五日市地方を中心に」をテーマに十一回連続の歴史講座（一九六九・九・二〇～一一・三〇）を東京都立川社会教育会館において実施し、さらに同趣旨の連続講座（一九七〇・一・一三～二・二四）を五日市町においても、その他でも行ったのである。

これは地域研究とその成果を地域住民に還元する当然の運動の一例にすぎないが、いずれも予想を上回る反応と盛り上がりがあったことは忘れ難い。

千葉卓三郎を追って

昨年（一九六八）八月、深沢家の史料が八十数年ぶりに私たちの目にふれたとき、そこに初めて登場した一人の輝きを放つ人物を発見した。その名は千葉卓三郎。自由民権運動の挫折を見とどけることもなく、また、明治日本の発展が、彼の意図したものと全く違った方向に進んでいったことも知らずに、明治十六年十一月十二日、わずか三十一歳でその多難な生涯を閉じたのである。

彼の五日市において残した業績は、私たちの手にとられ、それを土台に研究はたしかに進んだ。(註)しかし、それ以外のほとんど、彼の生まれた場所、五日市に辿りつくまでの経歴、かれの家系、戸籍、子孫のことなど謎が多すぎた。卓三郎追跡調査が始まったのである。それは刑事が犯人を追ってあくなき追跡をするのと似ていた。

彼の生まれは、宮城県であることはわかっていたので、まず、私、江井秀雄副手が当時のゼミ四年生の新井勝紘とともに、昨年十一月十八日に仙台に飛ぶことにした。しかし、依然として彼の出生地はわかっていない。ただ一通の手紙、それも彼の死んだ後、彼の財産整理から千葉家の存立まで面倒をみた広田隆友という旧仙台藩士からの宛名に、「栗原郡白幡村」という地名が見えるだけである。これを頼りに、仙台に行けばわかるだろうという曖昧な気持ちで出発したのであった。ところが仙台に着いてみると、そう簡単にはいかなかった。

いくら調べても、白幡村は宮城県栗原郡にはないのである。二人は途方にくれていた。そのとき、仙台市図書館員のひとりが偶然白幡村を知っていた。そうして白幡村は現在の志波姫であることを教えられたのであった。だが、まだこの志波姫町が卓三郎の故郷であるとの確証はなにもない。志波姫は仙台から北へ一〇〇キロほど行った岩手県境に近い一寒村である。時計を見ると午後二時を過ぎていた。急がなければ町役場の退出時刻に間に合わない。二人は車を走らせた。

志波姫の町に入ったのは夕陽もすでに西に傾き、栗駒山が夕陽に映えて真紅に燃えていたときだ。志波姫の役場に入るなり、息もつかせず、卓三郎の今までの研究経過と、読売新聞に掲載された色川論文の記事（昭和四十三年十月二十三日夕刊）を示しながら、戸籍係に明治初期の戸籍の閲覧を求めた。

戸籍係は、この想像もしていなかった東京からの闖入者に驚き、かつ呆れた表情で対応していたが、その戸籍簿を出してきてくれた。それと同時に江井たちの大声のはしはしに〝憲法起草者千葉卓三郎〟という名が聞こえたためであろうか、他の職員たちもそれに興味をもったらしく、役場の事務機能が一時完全に麻痺したようであった。

かれらは、ただ夢中で明治の戸籍簿に見入った。ただ千葉卓三郎という文字を見出すために……。こうして卓三郎の生まれ故郷がこの地であることを、二人はつきとめたのである。だが、その後がわからない。卓三郎の子孫の戸籍は、志波姫には明治十七年までしかなく、あとは石巻に転籍となっていた。しかも土地の人たちは一人として卓三郎のことや、その家族のことを全く知らなかった。せっかくの追跡もここで糸が切れたように感じられた。だが、失望するのは早い。つぎの転居地石巻がある。かれらは志波姫においてできる限りの調査を済ませたあと、東京に戻った。そうしてすぐ石巻市役所に、その戸籍調査依頼をしたのであった。

何日かたって、石巻より丁寧な返事がきた。それによると、卓三郎の養女となったはるじという女が、石巻の千葉秀吉を養子に入れ、石巻に住んでいたが、明治二十三年はるじは秀吉と別れて仙台に転居したというのである。再び江井たちは仙台市役所にはるじの戸籍調べを依頼した。

その結果、はるじの次男で卓三郎には孫にあたる千葉敏雄氏（明治二十四年生）が神戸に住んでいることが判明したのである。しかし、敏雄氏が仙台から神戸に転居したのは昭和二十六年であることからして、現在生存しておられるかどうか皆目わからない。そこで今度は神戸市役所に依頼し、戸籍とともに住民票までとりよせた。その結果、敏雄氏は、当年八十歳で健在であることが判明したのである。

江井は、すぐ神戸の電話帳を繰り、それらしい千葉氏に片端から電話した。そして千葉敏雄氏のお宅をつきとめることができた。だが、敏雄氏はそこひ（底翳）のために失明され、その手術のために神戸大学医学部付属病院に入院していたのである。面会はできそうもない。しかし、たとえ五分でもよいから面会を許可してくれるようにお願いした。

私たちの研究に対する真摯な態度が、電話口で受けるご家族の気持ちを打ったのであろうか、医者の許可さえあればよろしいとのお返事があった。

喜び勇んで二人は、本年三月十七日朝早く新幹線に乗ったのである。お目にかかった敏雄氏は、二人の思っていたよりも容態は良くなかった。しかし遠来の客に対し、心から対応してくれた。また、江井・新井を驚かせたのは、卓三郎関係の史料を小さなトランクに「わが家の宝」と書き、それこそ虫食い一つないままに保管していたことであった。そしてその見えない目で、「卓三郎は立派な人とは聞いていたが、皆さん方の研究によって、私の祖父がこんなにも偉い人であったと教えてくれて本当に有難う。長生きをした甲斐があった」としみじみ言われた。このときほど、私（江井）は歴史を研究していて良かったと思ったことはない。

ここではじめて卓三郎の履歴書、現存しているただ一枚の写真、その他数点の貴重な史料をお借りすることができたのである。

卓三郎を追って約半年、歴史を研究するものとして、一人の人物の追跡のもたらした成果に、いま私たちは本当に満足している。

最後に、千葉敏雄氏は、その後手術が成功され、今回の史料展には令嬢の若子さんと共に神戸から飛来された。そして、卓三郎死後八十六年ぶりに実現した深沢権八の令孫深沢一彦氏との劇的な対面は、私たちの研究のもたらした本当のハプニングであったといえるであろう。

（註）この史料展の折、色川研究室は憲法起草過程と民権派結社関係の文書を中心とした『三多摩自由民権史料集――深沢家文書』（東京経済大学色川研究室編・発行）を自費出版した。もとよりこれは少部数の一〇〇ページ余の小冊子である。ところが、中に収めた千葉卓三郎関係文書が意外の好評で、たちまち出尽くし、今では全く手に入らないものになっている。

精神遍歴――五日市定住まで

東北本線の石越《いしこし》という小さな駅。その駅から迫川《はざまがわ》に沿って約二里ほど西に入ったところが、卓三郎の生まれた村であった。

陸前国栗原郡白幡村（現志波姫町《しわひめ》）の伊豆野《いずの》という部落になる。今ではどの辺がその邸跡であったか、想像できるだけだが、この一帯は岩手県境の栗駒山から水量豊かに流れくだる迫川の水田地帯だけに、初夏ともなればゆたかな田園風景がくりひろげられる。

幼名を宅三郎といった彼は、この村に在住した仙台藩の下級武士千葉宅之丞とその妾ちかのとの間に生まれた。嘉永五年六月十七日、ペリー艦隊来航の前年であった。白幡村の壬申戸籍は、明治五年（壬申の年、一八七二）、「平民・農・千葉宅三郎、壬申年二十一」と明記している。そのとき父宅之丞はすでに亡く（父は宅三郎の分娩前に危篤におちいり、まもなく死んだ）、養母のさだもこの年十月、六十三歳で死亡している。

宅三郎は、不幸な星の下に生まれたのだ。

深沢家の土蔵でみつけた「壬申六月廿二日附」の「宮城県発行」の証紙によると、宅三郎は兄の千葉利八（士族）と養母の定《さだ》をおいて、明治五年六月単身故郷を離れたらしい。つまり、彼は父にはもちろん、母の死に目にもあっていない。

千葉敏雄氏蔵の文書「千葉家近代ノ史稿」によると、彼の父宅之丞は先妻にも後妻のさだにも子供が生まれなかったため、夫婦協議のうえ、ちかのという妾をとり、それに生ませたのが宅三郎であったという。ところが、分娩前に宅之丞が危篤におちいったため、家の断絶をおそれて、先妻の里子であった仙台の清水彦右衛門を千葉家相続の養子に定めた。それが後の士族千葉利八（宅三郎の義兄）であるらしい。だから、宅三郎は三歳のときに生母ちかのとひき離され、その後は養母さだに育てられた。この養母の生家は、代々医業を営み、維新前後には寺子屋をも開いていたというから、宅三郎の学問好きは、この養母とその家の影響によって育まれたのかもしれない。とにかく十二歳頃から、大槻磐渓《ばんけい》先生につく許しをうけ、十七歳、戊辰戦争に従軍するまでの間、その門下にあったという。

大槻磐渓《ばんけい》（一八〇一～一八七八）は、わが国屈指の蘭学者大槻玄沢の子、幕末の思想家として佐久間象山とならぶ先覚者、開国論者である。早くから江戸、長崎、京都など全国を歴遊、頼山陽などとも交際し、儒学詩文や西洋砲術に長じていた。嘉永六年（一八五三）、ペリー来航に際会するや、率先して開港論をとなえ、ついでロシアとの同盟政策を主張、幕末に群を抜く識見を示した。仙台藩には文久二年（一八六二）に、藩校養賢堂の副学に招かれ、ついで学頭をも勤めたが、慶応四年（一八六八）戊辰の内戦にあたっては、奥羽越列藩同盟の重役をつとめ、敗れて、官軍の手で投獄された。一時は命まで危なかったのである。

そのころ、千葉宅三郎は、この老師と別れて戦火の下をくぐっていた。「軍兵ヲ募ルニ応募、軍卒ニ加ハリ白河口ニ出張、二度ノ戦争」を行い、敗走している。会津落城の直前であった。

北上川の下流にあたる桃生《ものう》郡名振《なぶり》浜の、永沼塾の塾頭永沼織之丞（一八三六～一九一六）も、この激戦に参加、仙台藩の農兵隊長として官軍に抗戦し、そのため投獄されている。この時、永沼は三十三歳、千葉は十七歳、この二人がそれから七、八年後に武蔵国の一山村で再会しようとは、神ならぬ身の知る由もなかったであろう。

宅三郎は天朝様に抗戦した「賊軍」、「敗残者」の汚名を着て、このときから〝故郷喪失の人間《ハイマート・ロス》〟となる。〝放浪の求道者〟としての人生遍歴が始まるのだ。

彼が後に、五日市勧能学校の教職に就くとき、役所に提出したものと思われる「履歴書」には、この抗戦のことはなく、磐渓門下以降の七転八転の学事歴のみが記されているのであるが、それによっても、彼の遍歴と苦悩の跡は蔽うことができない。

慶応四年が明治元年と改まった直後一八六八年の十一月、宅三郎は宮城県松島の石川桜所《おうしょ》（一八二四～一八八二）を訪ねて、翌年八月まで医学を学んだ。そして十月、気仙沼に国学者鍋島一郎を訪ねて、国学を学んだという。

これは実は、石川桜所が将軍補佐の罪で獄に投じられたため、宅三郎が行き場を失った結果なのだ。陸前国登米郡桜場村の西洋医学者石川桜所のこの災厄は、宅三郎にとって磐渓下獄につづく打撃であったろう。彼が医学に興味をもっていたらしいことは、卓三郎の晩年の遺稿と思われる『神経学総論』（文書・一編）によってもわかるが、養母さだの生家が医者であったことも影響していたのであろう。しかし、折角のその志も第一歩において挫折した。

鍋島一郎は「言霊音義《ことだまおんぎ》」を弟子たちに授けていた奇人の国学者であったが、宅三郎はここには一年しか留まらない。維新の大混乱の渦中に投げだされた青年の懊悩は深く、彼も浄土真宗の僧、桜井恭伯《きょうはく》の門を、明治三年の暮れに叩いている。だが、わずか五ヵ月で去り、やがてギリシャ正教の主教ニコライ（イオアン・ディミトロヴィチ・カサーツキン）神父の声望を聞いて、急速に彼に接近している。それは特に仙台藩士とニコライ神父との関係が深かったためであろう。現在、この頃の事情は『ニコライ大主教事蹟』によって知ることができる。

宅三郎は、明治四年六月にニコライ師を慕って上京したと、履歴書に記している。しかし、実際にニコライが東京にあらわれ、神学校を開いたのは、明治五年の冬からであるから、その頃から彼はここに居住したのであろう。ニコライのもとにあること四年間というから、宅三郎の二十歳から二十四歳までは、キリスト教の伝道の世界にあったものと想像できるのである。

ところが、どうしたことであろうか。明治八年五月、彼は一転して耶蘇《やそ》教排撃論者で『弁妄《べんもう》』の著者として有名な安井息軒《そっけん》（一七九九〜一八七六）の門に入門している。息軒は、すでに七十歳に達する大儒であったが、雲井竜雄（一八四四〜一八七〇）の恩師として当時の叛骨ある青年たちに尊敬されていた。特に雲井が明治新政権転覆の陰謀で処刑された〝叛逆の詩人〟だけに、後の自由民権家の敬慕も深く、やがて千葉卓三郎の親友となる深沢権八なども盛んにその詩を愛誦していた。その師息軒になぜ宅三郎が近づいていったか。真の動機は謎であるが、師匠運の悪い彼は、ここでも一年もしないうちに息軒先生に先立たれた。そこで三度転じて、フランス・カトリックの伝道師ウィグルスに教えを乞う。西南戦争が始まる明治十年の二月までである。

パリ・ミッションの海外宣教師で、助手のカディヤック神父と共に「歩く宣教師」と讃えられたウィグルス神父は、それを継承したテストヴィード神父と共に、とくに多摩地方とは縁の深い人である。ウィグルスは明治八、九年ごろから八王子付近を布教して歩いたというから、宅三郎がこれに従って多摩に入った可能性も大きい（さらに、当時北多摩郡砂川村には仙台藩出身の竹内寿定らの砂川教会があり、足場になっていた）。

おそらく、彼が西多摩郡五日市地方の同志たちに巡り会ったのはこの年ではなかったか。千葉自身の履歴書には記述はないが、明治十六年十二月、千葉が死んだ直後に、五日市の彼の友人たちが連名で親族の広田隆友に手紙を書き送っているが、その中に次のような数行が認められる。

「千葉氏ノ弊地ニ在リ勧能学校ニ勤務スルヤ已ニ八、九年ニ及ビ其間始終節倹ヲ専ラニシタル故少々ハ蓄財モ在之候処」と。

これからして、宅三郎が五日市と関係をもったのは、明治八、九年ということになろう。ところが、彼の履歴書はこの辺を空白にして、その後も数学者福田理軒に入門（明治十・二〜十・六）したり、横浜山手のメソジスト派の牧師マクレーのもとに就いたり（明治十・八〜十二・十二）、さらに商売に手を出して失敗した（明治十三・三）ことになっている。そして、明治十三年春の四月下旬、五日市勧能学校に赴任して定住したという記述である。

明治十二年の秋に、東京四ッ谷の伝馬町一丁目福田壱兵衛に彼が寄留して、その冬、隣の麹町で何やら商業に従事していたことは新しく発見した書簡でわかったが、何をしていたかは今ははっきりしない。ただ金銭的には当時困窮していたらしい。

これではどちらが本当のことか、判断に苦しむ。しかし、履歴書というのは、いわば当局あての公式の文で、この種のものに作為や韜晦《とうかい》がつきまとうのは避けがたい。宅三郎にしても自分に不利益なことを書くわけがなく、第一、戊辰戦争の経歴や自由民権との関係などは一言半句触れられていない。私はやはり、宅三郎が五日市に来たのは明治八、九年頃であり、砂川教会を経て、同郷の永沼織之丞（校長）のもとに出たり入ったりの助教を勤めていたが、その間しばしば上京しては、ウィグルスやマクレーのもとに就いたのではないかと考えている。

それではなぜまた、カソリックからプロテスタントへ転換したのか。ギリシャ正教から安井息軒門への転身をもあわせ考慮するとき、なぜ彼がこれほどまで道を求めて彷徨しなければならなかったのか。一般的には、こうも言えよう。

当時、日本は革命の激動期であった。戊辰戦争に勝利したものは、権力の座にのぼり、陽のあたる人生を謳歌したが、敗残の者は深い心の傷をひきずって（社会からも締め出され）、おのれの新生の道を見出すのに苦しみぬいていた。それは、佐幕派の士族だけのことではない。島崎藤村『夜明け前』の主人公青山半蔵のような「御一新」の理想に裏切られた豪農にも、「世直し」の蜂起に敗れた底辺の人民にも悲劇は容赦なく見舞ったのである。維新戦争に参加して敗走し、天涯孤独の身になった千葉宅三郎にしても、この歴史の波乱をくぐりぬけようともがいた青年の一人にすぎないのだ。

それはともかく、宅三郎が二年余も学んだというプロテスタンチズムの宣教師は、アメリカのメソジスト監督教会（ＭＥＣ）から一八七三年に派遣されてきたマクレー（R. S. Maclay）である。メソジスト派はプロテスタンチズムの中でも、もっとも社会活動に熱心なグループで、この派からは自由民権運動や、平和運動、社会運動に参加した多くの人が出ている。保守的なギリシャ正教とはきわめて対蹠的な反政府的な性格のものであった。宅三郎のこの派への接近が、自由民権家に飛躍するための最も手近なきっかけになったことは確かであろう。当時のメソジストから自由民権家へはほんの一歩であり、後はただ踏みだしさえすればよかったからである。

こうして、千葉宅三郎の精神遍歴は、明治十二年ごろに一応行きつくところまでいったように思われる。すなわち、この時から自由民権家千葉卓三郎が誕生したのである。

憲法の起草――民権家時代

卓三郎が移住したころの三多摩は、自由民権運動が未曾有の高まりを示していた時であった。明治十三年一月十七日には、多摩の中心八王子に第十五嚶鳴社が設立され、その開業式が嚶鳴社の社長沼《ぬ》間《ま》守《もり》一《かず》（一八四三〜一八九〇）を招いて盛大に行われた。五日市でも、その二月から四月にかけて都市知識人を囲んでの交流の会があいついで開かれ、沼間守一や奥宮健吉らも来演している。そのころ五日市を訪れたある記者は、この町には市民がだれでも自由に読める「新聞縦覧所」があり、そこには「全国諸新聞、諸雑誌を積んで山となせり」と報道している（東京横浜毎日新聞、明治十三・四・二十）。千葉卓三郎が初めてその鋭鋒を発揮しえた五日市とは、こうした〝上げ潮の里〟だったのである。

明治十三年（一八八〇）五日市の学芸討論会は熱気を呈し、卓三郎の天賦人権論もすでに水準に達していた。その年の五月と推定される深沢名生宛書簡がそれを物語っている。ここでの明治政府批判の論調はするどい。

「是何等ノ秕《ひ》政《せい》ナルゾ、苟《いやしく》モ有志ノ之ヲ聞カバ悲歌憤懣、怨嗟ノ声ヲ絶タズ、切歯扼腕、髀肉ヲ撫スルニ耐ヘザル者アラン、嗚呼此時ニ際シ、苟モ憂国愛民ヲ以テ自ラ任ズル者、広ク国家今日ノ身心耳目トナリ、専ラ満脳《まんのう》ノ精神ヲ以テ国会開設ニ力ヲ注ギ、周《あまね》ク天下将来ノ利害得失ヲ審《つまびらか》ニシ、敢テ憲法斯民ニ於ケルノ便否ヲ弁ジ、之レガ公正ヲ持シ、之レガ自由ヲ保捗シ、之レガ幸福ヲ全備ナラシメザルベカラズ」と。

そして、このために人民は団結し、たがいに学習し、肝胆あい照らし、談論、討究につとめ、これを実現してゆかねばならないと卓三郎は主張する。ここには自ら「国家今日ノ身心耳目トナリ」「憲法斯民ニ於ケルノ弁否ヲ弁ジ」ようとする決意があふれている。この決意は、五日市学芸討論会や学芸講談会での論議を積みあげながら、自分の手でまっすぐに憲法草案の起草に向かう道に通じていた。彼が人に頼らず、組織にまかせず、まず自力を尽くしてこの大事業に当たろうとした精神は、この時すでに定まっていたものと思われる。そしてこの決意は、彼がこの明治十三年の書簡に述べているように、「多摩郡中ニ徘徊スル茲《ここ》ニ年アリ」の間に固まったものであろう。そして、この視点から「多摩郡中ノ人物ヲ洞察スル」とき「肝胆相照シ心志相投ジ」あえる人物は、深沢名生をおいて他にないと思われたのであろう。

これに対して、深沢名生（一八四一～一八九二）とその息子権八（一八六一～一八九〇）はよく卓三郎の期待に応えたと思う。ある点では、二人は卓三郎以上に見識を示した。彼らばかりではない。五日市学芸講談会のグループ（表1参照）は、よく卓三郎を助けた。たとえば、五日市の当時の町長馬場勘左衛門（明治十四年当時四十四歳）、学務委員の内野小兵衛（三十八歳）、同土屋常七（四十二歳）、前町長土屋勘兵衛（四十八歳）らは卓三郎のような青年教師のよき理解者であった。嚶鳴社の野村本之助の手から「嚶鳴社憲法草案」をとりよせて、それを深沢に渡し、さらに卓三郎の起草に役立てたのも、「土勘《つちかん》」と愛称されたこの自由党県会議員土屋勘兵衛であった。

この頃の、学芸講談会の回状や、同会幹事深沢権八の手録「討論題集」（六十三の論題が記録されている）を見ると、いかに憲法問題が多くとりあげられていたかがわかる（六十三題の中、憲法関係の論題だけで十五題を占めている）。

地元での、このような山村人民の討論内容が、出来上がった憲法草案にどのように生かされていったかという逐条分析は大変重要だが、これは他日を期さなければならない。それには学芸講談会の幹事のメモだけではなく、その会員の一人であった起草者自身の「備忘録」や、彼らが綿密な書き入れをほどこしたり、全ページ真っ赤になるほど朱点を打って勉強した法律、憲法関係の専門図書（一〇〇冊ほど現存している）との逐条対照をまで細かに検討する必要があるからである。

五日市草案は、憲法構想としては、そのころの民権派に一般的であったイギリス流の立憲君主制、国会（天皇、民撰議院、上院の）三部制、直接選挙による議院内閣主義、アメリカ流の三権分立主義をとっているが、国民の権利に関係する第二、三、五篇に百五十条もの条文をさいている草案は、他に見当たらない。

もちろん、フランス・ジャコバン憲法の人権宣言とか革命権とか、土佐の植木枝盛草案にある明確な一院制、基本的人権、抵抗権の承認などの規定にくらべれば、あまりにも微温的、妥協的といわれるかもしれない。しかし、当時の日本の国情に合った実現可能な憲法構想という点からすれば、五日市草案の方が大多数の民権家の願望を集約した最大公約数的なものだと言えるであろう。

ただ、こういう草案を起草したからといって、すぐこれが千葉卓三郎個人の思想の表現だと評することはできない。なぜなら、彼には憲法起草の際、重要参考資料とした元老院蔵版の大著『法律格言』（明治十一年刊）を読み替えた覚書があり、そこにははっきりとした天皇主権原理への否定の見解が示されているからである。

戸籍関係	経歴・職歴	明治9年総所有地
—	伊奈村村用掛	—
—	五日市町町長、西多摩郡書記	1町5反
—	戸倉村村長	5町4反
名生長男、明治9年8月15日相続	深沢村村用掛、県会議員、明治村組合会議員	60町3反
左衛門長男	深沢村戸長	—
勘兵衛長男	五日市村戸長（第12大区13小区）、県会議員	8町2反
勘兵衛二男、権左衛門養子	五日市村村用掛、酒醸造業、織物仲買業、五日市銀行頭取	
—	五日市村村用掛、五日市銀行副頭取	110町1反
—	藤野海南門下生、塾長、岡鹿門に師事、勧能学校初代校長	—
—	勧能学校助教、二代目校長、大久野東小学校助教	—
—	海軍軍医、講医堂設立、ギリシャ正教信者、宮城県出身	—
権平長男、明治8年相続	組合町長（五日市町外四ヵ村）、炭販売兼米穀商	1町0反
四郎左衛門長男、明治16年11月15日相続	明治三ッ里村組合村長	10町2反
—	—	—
瀬戸岡村木住野吉五郎二男、明治3年1月7日甚左衛門養子、明治9年1月3日相続	材木商	9反
金八長男、明治16年11月1日相続	—	1町
文五郎長男、慶應2年12月相続	—	—
孫市郎二男、明治9年12月16日相続	—	1町3反
—	深沢村村用掛、副戸長	3町3反
文蔵長男、明治28年12月30日相続	—	—
—	本籍宮城県仙台市元寺小路、勧能学校助教、警部補	—
—	—	—
幸右衛門長男（小中野村村用掛）	—	2町6反
治郎右衛門長男、明治15年4月8日相続	養沢村村用掛、小宮村村長	21町8反
周太郎長男、明治9年1月1日相続	増戸村村長、秋川筏川下り世話人	—
喜代八長男、明治7年9月19日相続	—	—
—	江南学校（現青梅五小）教師、西多摩私立教育会会員	—
—	—	5町3反
勘兵衛（会員）長男、明治16年12月25日相続	—	—
—	—	2反

林、田畑、宅地、雑地等すべての所有地。反以下四捨五入。

表１　学芸講談会会員表

	氏　　名	生年月日	死亡年月日	明治14年 年　　齢	住　　所
1	**大福清兵衛**	嘉永　3.10.18	—	31	伊奈村1553
2	**馬場勘左衛門**	天保　7. 8.13	大正　5. 3.12	45	五日市町48
3	**大上田彦左衛門**	安政　2. 5. 7	明治26. 5.14	26	戸倉村368
4	**深沢権八**	文久　1. 4.28	明治23.12.24	20	深沢村1
5	深沢名生	天保12. 2.18	—	40	深沢村1
6	**土屋勘兵衛**	天保　3. 9.11	明治40. 2	49	五日市町1
7	**土屋常七**	天保　9. 9. 9	大正　9. 4. 2	43	五日市町840
8	内山末太郎	慶應　1.12.13	昭和11. 9.28	16	五日市町65
9	永沼織之丞	天保　7.	大正　5. 2.17	45	—
10	千葉卓三郎	嘉永　5. 6.17	明治16.11.12	29	—
11	**千葉吾一**	—	—	—	—
12	**佐藤新平**	安政　2. 1. 4	大正　6. 5.21	26	五日市町12
13	**佐藤蔵之助**	万延　1. 3. 2	明治30. 3.14	21	留原村99
14	**北村弥助**	—	—	—	—
15	橋本甚平衛	安政　5. 2. 5	明治43. 6. 2	23	入野村126
16	村野文次郎	慶應　1. 1.10	大正　6.11.14	16	入野村153
17	**田嶋新太郎**	元治　1. 8. 5	明治22.10.26	17	伊奈村1111
18	青木徳平	安政　5. 1. 7	昭和　6. 8. 8	23	留原村684
19	狩佐須源吾	文政　4.10.25	—	60	深沢村
20	佐藤久蔵	安政　6.12.21	昭和14. 6.28	22	五日市町11
21	伊東祐雅（道友か）	安政　5.11. 1	—	23	五日市町22寄留
22	及川　潔	—	—	—	—
23	高水五郎	安政　6. 7.15	大正12. 4.28	22	小中野村289
24	池谷精一	安政　1. 6. 7	大正　4. 3.19	27	養沢村66
25	小室伝吉	安政　3. 2.26	大正15. 2. 3	25	山田村442
26	石井石之助	安政　5.12.26	明治40. 8. 8	23	山田村446
27	佐々木　基	—	—	—	青梅町下村
28	坂本三郎兵衛	—	—	—	—
29	土屋岩次郎	明治　1. 8.28	昭和27. 3.13	13	五日市町1
30	竹内代造	—	—	—	—

注）人名のゴチックは自由党員であることを示す。右端は明治９年地租改正時における山

これが「ジャパン国法学大博士タクロン・チーバー氏法律格言」である。日本の一山村の小学校助教員が、西洋の「法律格言」をどのように読み替えたか、逐条対照してご覧いただきたい。この文書はいきなりこう記している。

「国王ハ死ス国民ハ決シテ死セズ」と。ところが、これは元老院蔵版では「国王ハ決シテ死セズ」（"The King never dies." ブルーム氏格言）なのである。

あるいは、「国王ノ特権ハ一般ノ文字ニ由テ与フルコトナシ」と元老院版にあれば、葉卓《ばたく》はそれを「国王ニハ特権ヲ与フルコト勿レ」と書き替え、さらに「若シ人民権利ト人君ノ権利ト集合（競合の意か——色川注）スルトキハ人民ノ権利ヲ勝レリトス」と言い切ってさえいる。

このような読み替えを、明治の日本人は自由自在にやっていた。これは西欧からの外来思想にたいしてだけではない。儒学にたいしても、天皇の詔勅にたいしても、自分たちの論理に組み込むような自由な解釈を加え、それを内側から変質させてしまうという思想方法を持っていたのである。ここでは西欧の絶対主義王権を規定した法が、ほとんどそのままの用文を換骨奪胎されて、人民主権的な法体系に組み替えられている。ここに発揮されている一日本人民の機知とユーモアは、その思想方法と共に今日高く評価できるのである。

その方法は、明治十五年晩秋の頃、卓三郎の代表的著作「王道論」にも心憎いほど自由に駆使されている。この論の主旨は、古代中国の政治思想（いわゆる儒教の原典）によって、明治の立憲政治の理念を構築しようとしたもので、たとえば、人間の「天稟固有ノ人権」を、当時の国民にわりによく知られていた『詩経』の言葉で解説しようとする方法をとっている。あるいは『書経』（周書）の「天は民を矜《ほこ》る、民の欲する所、天必らず之に従ふ」をもって「民極ヲ重ズルノ王道」、つまり民権思想の根本原理だとしている。彼の憲法草案と同様、ここでの彼の立場は立憲制による君民共治のリアリズムで一貫している。

「凡《およ》ソ王道ヲシテ衰微セシムル者ハ斯民ヲ卑視スルヨリ大ナルハ莫《な》ク、斯民極《みんきょく》ヲ壊敗スルヨリ甚キハ莫シ」

そして、その「王道」とは、あくまでも「人権ヲ重ズルノ王道」であるが、「唯民権ヲ拡充スルヲ知テ而シテ民極（民権ノ極度）ヲ知ラザル者ハ亦未ダ王道ヲ知ラザル者」である。同時に王権は制限をうけ、規範を立てられなければならないから、（それを「皇極」という）この「皇極」は「民極」との大同においてはじめて均衡を保ちうる。もし、王権がこの規範を犯したら、「顛覆ノ政変ヲ致ス」は『尚書』（『書経』の別名）の革命説のとおり当然である。

「其レ斯クノ如ク有極ヲ立テ、大同ニ従フ者ハ王道ナリ、有極ヲ立ツルハ憲法ニシテ、大同ニ従フハ国会ナリ、憲法ヲ立テ、以テ国会ヲ設クルハ立憲ノ政体ナリ」

彼は「国会」を憲法草案にも「民撰議院」、「上院」、「皇帝」の三者の「大同」であると規定していたことを想起されたい。そして、さらに、この「「皇極」（王権への制限）ヲ建テ民極ヲ作《な》スノ立憲政体ハ叡旨《えいし》ノ夙《つと》ニ望マセタマフ所即チ聖天子ノ御幼志」であるから（五ヵ条の誓文、漸次立憲の詔、国会開設の詔勅をあげ）「立憲政体即チ憲法ヲ国約シ国会ヲ設クルヲ拒ム者ハ、ミナ違勅ノ罪人タリ」と論断する。

こうした思想方法は卓三郎にかぎらず、ひろく明治の在

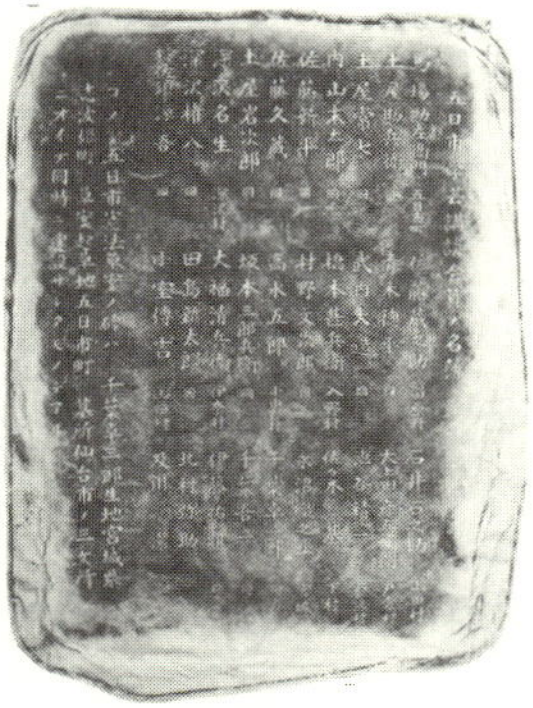

五日市学芸講談会員名簿（五日市憲法草案碑副碑の裏面）

野活動家の一般的方法であったことは、他でもしばしば述べてきたが、これは当時、まだ進歩の象徴として幻想されていた天皇制との力関係や、民衆意識の状況からしてきわめてリアルな幅ひろい有効性をもった反撃の方法であった。その点を私たちは軽く見るべきではあるまい。

「王道論」には、「死期のせまった明治民権青年の、それこそ血を吐く伝統再生の創造的奮闘をみる」と市井三郎氏は評価された。（「土着思想の再検討」『思想の科学』一九七〇年一月号）

まことに卓三郎がただの一行も欧米の文献を引用せず、この立憲論を構築した土着精神には驚嘆させられる。やはり、この「王道論」的な要素を、「タクロン・チーバー氏法律格言」の徹底した人民主権的な要素によって砥《と》がなければならなかったろう。その砥石にかけ、伝統的な概念の雑物を洗い落とし、もっと鋭く民極と王極の本質を砥ぎ出し、その矛盾を突き詰めてみせ、あまりにも機能面に癒着しすぎた原理を剥離してみせなければならなかったろう。

晩年――その光と闇と

それにしても、流浪十年の後、ようやく卓三郎は幸福な時と所に恵まれたのだ。五日市学芸講談会の「会員ハ倶《とも》ニ自由ヲ開拓シ社会ヲ改良スルノ重キニ任ジ百折不撓《ふとう》、千挫不屈ノ精神ヲ同クスルノ兄弟骨肉ナレバ特ニ互ニ相敬愛親和スルコト一家族ノ如ク」であり、しかも、彼らが町村自治の実権を握っているという、まさに地域〈コンミューン〉的な「場」（新しい質の共同体）に卓三郎は迎えられたのであり、長い冬の夜を炉辺で薪の燃える音を聞きながら、夜を徹しての議論を続け得たのである。

それは卓三郎にとっては、生まれて初めての幸福だった。そのときの胸躍るような感激が、明治十三年十二月の深沢宛書簡にあふれている。（そのころ、九州・熊本の相愛社でも、少なくとも十日間くらいはほとんど徹夜して、憲法草案の議論をつづけ、ついに意見がまとまらず、結局在京の同志矢野駿男《はやお》に一案の起稿を依頼したことが伝えられている（『松山守善自伝』）。

近代日本国家が、そうした人民の熱情による、人民の叡智の結晶としての国約憲法をもち得なかったことは、まことに残念なことであった。タクロン・チーバー氏が、その一草案を仕上げるにあたっても、どれだけのエネルギーを注いだことか、どれだけの文献を味読したかを思うとなおさらである。

数例をあげてみよう。彼の利用文献中、最も多いのは「フランス国法学大博士ボアソナード氏」の講義録であるが、その多くが政府部内資料である点がおもしろい。

ボアソナード	『仏蘭西《フランス》法律書』	（明治六年刊）
ボアソナード	『経済学講義』	（明治九年刊）
ボアソナード	『性法講義』	（明治十年刊）
ボアソナード	『法律大意』	（明治十三年刊）
ボアソナード	『仏国民法講義（財産篇）』	（明治十三年刊）
ボアソナード	『仏国民法講義（コマンド篇）』	（明治十四年刊）
ボアソナード	『仏国刑法講義』	（明治十四年刊他）
プスケ	『仏国商法講義』	（明治八年刊）
ベンサム	『民法論綱』	（明治九年刊）
天民館蔵版	『英米普仏・立憲政体一覧表』	（明治九年五月発行）
田中耕造	『各国憲法』	（明治十年刊）
スペンサー	『代議政体論』	（明治十一年刊）

ストーリ　『米国憲法』（明治十一年刊）
ベンサム　『立法論綱』（明治十一年刊）
ポルセール　『分権論』（元老院蔵版）（明治十一年刊）
リーバル　『自治論』（明治十一年刊）
チェンバー　『英国国会沿革志』（明治十二年刊）
アルベーロ・ベイネー　『仏国憲法講義』（明治十三年刊）
ウィンドシャイド　『独逸民法通論』（司法省蔵版）（明治十三年刊）
織田純一郎　『治罪法注釈』（明治十三年刊）
グリーン・リーフ　『証拠論』（明治十四年刊）
弘令社訳　『仏国治罪法講義』『仏国訴訟法講義』『仏国刑法講義』（明治十四年刊）

これらのあるものには、「葉卓」という捺印があったり、また朱筆による書入れや文書の貼りつけなどが発見されている。こうした文献が、半ば腐蝕しながらも辛くも深沢家の土蔵に残ったということは、私には奇蹟としかいうほかない。

この憲法草案の仕事がいつ終わったかは、まだ明らかにできない。しかし、私は植木枝盛草案や内藤魯一案（最も急進的な私擬憲法草案）がつくられる明治十四年八月よりはだいぶ前であったと思う。なぜなら、嚶鳴社案とともに交詢社案（明治十四年五〜六月、郵便報知新聞に発表）が参照された形跡がまったくない。その上、肝心の卓三郎が、十四年七月にはすでに勧能学校を辞めて五日市には住んでいないからである。

深沢父子に宛てた明治十四年七月十三日付の葉書は、北多摩の奈良橋から発信されている。そして、その文面には政府の小学教員に対する政治的弾圧を怒って「断然辞職」することが述べられている。さらに九月には、北多摩郡の狭山村に寓居しており、その地の円乗院での自由親睦会に活躍している。

明治十四年十月、中央政界はいわゆる「十四年の政変」によって大揺れに揺れる。自由民権運動は最高潮に達し、日本最初の政党自由党が結成され、それへの参加を求める檄が全国に飛んだ。この時、卓三郎は正式に入党する決意であったのか、「葉卓《ばたく》」の印を捺した「自由党盟約」と「自由党会員名簿」を持っている。ところが、この月、とつぜん五日市勧能学校の校長永沼織之丞が辞任し、九年ぶりで西多摩を去ることになった。そして、第二代校長に卓三郎をと懇請してきたのである。この時、タクロン・チーバー氏は二十九歳、再び五日市に居を定めることになる。

校長時代の卓三郎が、どんなにリベラルな学校経営をしたかは、幾つかの逸話で伝えられている。公立勧能学校は、今や自由民権の牙城（「全国浪人引受所」）となってしまい、県から任命されてきた教員などは居たたまれずに逃げ出したという。町長は同志の馬場勘左衛門、学務委員は深沢権八らであってみれば、卓三郎は思う存分のことができたにちがいない。

だが、そうした自由を手にしえた時、彼の肉体は蝕まれ、亡びつつあった。明治十五年六月、彼は二ヵ月の休暇をもらい、同志たちに勧められて、草津温泉に療養に行っている。だが、病状は好転しない。結核はすでに腸に転移していたらしく、腸閉塞の激痛が彼を襲っていた。彼が遺言の思いで書いた権八宛の手紙は痛々しい。そのなかには、五日市有志会の将来に対する憂慮が率直な忠告として記されている。民権結社が豪農層の仲好しサロン化する危険を戒め、「拙工、詩文、下手書画ノ巣窟トナル勿レ」と切言している。

明治十五年から十六年にかけて、この間につけた彼自身の「備忘録」は、彼が救いを「神」に求めたらしい痕跡を全くとどめていない。かえって消えゆく灯の最後の輝きのように、「王道論」とか「読書無益論」とかの力篇執筆に精力を集中している。

特に「読書無益論」は、死の影が近づいた明治十六年の春に、彼が最後の力をふりしぼって書きあげたものだ。

「万巻の読書」を排す、「多芸漫修」を止めよ、「此宇宙ノ大学ニ天地ノ一大部書ヲ展」いて心読することこそ真の知識であり、学問であるのだ。心眼を開けば、真理は街路にも、店舗にも、犁鋤《りじょ》のもとにも、機械の上にも、工場の中にも求められる。勤労の現場での探求の心がけを忘れるな。「専修創思」に徹せよ、「徹底通暁」せよ。「多芸貪読《どんどく》ハ浪費懶惰《らんだ》ノ最モ甚シキモノナレバナリ」と。

この自責のような、はげしい口調は何か。

「何ヲカ多芸ト謂《い》フ、曰ク一度ヒハ漢学ヲ為シ、数日ニシテ洋学ニ転ジ、再転シテ法学ヲ修メ、三転シテ医学ヲ為シ、四転シテ鉱学、五転シテ天文学ト……何十転シテ転々尚ホ止マズ、至ルトコロ事半バニシテ業ヲ卒《お》ヘズ、此ヲ休《や》メ彼ヲ去リ年老テナホ未ダ一事一業ノ成ルナク……一身一家ヲ安ズルヲ得ザルガ如キ、即チ之ヲ多芸漫修トハ謂フ可キナリ」

これはいったいだれのことであったか。他でもない卓三郎自身のことではなかったか。いま、死を前にした〝放浪の求道者〟が自らの生涯の決算をせまられ、ホゾを噛むような苦しみに顔をゆがめて吐露した痛切な言葉ではなかったのか。維新に挫折し、恩師をつぎつぎと失い、青春の救いと新生を渇仰して、世界の宗教教理を転々と遍歴したあと、民権コンミューンにたどりつき、ようやくにして立憲日本の総ヴィジョンを描きながら、用いられることなく、運動の急速な退潮の中に孤独に死んでゆかなければならなかった明治人の悔恨が、ここにこめられていたのではないか。

かつて昂然と、「自由県下不羈《ふき》郡浩然ノ気村」の住民、「ジャパン国法学博士」を誇称したタクロン・チーバー氏も、その業績の最高潮の時点において、次のような望郷の「客中書（所）感」を詠じているのだ。

関山《かんざん》風雪・紅河《こうが》の雨
客路十年事尚違《ことなおたが》ふ
半世空しく過ぐ旅窓の夢
杜鵑《とけん》頻りに勧《すす》む帰るに如《し》かずと

卓三郎は、明治十六年（一八八三）十一月十二日、わずか三十一歳と五ヵ月の短い生涯を閉じた。遺言によって彼の後事は仙台の広田隆友の配慮にゆだねられたが、葬儀一切は五日市の同志たち、なかんずく深沢父子や内野小兵衛らによってとりしきられ、谷中の天王寺のキリスト教共同墓地に埋葬された。深沢権八の痛哭の悼詩を読まれたい（三九頁参照）。

『自由新聞』は彼の死を数行の広告で報じた。

広田久の哀切な祭文を聞かれたい。

五日市勧能学校校長の現職のまま死んだ千葉卓三郎の〝遺骨〟は、その後転々として、いまでは仙台市北山の資福寺に埋葬されている。彼が生まれた迫川沿いの村には何ひとつ残ってはいない。

参考文献

（1）民権結社その他についての史料紹介、あるいは研究論文については、これまでにも次のようなものがあるので、参考までにあげておく。
・拙稿「明治前期における地方統治と地方自治――明治前期の多摩地方調査と民権運動研究ノート②」（『東京経済大学人文自然科学論集』第五号所載、一九六四・一）
・拙稿「明治前期の民権結社と学習運動――明治前期の多摩地方調査と民権運動研究ノート③」（同右誌第二一号所載、一九六九・二）
・拙稿「明治前期の人民憲法――西多摩郡「五日市草案」の分析と紹介」（『東京経大学会誌』第六一号所載、一九六九・一）
・江井秀雄「嚶鳴社憲法草案についての考証――明治前期の私擬憲法草案」（同右誌第六一号所載、一九六九・一）
・拙稿「西多摩郡で発見された国会開設期限短縮建白書」（同右誌第六二号所載　一九六九・三）
・江井秀雄「自由民権家の演説紀行と演説筆記②――明治一四～一六年の地方演説会の景況」（『東京経済大学人文自然科学論集』第二二号所載、一九六九・一〇）
・拙稿「〝放浪の求道者〟――千葉卓三郎」「漢詩文学と変革思想――深沢権八」（拙稿『明治の文化』所収、岩波書店　一九七〇年）
（2）柴山準行編『大主教ニコライ師事蹟』（日本ハリストス正教会総務局、一九三六年）。『松山守善自叙伝』（一九三三年）。（『日本残酷物語　第四部　保障なき社会』第二章　ほろびゆくもの、「天田愚庵」の節、平凡社、一九六〇年、一九九五年に平凡社ライブラリーに収録）。深沢文書中の多くの法律書誌については、家永三郎・松永昌三・江村栄一編『明治前期の憲法構想』（福村出版、一九六七年）、および研究書としては稲田正次『明治憲法成立史』（有斐閣、上巻一九六〇年、下巻一九六二年）などの先行著作を参照した。
（3）千葉卓三郎には「王道論」などの他に、「神経病総論」「地震学草稿」などの著作（ただし無署名）、およびポールウイン原著『致富新書』の訳書（重訳）がある。大部なものなので本稿でとりあげることは省略した。彼の博覧ぶりを証するに足りる。

二　人権の先覚者――千葉卓三郎波瀾の生涯

病床から残した二著

今日の私の題は、人権の先覚者である千葉卓三郎を、縦横に論ずるということでございます。ただ、千葉卓三郎は、まだ発掘されてから、十年ほどしか経っておりませんので、非常にわからないことが沢山ございます。そのわからないことは、皆さん、地元の方々やご関係の方がたの中から、実は自分の家にそれと関係する人がいたとか、あるいは、どなたか昔話の中でそういう話を聞いたことがあるとか、というようなヒントを、皆さんから頂戴して、わからないことを掘り下げ、調べていきたい、そういうつもりでございます。今日、これから私が申し上げますことは、今わかっていることしか述べられません。

それ以上のことは、千葉卓三郎没後百年が一九八三年にやってまいりますから、その頃までに、千葉卓三郎の一生が、まとまった本として出版されれば有難いと思うわけです。

いろいろお話の途中、わからないことがございましたら、あとで皆さんから是非お教えいただきたいと思います。

さて、いま町長さんからお話のありましたように、今日は誠に記念すべき日で、彼が九十六年前に、東京の病院で肺結核のために亡くなった一八八三年、それから九十六年。千葉卓三郎の業績は、当時、すでに注目されておりました。たとえば、自由党の当時の総裁は板垣退助、それを助けておりました副総裁中島信行は千葉卓三郎と親しい関係にありましたし、その自由党の機関紙『自由新聞』は、数日後に「千葉卓三郎死去」という告示を掲載しております。そして千葉卓三郎の残した憲法草案につきましては、後の自由党の最大の指導者になりました星亨はじめ、一連の民権指導者が、特に注目しておりましたところで、もし彼があのように早く亡くならずに生きておりましたら、おそらく、相当な中央政治家として、あるいは思想家として注目され、彼の残した憲法草案も、もっと早い時代に世間に紹介されていたと思うのであります。不幸にして、若死にしましたために、先ほど町長さんがおっしゃいましたように、長い間、実に昭和四十三年までという非常に長い間、五日市の、山村の奥の、深沢というところの蔵の中に、埋もれておったわけであります。

西暦で申しますと、命日は、一八八三年の十一月十二日になりますが、その一八八三年十一月の数ヵ月前に、「読書無益論」という論文を書いております。これは、本を読むのは無駄、無益であるという、いまの学生諸君なら大いに歓迎するような論文を亡くなる数ヵ月前に病床で書いております。

この「読書無益論」というのは、学問などしないでもいいとか、勉強などしないでもいいという意味ではありません。ただ人生や社会の真実を知るのに、本にだけ頼って学ぶことはできない、そういう本の虫になるような読書は無益である、といっているのです。自分はいろいろなことを学んだ。蘭学、国学、神学、さらにギリシャ正教からカトリックあるいは浄土真宗、医学から数学、地震学なんていうものまで学び、それについての本も残していいます。

その学、非常に多彩にわたったわけですけれども、自分は一つとして、それを大成することができなかったということを間接的な形で「読書無益論」の中に書いております。つまり、そういうふうにいろんな学問を沢山、漫然と習うことは、必ずしもその社会や人生の真実を理解することにはならない、むしろ人生の経験、社会の体験というものを大事にして、そして一事専修せよ、ひとつのことを専ら修めるようにした方がよい、という論文です。それを亡くなる数ヵ月前、明治十六年の春に書いております。

さらに彼は、その一年前、明治十五年の十一月頃に「王道論」というこれも立派な著作を書き残しています。ただしこれらの本は、残念なことに活字にはなりませんでした。彼の筆で書きました文章のまま色あせたものとなって埋もれてしまったのです。この「王道論」というのは、今日の民主主義政治の原理にあたるようなもの、彼独特の表現で、しかも西洋の知識をただくっつけ合わせたり、糊と鋏で継ぎ合わせたというものではなく、自分の頭で考えて、しかも彼の教養の中に深く入っておりました漢学、儒学の言葉で縦横に書き表したものなのです。これは非常に優れた哲学の本でもあります。いま日本の代表的な哲学者の一人といわれております成蹊大学の市井三郎教授が、五年ほど前に、「千葉卓三郎の王道論について」という論文を学界に発表しております。

これは、誠に驚くべき哲学論文である……と。千葉卓三郎という人は、西洋、アメリカ、ヨーロッパにおける、たとえばルソーとか、あるいはスペンサーとかミルとかいうような、そういった世界的に有名な政治学者、あるいは自由主義哲学者などとほとんど同じような議論を、彼らの言葉を借りないで、東洋の言葉で、しかも、中国の古代の文献を駆使して、みごとに書き表している、日本にも恐るべき人間がいたものであるという論文でした。その市井三郎さんの論文を見ましても、千葉卓三郎という人が、途中で挫折してしまった惜しむべき思想家であったと、私は思うわけであります。

こういうものが、活字にならないで、原稿のまま残されてしまったということは、単に郷土の損失であったばかりでなく、日本の学問の世界での損失ではなかったかと思います。しかも、これは重い病床

現存する卓三郎の唯一の写真（算盤の前）

で書き表したものなのです。

明治十五年、彼が亡くなる一年前というのは、当時彼は五日市の公立小学校の校長をやっており、六月になって病気がいよいよ重くなり、五日市の友人が心配して旅費などを整えて草津に三ヵ月ほど湯治に往ったわけです。

今考えてみますと、結核の患者を温泉につけるというのはまずいことなんです。かえって病気を悪くしてしまう。しかし、その頃の知識では、結核をどういうふうにして治していいかわからなかったのです。温泉で湯治すればよくなるのではないかと、温泉にやった。明治十五年六月二十三日に卓三郎は友人たちに手紙を書いております。その手紙の中に、彼の病気がどんなに末期的なものであったかが示されております。

こう書いております。小生二十日の晩、十一時過ぎより腸痛激疼にして、腹をかき、涙を流し、手足をもがきて苦しみ、二十一日に至り便に閉《へい》なることがわかり、二十二日には、即ち今日に至りてもいまだ通ぜず、腸痛は元のとおり激痛にして、二日間全く食事が喉を通らなかった。殆ど死すばかりに候、手をもがき足をもがいて苦しんでいるということです。その前後の手紙の中に出ております。

これは今日の医学で申しますと、唾《つば》、唾液の中に結核菌が混じり、それを知らずに飲み込んでおりますと、腸の部分に結核が転移します。そして腸結核を起こすんです。私も戦争から帰ってきて、肺結核で三年ほど苦しんだことがあります。腸結核になったこともあります。よくわかるんです。そのために腸の壁面が爛《ただ》れてしまい、腸閉塞の状態になり、それで便が溜まってしまって、出なくなる。非常に苦しむわけです。結核から申しますと、腸閉塞というのは末期的症状であります。それなのに、彼の寿命は一年半あるわけです。その一年半の間に、彼は実に沢山の書物を書き、また同志を激励し、学校や教育に奮闘するわけです。

卓三郎のその頃の、病気に負けない精神というものを、もう一つ紹介します。彼が亡くなる一ヵ月前、明治十六年十月二日、日記のメモの中に、福島県で起こりました自由党員を政府が弾圧して、党員百人近くを牢屋にぶち込んでしまった、福島の大獄というのがあります。いわゆる福島事件と云われるものの判決に対して、彼がメモに記しております。自由党の自分の同志を弾圧した政府に怒って批判的に書いたメモです。なんとその日付が、亡くなる一ヵ月前の十六年十月二日であります。ということは、まさに死に瀕した一人の青年が、最後に自分の胸の中に抱いていた思想を物語っているのです。彼はこういう人間だったのであります。

千葉卓三郎（あきる野市蔵）

千葉卓三郎の入院にあたりましても、沢山のお金がかかります。彼は校長先生といっても、学校も小さく、教員の数も僅か四、五人。月給は七円くらい。いま物価が一万倍としましても、七万円くらいの非常に低い月給です。そして卓三郎は、無類の読書家ですから、高価な本を沢山買い入れている。当時の本は洋書でありまして、西洋から入ってきた本を翻訳した本です。高いものは一冊二円五十銭ぐらいした。安くても一円前後はする。十円や十五円の給料取りで、一冊二円五十銭だの一円だのという本を沢山買い込みましたら、これはもう生活費はなくなってしまいます。卓三郎の大変な読書量からみますと、生活に、療養費に困っていたであろうと思います。

慕われた卓三郎の人柄

その時に、先ほどご紹介がありました五日市の学芸講談会の同志たちが援助しました。たとえば、五十円（今なら七、八十万円相当）というようなお金を集めて入院させ、入院中にも病状が悪くなれば、みんなで東京へ出かけていって枕元に見舞ったりしています。いざ亡くなりますと、同志を追悼する哀悼の詩を捧げたりいろいろな世話をしてやっているのです。

ですから、千葉卓三郎に関するほとんどの記録、文書の大部分が、仙台や神戸の遺族の手に残った一部以外、ほとんど全部が、その学芸講談会の人の手によって保管されたのです。特に五日市の深沢という山のどんづまりの村の土蔵の中に保管されていた。これはまさに五日市と志波姫の友情を証明しているものだろうと、私は思います。

五日市の憲法碑顕彰式からはじまり、仙台、そして志波姫と顕彰の会がよく続いてきたものですね。極めて自然な順序だと、私は思います。五日市の学芸講談会の幹事をしていた、卓三郎の教え子でもあり、同時に卓三郎の後援者でもあった深沢村の深沢権八という青年、当時二十二歳の青年ですが、この人が卓三郎の亡くなった時に、彼を哀悼した大変優れた詩を残しております。

それはこういう意味のものであります。

思い返してみますと、貴方の意気は嵐や風を捲くような素晴らしいものであった。そして貴方は自分の故郷の同志の中で最も俊豪である、最も優れ最も豪気な人であった。貴方の雄弁は皆がアメリカのパトリック・ヘンリーのようだと言っていた。パトリック・ヘンリーというのは、ジョージ・ワシントンと一緒にアメリカ独立革命の先頭に立った有名な演説家であります。そして、貴方の卓越した議論、卓論は自らフランスのルッソーのようだと認めていた。一編曽《か》つて草す済時の表、貴方はかつて一編の憲法草案を表わした。その草案は百度《たび》も戦ってなお残る報国の刀のように、歴史に残り続けていくであろう……と、だが悲しいかな貴方の英魂はもう呼べど答えてくれない、もう再び起《た》ってくれない、線香の香りが空しくいま白木《しらき》の貴方の墓標を閉ざしている、という詩です。

見事な漢詩で、こう詠っているのです。

悼《いたむ》　千葉卓三郎
懐《おも》えば君の意気は風濤《ふうとう》を捲《ま》き　郷友の会中尤《もっと》も俊豪《しゅんごう》
雄弁は人推《ひとお》す米のヘンリー　卓論は自ら許す仏のルッソー
一編曽《か》つて草す済時《さいじ》の表　百戦長く留《とど》まる報国の刀《とう》
悼哉《とうさい》英魂呼べど起たず　香烟《こうえん》空しく鎖《と》ざす白楊《はくよう》の皐《こう》

この詩は大変難しい漢詩であります。二十二歳と六ヵ月の卓三郎の教え子の深沢権八が、千葉卓三郎を心から哀悼したまことにすぐれた詩だと、私は思います。

卓三郎は、ユーモラスにも自らフランス国法学大博士ボアソナード氏に対抗して、ジャパネス国法学博士タクロン・チーバー氏であると名乗っておりました。このプライド、若干ユーモラスなこのプライドは、彼の教え子たちにちゃんと受け継がれ、深沢権八は自分の墓標に「権八深沢氏之墓」と西欧風に彫り込んでおります。

奇しくも、昨日仙台で千葉卓三郎の建碑の式がありました時に、これは相沢源七先生のアイデアかと思いますが、墓標の前に、「タクロン・チーバー氏ここに眠る」という字が刻み込まれていました。卓三郎は宮城県栗原郡白幡村の生まれですが、その墓標には「自由県（権）不羈《ふき》郡浩然《こうぜん》ノ気村貴重《きちょう》番地」というような、彼がユーモラスにつけた番地が刻まれている。自分は宮城県の人間ではない、自分は自由県の人間だ、不羈郡というのは独立という意味です。不羈独立という言葉があります、独立郡の貴重番地に住んでいる人間だ、浩然ノ気村というのは広々とした心を持ったその村の人間だ、そして自分の名前はタクロン・チーバーであるということ。今度墓標に刻まれましたが、実は八十年も前に教え子の一人は「権八深沢氏之墓」と刻んでいるのです。さらにまた、卓三郎の教え子、いまの東大和市の奈良橋というところの鎌田喜十郎という青年も、自分の墓標の碑文の中に「千葉先生」と刻んでいる。その「千葉先生」の下に「鎌田喜十郎の墓」と彫ってある。このように千葉卓三郎という人を慕った非常に優れた弟子たちが、東京都下のいろいろな町や村にいたわけであります。

私がここへ来る数日前に、千葉卓三郎に関する新しい記録が発見されました。それは八王子から出たのです。八王子市上川町、むかしは上川口村といわれましたが、そこに住む元役場の助役をやっておった秋山増蔵という人がおりましたが、この人の履歴書が発見されました。この人は、多摩の困民党の最高指導者の一人で、政府によって逮捕され、一年半くらいの重刑に処せられた人です。この人の履歴書の中に、自分は上川口小学校で千葉卓侯先生から歴史学を学んだと書いてある。卓侯というのは、一種のペンネームですね、そこで千葉卓侯先生が、八王子の上川口でも学校の先生をしていたことがわかったのです。

後に秋山増蔵は、村の助役となり、あるいは村民の先頭にたって、川口村民の困窮した状態を救おうとして犠牲になる。そういう義民のような人ですが、卓三郎はそういう弟子も育てているわけです。秋山の家のある上川口というのは、北村透谷がそこを非常に気にいって、五回も六回もたずねて、そこで暮らしていたところです。同じ時期でありますから、北村透谷もあるいは秋山増蔵の仲間だったかもしれない。秋山家の親戚の青年に秋山文一という役場の書記をしていた青年がおります。文一は卓三郎先生が最後に病気になったときに、側に仕えて彼を助けた人です。秋山文一は文太郎といって、透谷の親友でもあります。なぜそれがわかるかと申しますと、先ほど申しました「王道論」という立派な本の末文＝「あとがき」を秋山文一が書いております。彼が先生を助けていたということがよくわかるんです。そうすると北村透谷も、千葉卓三郎と無縁な存在ではない。透谷は、むしろ、卓三郎のような人がいた五日市とか川口に憧れて吸い寄せられた青年の一人ではなかったかと、そんな感じもいたします。

そういうふうに、卓三郎という人は、ただ憲法草案の起草者であっただけではありません。東京都下三多摩地方に、大きな影響力を残した人であります。そしてまた考えてみますと、この宮城県からも卓三郎を頼って何人もの人が上京しているわけです。その上京者の中には、後にこの町の誇りといわれるような人たちが含まれているわけですね。

たとえば、今野権三郎という人がいる。彼は一英と名乗っておった。今野一英という名前で出てまいりますが、同じ白幡村伊豆野の出身で、万延元年の生まれです。一八六〇年ですから、卓三郎の八歳年下、後輩になります。それで、卓三郎を頼って上京し、卓三郎が人生の道をさがして各地を転々としたと同じように、漢学を学び、ギリシャ正教を学び、やがて自由民権思想にたどり着いて、民権家となり志波姫に戻って、志波姫の村長になる。明治三十年、四代目の村長になって三十二年（一八九九）に、やはり若くして亡くなります。

こういった今野権三郎のような存在は、千葉卓三郎に教えられた、文字通りの後輩といってよいと思うんです。その権三郎の家に、書生となって一時寄食して勉強し、やがて法律を学び、日本の代表的な国際法学者になった遠藤源六もまた、卓三郎の学問の系列に連なる存在でありました。遠藤源六先生は、卓三郎よりずっと若い、二十歳も後輩であります。志波姫町が生んだ偉人・遠藤源六は、国際法学者としては、日本はもちろん、国際的にも知られた方でありますが、遠藤先生の得意としたのは、国際法と行政法、また憲法解釈でした。しかしそれは同時に、千葉卓三郎が最も得意とする領域だったのです。卓三郎は行政法とか、憲法とか、法律関係のベテランであった。それが卓三郎の本領でした。卓三郎の勉強した本が私の勧めております東京経済大学の図書館に完全な形で、目録もつくられ保存されております。それを見ますと、法律関係がほとんどです。民法、刑法、国際法、行政法、憲法というような本。それらには、赤い筆で、沢山の書き込みがあります。本を買ってただ書棚に並べておくのではなく、いちいち読んで、間違った字を直したり、本の余白に自分の意見を書き込んだり、棒を引き、点を打ったりしています。その本を見ると実によく勉強したのがわかります。

その精神を今野権三郎が受け継ぎ、さらに、権三郎を頼っていった遠藤源六がそれを受け継ぎ、三代かかって大きな法学者としての業績を完成させている。こういった志波姫の人脈は、決して明治の精神と無縁のものではなかったと思うのです。ただ残念ながら、その一番最初の人物である千葉卓三郎が、長い間、埋もれてしまったことだろうと思います。

千葉卓三郎についてはは、またまとめて記念誌などが出されて、詳しく紹介されると思いますが、簡単に振り返ってみますと、彼の一生は放浪の求道者だったと思います。さすらい歩きながら、道を求め続けていった人である。そのさすらいは、彼が一人だけさすらっていたのではないのです。明治維新以後、私の推定では、百万人くらいの青年たちが全国を彷徨っていたろうと思います。そういう珍しい時代なのです。

限りない放浪者の群

日本人の多数が、自分の生まれ故郷の土地からひき離されて、日本全国を放浪して歩いた時代というのは、二度あります。一度は、戦国時代です。室町時代の末期から、戦乱を逃れて、おそらく数十万の青年たちが放浪して歩いたでしょう。新しい時代を求めて。

それと同じように、明治維新によって、全国二百万人の武士階級が、一部の例外を除いて失業者と同じ状態に陥った。特に、東北諸藩、奥羽越列藩同盟に入って賊軍の汚名を着せられた東北諸藩の武士は、ほとんどが失職した。そして家禄や土地を没収され、家屋敷を奪われて、惨憺たる状態に追い落とされたわけであります。

卓三郎の先祖も、仙台の藩士でありましたから、その直撃を受けております。卓三郎の場合には、生まれた時から平民の身分になって土地を確保しましたが、義兄の千葉利八は士籍を継いで苦労したろうと思います。なぜか。仙台藩は賊軍の方に廻されました。あの亘理《わたり》藩の伊達邦成などは、家禄三万石の大名で、家臣千三百六十人、それだけの武士団を抱えていた。だから武士の家族を入れますと、八千人くらいの人数を養っていたお殿様です。この人が、明治新政府によって、家禄を取り上げられ、六十五石に減封された。六十五石というのは、千葉家の禄とほとんど変わりない。千葉家は五十石前後でありますから、六十五石というのは伊達邦成という殿様が、独り生活していくだけの石高です。あと八千人の武士は、生活の道を失うだけでなく、即時その土地を没収され、即刻その家を開け渡せという命令を受けた。もし言うことを聞かなければ、官軍の手によって処断されるわけです。抵抗すれば殺されますし、従わない者は投獄される。

そこでやむを得ず伊達邦成は、家臣団を率いていまの北海道の原野に入って、洞爺湖のそばの荒地を開拓して、そこに伊達の町をつくるわけです。いまも伊達町があります。これは、ひどい例でありますけれども、東北諸藩は、大なり小なりそういう待遇を受けたのです。ですから、千葉卓三郎たちが戊辰戦争に参加して、脱走しますと、結局先行き出世の道がないものですから、出奔して、全国を放浪し、新しい生き方を求めようとした。一生ですね。

この戊辰戦争の時に、行方不明になってしまった自分のお父さん、お母さん、あるいは妹の安否を探すために、自分の長い一生を旅から旅に潰してしまったという人物もいるのです。有名な天田五郎、天《あま》田愚庵《だぐあん》がそれです。彼は磐城の平《たいら》藩の藩士でありますが、やはり同じように戊辰戦争で家族を失って生死不明だということから、父母を捜して一生を終わるという、そういう放浪者が日本中を歩いていた。東北の、特に仙台藩の武士たちは、大槻磐渓先生の縁からロシアのギリシャ正教をニコライ神父を頼って、沢山の人びとが東京へ出かけていくわけです。千葉卓三郎も全くそれと同じで、明治五年ころ上京しまして、湯島のニコライ堂にいくわけです。今のような青いモスク式の聖堂ができますのは、明治二十二、三年ですが、卓三郎がいったときにはそこに説教場があり、三ヵ月間ただで食べさせてもらった。三ヵ月以上はギリシャ正教の信徒にならないと置いてくれなかったといいます。そこで卓三郎は、自分の先輩たちの導きでギリシャ正教に入信しました。四年ほどニコライ神父のもとに出たり入ったりしていいます。そういう縁ができ、そこへ先ほど言いました天田愚庵なんていう青年も一時転がり込んでいますし、卓三郎も「ペトロ・チバ」と名乗って、故郷の地で伝道などもしたようです。

つまり、私は、明治維新という時代は、戦国時代と同じように、多くの人が、自分の定住、安住の地から追われた時代、また新しく住み着く場所を求めようとしていた、いわゆる彷徨の時代、さすらう若人の群が溢れていた時代だと思います。このさすらう若人の群のひとつの典型が、千葉卓三郎であったと思います。

放浪のはじまり

卓三郎自身は、嘉永五年の生まれですから、黒船が日本に来る一年前、実は黒船艦隊は嘉永五年にはすでに沖縄の近辺に来ていたのですが、そういう運命の年に生まれている。鎖国日本が最大のショックを受けた黒船によって、封建時代の夢を破られる。その瞬間に彼は生まれた。まさに近代日本の夜明けを象徴した時代です。そして彼の出生というのは、また父親の死と入れかわりなのです。宅之丞は卓三郎が呱々の声をあげるまで生きておれなかった。生母が卓三郎を懐妊した、そして出産する直前に父親の宅之丞は亡くなります。

そこで、当時のことでありますから、武士の家を継ぐためには、宅之丞の死ぬ前に自分の養子をとらなくてはならない。そこで清水彦右衛門という後の千葉利八となる人間を養子にして、それに家督を継がせたわけです。ですから、千葉卓三郎は武士の身分として登録されない。卓三郎の生まれる直前に養子になった利八が武士身分になります。卓三郎は平民として伊豆野で育つわけです。先ほども町長さんがご紹介になりましたように、十二歳のときに仙台に出て、養賢堂で大槻磐渓先生に教えを受けた。大槻磐渓先生は、ロシアと提携して日本をイギリスやアメリカの侵略から守るようにという意見を持っていた開国論者として、進歩的な人であります。

この大槻一門は、有名な学者の家柄であります。大槻玄沢、大槻磐渓、最近では大槻文彦というあの『大言海』を著した学者です。仙台が誇る四代にわたる学者の家柄です。その門下生として卓三郎は学んだわけですから、あの封建時代としては最も先生に恵まれたといっていい人だと思います。

しかし、不幸なことに、十七歳の時に戊辰戦争、つまり白河の戦闘で官軍と東北諸軍が、激戦を交える。その官軍と戦って二度敗走したと卓三郎は書いています。敗走して仙台に帰ってきますと、大槻磐渓先生は逮捕投獄されている。やむを得ず今度は石川桜所《おうしょ》先生のところへ行く。石川桜所は、一八六八年、明治元年十一月から二年の夏にかけて、彼に医学を教えてくれたのですが、石川桜所もまた、徳川将軍慶喜の侍医をしていたという理由で、この人もまた逮捕され投獄されてしまった。またここでも師を失う。

そこで気仙沼の鍋島一郎という、本居宣長とか平田篤胤などの学問の伝統を引いていた国学の先生のところへ行って学びます。

しかし、ここもあまり長続きしない。その後、浄土真宗の桜井恭伯《きょうはく》という師匠をたずねて浄土真宗の哲理を学ぼうとするのですが、浄土真宗では、自分の気持ちが救われなかったのでしょう、僅か五ヵ月でそこを離れております。

後に「読書無益論」の中で彼が書いていますが、蘭学から医学へ、医学から国学へ、国学から仏教へと、転々として百事漫修した。沢山の事を漫然と習った。それを自分としては後悔している。もっと一事専修すべきだったと言っています。この卓三郎自身の自己批判にもかかわらず、これは彼の憲法草案の事業の中に広い見識として生きてゆくのではないかと、私は思うのです。そしてまた、先ほど申しましたように、明治四年（一八七一）ころから、ニコライ神父に傾倒しまして、五年にはもうニコライの、東京の説教場のところで一緒に生活するようになっております。

仙台藩の金成《かんなり》には、金成善平とか金成善左衛門とかいうような彼の先輩がおりましたが、やはりギリシャ正教の信徒になっています。仙台藩士を指導していた酒井篤禮《とくれい》なんかも来て、卓三郎を励ましたりしています。そういうことで、彼は四年間のギリシャ正教の伝道生活を送っていますが、どういう迷いが出ましたか、途中で信仰に疑問をもったのでしょう、市ヶ谷に塾を開いていた安井息軒という大変な儒学者の門を叩いて、そこで小一年学問を習っているのです。

しかし、息軒先生も卓三郎が入門した翌年の春に病気で亡くなります。三度《みたび》先生を失う。安井息軒先生は、キリスト教反対論者として大変有名な人です。そのキリスト教反対論者のところに、キリスト教徒である卓三郎が出かけていったということは、信仰上の迷いを示しています。彼は結核で死ぬ直前に、それこそ、手をもがき足をもがいて苦しむんですが、「神よ我を助け給え」とか、「神よ我が罪を許し給え」とかいうことは、とうとう言わないで死んでしまった。

彼のメモの中には、禅宗のことは記されてありますが、最後の手紙の中にギリシャ正教に救いを求めるというようなことは、一言半句も出てこない。彼の長いギリシャ正教の経歴にもかかわらずです。晩年、彼は思想的に迷っていたのではないかと思われます。その証拠に、安井息軒先生が亡くなりますと、直ぐギリシャ正教と対立していたフランス系のカトリックのウィグルス神父のところに入っていくんです。明治九年頃、ウィグルス神父のところで一年弱居たのではないかと思いますが、この頃から三多摩地方に足を踏み入れたように思われるのです。

五日市にも、この頃から来ていたと、私どもは信じております。なぜかというと、明治十三年に、彼が深沢の同志に宛てた手紙の中に、自分はこの地方に来てもう何年にもなるという文書があります。それからまた、後の深沢の同志たちが、千葉卓三郎が亡くなった後、広田久に宛てた手紙の中に、千葉卓三郎は多摩地方に来て七、八年経っていると書いています。明治十六年から七、八年前というと、明治八、九年にはもう五日市町に来ていることになるのです。

道を求めて

しかし、その頃から五日市町にそのままずっと住んでいたのではないようです。彼の履歴書を見ますと、ウィグルス神父のところに小一年いて、さらにその後、数学者の福田理軒という先生のところで四ヵ月ほど数学の勉強をしている。

それからまた横浜へ行き、山手教会メソジスト派の神父さんで、マクレーという宣教師のところで、一年半くらいの間、プロテスタントの新しいキリスト教、神学を勉強しているんです。千葉卓三郎と同郷の人で白鳥恒松という人がおります。その人は卓三郎より二歳年長の人で、この人と卓三郎との間で取り交わした当時の手紙があります。その手紙を見ますと、横浜時代にどうも卓三郎には、隠し奥さんがいたらしい。戸籍上は、もちろん独身であります。子供もおりませんが、おもしろいことに「妻」と名乗る女性がいたようです。その「妻」と名乗る女性は、相当したたかな女だったようです。いまで言う近代的女性でありまして、おそらくキリスト教関係の同門の人か、あるいは同じメソジスト派の教会に通っている間に知り合った女性ではないかと思うのです。「妻」と名乗っておりますから、もちろん深い関係を持った人だと思います。

その人が白鳥恒松のところに押しかけてきて、お前は卓三郎と同郷の人間だ。卓三郎の居場所を知っているだろう。教えろというわけです。恒松は、そんなこと自分は知らん、と逃げる。そうすると、彼の下宿まで押しかけてきて、千葉が置いていったものはないかと家捜しのようなことまででした。それどころか、再三押しつけがましく、お前は千葉を隠している、隠していると追いかけ、さらに仙台まで行って調べたようです。

どうして、どうして、明治の女性にしては、しつこく追跡していくその執念はたいしたものでありまず。卓三郎はそれから逃げのびるために、一生懸命あちこち転々として、最後に深沢の誰も人の来られないような山奥へ入っちゃった、とこういうことも考えられるかも知れません。（笑）

人生というのは、わからないものであります。千葉卓三郎先生が生き返ってきて、本当のことを言ってくれない以上、われわれ歴史家はそう推測するしかないのであります。しかし、白鳥恒松は、はっきりそう書いている。千葉卓三郎君よ、俺は迷惑しているぞと。お前さんの妻と名乗る女がしつこく俺をつけ狙って全く参った、と。その女は俺のところに来て、大声でわめき散らすので、自分は近所の人に気を遣ってびくびくしている、そんなことを書いている。卓三郎も恒松に「頼むから言わないでくれ」と、そんなことを言っている。悪い男ですね、この卓三郎という男は。（笑）女性の立場からすれば、ひょっとすると疑問のある人物かも知れません。

横浜の宣教師マクレーのもとで、そういうやりとりがあったほどですから、卓三郎がフランス系のカトリック、ロシア系のギリシャ正教、アメリカ系のメソジスト派、こういった国際的な宗教、思想を一生懸命吸収しようとしていたことは、明らかです。いわば自分の魂の安らぎを求めて、さまよい、さすらい歩く、道を求め続ける、こういう青年のタイプは、明治の〝さすらう若人の群れ〟の典型、最も純粋なタイプであろうと思います。

明治の青年は、自分が学びたいと思ったときは、自分の足で歩いていって先生のところへでかけて教えを乞う。玄関や庭の掃除、あるいは廊下の掃除までやって、先生から直接教えを受けるということをやったようです。

卓三郎の一生は、そういう意味では充実したものでした。学歴がないなんてことは問題ではありません。これほどの凄い学歴は、今の東京大学を出てもなかなか身につかない。大槻磐渓先生のところで数年間、これは大変な学歴です。あるいは石川桜所先生のところでも二年。石川先生は第一流の医学者でしたが、残念なことに逮捕されてしまったので、途中で学びを止めました。

また、戊辰戦争で戦ったということは、われわれが太平洋戦争で戦ったと同じように、人生の偉大な教訓、人生の大きな学習です。そのうえ、桜井恭伯とか、ロシア正教の第一人者ニコライ神父とか、「歩く宣教師」と言われたウィグルス神父とか、当時では最も進歩的で革新的なマクレー師とかに、直々に学んでいるのですから、凄いのです。東京大学の法学部をでました、京都大学の法学部をでました、文学部をでましたという学歴に比べて遜色のあるどころか、もっともっと深いものであったと思います。東京大学を出ただけでは、卓三郎のような素晴らしい論文や憲法草案を創りだすことはできませんから。

五日市に住みつく

思えば、今から十一年前に大学の四年生だった新井勝紘さんなど、学生諸君と一緒に、問題の深沢の土蔵を開けたわけです。一万点近い古文書が出てきたその中から、数千点の最も貴重な文書を整理して、みんなで読みあっていくうちに、千葉卓三郎の名を発見したわけです。千葉卓三郎とは何者であろう。全然知らない。聞いたこともない。五日市の町役場へ行って片端から戸籍を調べてみても、千葉卓三郎なんて人は出てこない。これは寄留者だということはわかりました。他所から来た人だ、宮城県人だとはわかった。しかし、宮城県といっても広い。宮城県には、千葉という人は沢山いる。そこでやむを得ず仙台へ行き、副手をしていた江井秀雄さんと新井君たちが、仙台の戸籍係と一緒になって一生懸命調べてもらって、どうもその筋の千葉は志波姫ではないかということになった。それから志波姫の役場へ駆けつけて、当時の役場の方々の協力で、ようやく宅之丞の息子宅三郎だということを確認したわけです。

その頃、私どもの教え子であった学生諸君は、卓三郎たちの書いた毛筆の草書が読めない、漢文が読めない、まして先ほど言いました「悼哉英魂呼不起」というような詩がすらすらと読めないわけです。一年、二年とその読み方から訓練して、それから卓三郎たちが学んだ本、フランスやイギリスやアメリカの本をもってきて、君たち、その中の一冊でも読んだことがあるかねと聞いても、読んだこともない。スペンサーの『社会学原理』、ミルの『自由之理』、アダム・スミスの『国富論』とか。アダム・スミスの名前は知っていても実際に『国富論』を読んだ者はいない。卒業生ですらルソーの『社会契約論』さえ読んでいない。明治の青年を見たまえ、彼らはこうやって赤い字で点を打って、権利とは何ぞやとか、義務とは何ぞやと、赤い毛筆で一生懸命書き込みをして、ノートには自分の学ぶべき課題を沢山書いて、仲間を集め、学芸講談会などで勉強したのだと、話しました。

学芸講談会は、五日市に三十九人ほどの会員を集めて月に三回、研究会を開き、一人一人ずつ本を読んできて内容を紹介しあった。報告者全員が賛成論と反対論を述べるという公開の議論をしながら、一冊ずつ本を読み、そこから知識を吸収していた。しかも重要なテキストは筆で、一晩かかって半紙に、書き写した。そしてその半紙を三十枚、五十枚とまとめた。当時の本は高い、二円もするんです。今のお金で三万円も四万円もする本です。そういう本を手書きで写しとってしまう。そして同じものを二組ずつ造って会員の間で回覧して読むんです。

今のようにコピー機でピッコロピッコロやって、印刷しているうちに、一頁も読まないのにわかったような気分になってしまう、というのとは違うんです。今の大学生諸君は、試験の前に、慌てて友達からノートを借りてコピー機で一生懸命印刷している。印刷し終わったときには試験日がきて答案を書こうにも何だかわからない。これじゃだめなんです。一字一字書き写していく中で、この字は何と読むんだろう、この言葉はどういう意味だろうと考え、字引を引く。お爺さんやお婆さんに尋ねる、あるいは先生に尋ねる。書き写しながら考える。あのコピー機なんてものは、学問を低下させてしまいます。学生には非常によくないものです。

この千葉卓三郎の研究過程で、私どもの学生諸君はそういうものを学んできた。むしろ、学歴のない、小学校も出ていない、寺子屋しか出ていないような青年たちの学問の仕方に、今の大学生は学んだのです、彼らの方が上なんです。民法、刑事訴訟法、刑法、商法、国際法、憲法、どう考えたって今の学生は読んでいない。だからそういうものを読んで議論した青年の方が、ずっとレベルが上なんです。明治の青年は、学歴がないから遅れていたと思ったらとんでもない話です。

卓三郎はそうした学問の遍歴をしたあと、あるいは宗教をいろいろ経巡ったあと、そのターミナルステーション、彼の終着駅として選んだのが五日市であります。当時の五日市はどんなだったでしょう。日本のチベットなんて言わなかったでしょうが、今でも東京でたった一つの村、八丈島は別ですが、東京都下でたった一つの村というと、五日市の隣にあります檜原《ひのはら》村という村なんです。山の奥の村で東北山地のような、なだらかな丘陵ではありません。険しい両側が切り立って、午後二時くらいになると陽がかげってしまう、そういう谷の村です。その檜原村から秋川という川のちょうど台地状に拓けてできたところが五日市です。五日市も三方を山に囲まれ、山の中を秋川が大きく湾曲してうねっている台地状の村であります。そこが、関東地方から山梨県の方に向かって往く街道筋であった。

そこに市場が立ちます。周囲の村びとが生産物をもって集まっては、物々交換をやります。あるいはお金でそれを買う。薪とか木炭とか紙、糸、織物、そういうものを集めて五の日に市をやるから五日市といいます。四の日に市を立てれば四日市、八の日に市を立てれば八日市です。そういう市場町なんです。ですから、狭い五日市街道の両側に古い商家風の家がずっと軒を並べている。そしてちょっと台地の下は断崖絶壁になっており、秋川という素晴らしいきれいな川が流れています。明治時代、その断崖の上に勧能学校という小学校がありました。そこには太子堂というお寺があった。薬師堂ですね今の。昔は寺子屋、明治になって小学校に変わった。勧能学校という名前は能力を勧めるという意味です。これは後に五日市小学校になります。その勧能学校に千葉卓三郎は終着地を求めた。そこが彼の最後の安住の地になった。

なぜそうなったのでしょう。そこに彼が行きました時に、永沼織之丞という校長先生がいた。永沼織之丞という人は仙台藩士です。宮城県の人でここからはあまり遠くない桃生郡名振浜の人です。永沼はかつて戊辰戦争のとき白河の戦闘で一緒に戦った。仙台藩の農兵隊の指揮をとった永沼が、どういうわけか、五日市小学校の校長をしておった。それは卓三郎にしてみれば偶然であります。しかし、永沼としては、自分の後輩である栗原郡の青年が、しかも同じギリシャ正教の同志が近くに来たというので、早くから呼んで、おそらく明治九年頃から呼んで、時々学校の授業を手伝わせたんだろうと思います。

手伝ってもらう教員のことを助教員といいます。卓三郎は、その助教員を明治九年頃からしていたんではないかと思います。しかし、卓三郎は放浪癖のある人ですから、なかなか一ヵ所にじっとしていない。転々と居を変えるわけですね。永沼先生のところで教師をしていたかと思うと、もう少し山奥の大久野という村へ行って大久野学校の先生をやっていた。そうかと思うと、また秋川を越えて山ひとつ南の上川口学校の先生をするというように、何ヵ所も転々としております。そんなに転々としていたのでは、纏まった仕事はできない。同志の説得もあったのでしょうが、彼は明治十三年に五日市に定住します。

学芸講談会の議論

そこで彼は何をやったか。五日市には、非常に優秀な青年がおりましたから、その青年を集めて学術討論会を開く。この学芸討論会の中から学芸講談会という確固としたグループを結成するわけです。学術討論会は、卓三郎がそこに定住する前から五日市にあったようです。明治十二年頃から高い水準の討論、演説が五日市の青年の間で行われている、と東京の新聞に報道されていました。五日市には、東京で出ているほとんどの新聞が備えられていて、村の人は、誰でもその場所に行けば自由に見ることができる、彼らは、定期的に会を開いていて、そこでの演説の程度の高いことは驚くべきであると、東京横浜毎日新聞などに報道されていますから、卓三郎の行く前に学習運動や学術討論会の伝統はあったようです。だからこそ、卓三郎はそこに住み着く気になった。また同志たちが、卓三郎をそこに住ませたかったのですね。お互いに〝相寄る魂〟というか、引き合う魂が相互に働いて、それが五日市で結びついた。彼はおそらく、秋川の断崖の上にある勧能学校の太子堂に住んでいたのではないかと思います。五日市の町の中に金子という街道筋の家がありますが、そこでしばらく下宿していたという話も伝わっております。あるいは五日市の町から小一里山の奥の深沢にいたか。深沢は擂《す》り鉢の底みたいなところで、しかも深沢で道は終わっています。どんづまりなんです。

その深沢というところに、深沢名生《なおまる》と権八という父子がいて彼を助けた。そのころ、権八は二十歳ちょっと、名生は四十歳ちょっと、二人ともまだ若いのです。しかし、この二人は、もう西多摩郡中抜群の見識の持主であり、読書家であった。村の大地主であり、名主をやった二人が卓三郎を暖かく迎え入れるわけですね。ですから、卓三郎は憲法を創る二年前から深沢権八の家に行って、そこで何日かを過ごしているはずです。なぜかというと、深沢邸の隣に真光院というお寺がありますが、そのお寺で明治十二年十二月にみんなが集まって、詩の会をやっている。俳句の会をやっている。その中に千葉卓三郎の名前と作品が残っているんです。それが明治十二年ですから、憲法ができる二年前に、すでに深沢家に出入りしていたことはわかると思います。そういう人びとの中で彼は指導者になるわけです。

憲法をつくろう

五日市学芸講談会には、ちゃんとした規約がありました。印刷された規則書まであるような立派な会です。「学芸講談会之印」という立派な四角い判も残っているんです。ここでは定期的に会合し、その上討論のテーマを決め、かなり大掛かりな研究会を開いていたようであります。

五日市学芸講談会の周り十二町村がそれに参加している。五日市が中心です。八王子も入っておりますが、八王子の北の方の青年も行っています。先ほど言いました檜原村、東京のチベットといわれるほどの山の中で、ついこの間までランプしかなかったそういう山奥の青年も学芸講談会に来ています。檜原村の南郷というところから来た人などは、四時頃になれば暗くなりますから、早く農作業を終えて、早飯を食べて、谷や山を下ってどんどん歩いて、駆けてくるのです。二里も三里もある山奥から来るのですから、二時間も三時間もかかってくる。そして五日市の学芸講談会に参加して、夜遅く十時頃に会が終わって、また山道を駆け上がって行く。彼が家に帰り着く頃にはもう鶏の声が聞こえたという話を聴かされました。檜原村から来た、川口村からも行った、囲りの十二ヵ村の青年がくる。私どもの推測では、おそらく七、八十人のメンバーだったろうと思うのですが、名簿として今残っているのは四十人足らずです。

五日市の、この十一月三日の顕彰碑の式の時には、その中三十人が、五日市憲法の記念碑と一緒に、学芸講談会の記念碑として名前が刻まれていました。その刻まれた三十人の中に、千葉卓三郎も入っております。そのグループによって憲法草案が創り出されたわけです。

ではなぜ、憲法なんて突飛もないものを彼らは考えついたんだろうか、なぜ憲法なんだろう。と申しますのは、この憲法草案が起草されるのは、明治十三年、つまり卓三郎が亡くなる三年前の秋頃ではないかと思われるんです。なぜかと申しますと、その明治十三年の秋に、第二回国会期成同盟の大会が開かれた。全国大会です。これは国会、衆議院ですね、それを早く開けという運動の会です。

国会期成同盟の全国大会が明治十三年の秋に開かれ、そこで人民がただ待っていたんでは、いつまで経っても政府は国会をつくるようにはならない、われわれの手で、われわれ自らの手で国会を開設する準備をしよう。黙っていたのでは、あの薩長政府は憲法を創る意欲がない。それならば、われわれの手で憲法を創ろうと決めたのです。

同志諸君よ、全国の各府県に帰って、それぞれの地域から一つないし二つでもいい、それぞれの人びとが討論し、人民の憲法草案を創って持ち寄ろうではないか、と決めたのです。明治十三年の十一月から明治十四年の十月まで、この一年間の準備期間に各県で憲法草案を創って、来年の大会でここへ集めようという決議をしたわけです。

そして、それを全国の同志に訴えました。その決議と訴えによって、一斉に全国各地で憲法草案の起草が始まったのだと思います。もちろん、その前から有名な演説団体や研究団体は憲法案を作っております。しかしそれは、二つか三つ、少ない数です。ところが、その呼びかけのあと、続々と憲法起草運動が始まり、仙台でも憲法起草委員が選ばれて、実際に憲法起草をしたと私は思います。残念ながら、仙台ではまだ発見されていませんが、いつか、どこからかきっと出てくるに違いない。おそらく福島でもやったでしょう。福島の憲法起草もまだ発見されておりません。

東京都下では、五日市から出ましたし、立川からも発見されましたが。全国でやられたものが四十に近い三十いくつという憲法草案が発見されています。しかし実数はもっと多いはずですが、今、全文が残っているのは三十あまりです。その中でも指折りの中の一つと言っていいくらいの高い水準をもったものが、この千葉卓三郎の草案であります。

何でもあった深沢の私設図書館

それを書くために、彼は五日市の、さらに山奥の深沢に潜っていた。なぜそこに潜ったか。深沢家という非常に具合のいい住みよい家があった。これは大きな屋敷ですから、今だって、大変大きい山林の地主であります。深沢家は本を買うのに、お金に糸目はつけないで、どんどん金を出してくれた。ですから、深沢の蔵の中にある本で足りないものはなかったと、東京で出た新刊書の大部分は深沢の土蔵にあったと。あれは私設図書館の如きものだと言われたくらいです。

誰が言ったか。小田急電鉄を創設した初代社長の利光鶴松という人が書いています。なぜかというと、利光鶴松は、千葉卓三郎が死んだその翌年に深沢へ行き、卓三郎たちが使った法律の本を借りて勉強して弁護士資格をとっている。後に彼は政治家として活躍し、やがて実業界へ転じて、小田急電鉄の社長になった。そういう人です。その人が自分の少年時代のことを顧みて、深沢にはあらゆる本が揃っていた、法律の勉強なんか何も東京へ出る必要はなかった、深沢で十分できた、とそう書いています。そういうことを考えますと、卓三郎が深沢の土蔵に閉じ籠って勉強したということは大いにあり得ることであります。第一、彼の「葉卓」という判を押した本があの深沢の蔵にあったのですから、彼としては深沢父子は大変居心地のいい友達だったんでしょう。

開かずの蔵

この写真が（写真を見せて）ただ一つだけ残った深沢家の土蔵でありますが、だいぶもう傷んでおりまして、私どもが今から六年か七年前ですが、入れていただいて見ました時には、桐の箱にたくさん、写真などが、それも当時のことですからガラス写真ですね、そのガラス版の写真が残っていたのですが、桐の箱の紐をといて中から写真をとりだそうと、ちょっと手をふれただけで、ぱらぱらっと桐の箱が、何といいますかこわれてしまいましてね、長いあいだ蔵を開けないとこういうことになるのかと思いました。ちょっと物にさわるとすぐ分解してしまうのです。その時も桐の箱がぱらぱらとこわれて非常に困りました。

中から明治初年のガラス写真などが、たくさん出てまいりましたけれど、深沢の土蔵に限らず三多摩の豪農たちの古い土蔵の中にはまだこういうものがあるのではないかと思います。そういう蔵《くら》の中から、北村透谷の妻となる石坂美那子の手紙であるとか、彼らが読んだと思われるたくさんの文献、それも筆書きで半紙にこまかい字で立派に写しとった、当時のまあ手製の教科書ですね、そのようなものが出てまいりました。

なんで山の中で憲法草案を創る気になったか。先ほど申しましたように、全国大会のアッピールを受けたのです。訴えを受けたからといって、横浜の人が創るならともかく、深沢で創らなくともよかろうではないかと思う人がおるかも知れません。宮城県で憲法草案を創ってくれといわれたら、志波姫の人がそれを創るでしょうか。これは仙台でやってもらおうということになるんじゃないでしょうか。いや一関にしておけや、うちは遠慮しようというのが普通でしょう。ところが当時の人は、そうではなくて、五日市の人が自ら乗り出したわけですね。そして実際にその制作をしてゆく過程で、いろはのいの字からやらなくてはならなかった。

憲法草案発見当時（1968年）の深沢家土蔵（色川撮影）

権利とは何か、義務とは何か。第一それがわからない。江戸時代の伝統の中では、権利という観念は十分育っていなかった。権利という感覚は、日本的ではない。義理人情はありますが、権利、義務というのは日本人の感覚にぴったりこない。困ったのは契約です。契約という観念も江戸時代には十分育たなかった。日本人の間では契約よりも信用です。信用が大事だ。契約書に判を押して保証人がついて約束を交わさなければ何かをできないというのではなく、日本人は腹と腹で信じあって、信用したらそれでいい。若し信用を破る者があったら、命を賭けてでもお詫びしなくちゃならない、義理人情というのはそういうものです。

自分が本当に信用してもらってやった、その信用を裏切った人は、命をその人のために捨てなければならないというくらい堅いものであった。そういう伝統の中からは契約とか、義務とか、権利というものはなかなか出てこない。

法律用語で、それを勉強するのに、卓三郎たちは大いに苦労しています。一つ一つ苦労している。そういうのを日本に置き換えてみると、これはどういう意味なのか、ヨーロッパでいう権利とは、われわれでいうとどういうことなのか、一つ一つ解きほぐしていって、近代法を学び憲法の下準備をした。学芸講談会というのは、月に何回か開いて討論しますから、その中で六十いくつの議題を選び、その中の憲法起草に必要なものからこなしていったようであります。

多様な討論内容

どういうことを討論したか。たとえば、人民に武器を与えていいか、人民武装の可否。これは、皆さんが皆ピストルを持っていいか悪いかという議論と同じなんです。これが突飛な議論かというと、そうではないのです。私はアメリカのプリンストン大学で教えておりました時に、ある女子学生にちょっとライター貸してと言ったら、彼女が持っていたハンドバッグの中に、小さなコルトの拳銃が入っていたのを見たんです。これはうっかり誘惑などしたら撃たれちゃうなと思いました。それからまた男の学生の部屋へ行って引きだしをぐっと開けると、無造作に拳銃が転がっている。アメリカというのは、多民族の集まった、ある意味では不安な社会であります。そして言葉でもお互いが信用し合うなんてことも日本ほど簡単にはできない。本当の心もなかなかわかり合えない。信用だけでは安心できない社会だから契約書が要る。なんでもかんでもすぐ契約書です。そして第三者を保証人にして、署名して絶対にこれは守ってくださいよと。それで成り立っている社会なんです。

また、沢山の人種がいますから、最後に自分を守るのは自分だけ、自分のファミリーを守るのは自分だけ、だから用心深い金持ちの家には、ボタンを押すと屋根の下から機関銃が出てきたり、テレビカメラがあちこちに置いてあって、不審なやつが近づくとすぐ自動警報機が鳴って自動的に威嚇弾が出たりする物騒な家もあるんです。これやったって憲法上別に悪いわけではない。ただ撃って殺したら犯罪ですが。

個人主義というのは、個人が自分の生命に最後の責任をとる、同時に自分を守るのは自分しかないという個人原理に立脚していて、ああいう悲しい、淋しい契約社会が生まれる。その厳しい契約社会の中でアメリカの市民社会はできた。それをまるで伝統の違う日本に持ってきたって、うまくいかないのは当たり前。しかし、日本の歴史の中にも、戦国時代までは日本人民も武装していたんですから、共通性がないわけじゃない。嘘だと思うなら室町時代の洛中洛外絵図をご覧なさい。よく見てください。百姓や町人が刀を差していますよ。それが一斉に禁止されたのは太閤検地や刀狩り以後なんです。徳川時代になってからです。それ以前は日本でも武装していたのです。

そこで明治維新になったときに、人民の武装は是か非かという議論なのです。さらに民兵是か非か、軍隊でなく志願兵でいいかどうか、などこの学芸講談会でやり、賛成者と反対者を出して議論させる。終わりますと、会場の人からも意見を聞きます。今、人民武装をしていいという意見と、武装してはいけないという意見がある、あなたはどう思いますか、と質疑討論が行われます。最後に幹事が出てきて、その締めくくりの総括討論をやる。もし東京から来賓が来ているなら、その来賓の人が模範演説をやってみせる。それで終わり。問題が残ったら次回に引継ぎという形の研究会をやっていた。今の研究会みたいに、誰かがぺらぺら喋って、誰も質問しないで終わりというのじゃない。それと、この学芸講談会に出席した会員で、月連続三回発言しないで黙っていたら、その人は除名されるのです。そのくらいしなければ、厳しい勉強はできなかったでしょう。

その上また、こういうのがあります。女の戸主に参政権を与えてよいかどうか。これは婦人参政権の問題です。まだイギリスでもアメリカでも婦人参政権のない時代にこの議論をしている。また、死刑は廃止したらいいか悪いか。死刑は最も残酷な刑だ。それは本人だけのことではない。残された遺族もどんなに残酷だかわからない。あれは死刑囚の家族だ、と言われるだけでその家族は一生葬られてしまう。死刑を廃止すべきか否か、こんな議論もしている。このことは千葉卓三郎の草案の中に、国事犯を死刑にしてはならない、という見事な条文として結晶しています。それはこの役場に、今日除幕されたその碑の中の一番最後のところに「国事犯ノタメニ死刑ヲ宣告ス可カラズ、又ソノ罪ノ事実ハ陪審官之ヲ定ム可シ」と書いてある。死刑を廃止すべきか否かという議題、これは学芸講談会の幹事をしておりました人のメモの中に出てくる言葉です。その通り議論された、その結果ですね。死刑そのものを廃止するのはちょっと行き過ぎかもしれんから、国事犯には死刑を宣告すべからず、ということにしようと落ち着いて憲法百九十四条の条文にしているのです。国事犯というのは、政治運動をやったということで、死刑になるということはいけない。幸徳秋水のような人たち二十四人が死刑になる、というようなことはいけないということです。

で、その罪の事実は陪審官が之を定むべしということ。これは重要です。「その罪の事実は裁判官が之を定むべし」ではなく「陪審官が之を定むべし」なんです。これは討論題目の中に、陪審制を設くるの可否という議題がある。

陪審制というのは何か。日本の裁判では、短い期間しか採用されませんでしたが、千葉卓三郎は先見の明があって、日本の裁判にその陪審制を採用したかった。裁判は、国民を裁くわけですが、その裁く人は誰か、裁判官であります。裁判官は戦前は天皇が任命した。戦後は学歴の高い人、大学の法学部なんか出て司法試験に合格した人が裁判官になった。ところが、そういう人たちに日本人民の人権を守ってもらえるだろうか。疑わしいのです。千葉卓三郎たちは、明治国家の裁判官を信用できない。だから陪審官を入れろというわけです。陪審官というのは、たとえば志波姫の町の有識者が陪審官という名前で、志波姫の住民の刑事裁判に出席して、裁判官と同じように、判決に対して意見を述べることができる。裁判官は陪審官の意見を聞いて判決しなくてはいけない、つまり、人民の代表が刑事裁判に参加するということであります。人民を裁判に参加させないで、裁判官だけで裁判されると、とんでもないことになりかねない。そういうことを学芸講談会の討議で取り上げ、しかもそれを憲法の条文の中に明記しているのです。陪審官是か非か、今でも大命題です。死刑廃止論も大問題です。未だにこれは解決していない。日本は陪審制度は採用しておりません。アメリカはもちろん採用しています。

あるいは、自由を得るの近道は、知力によるのか、腕力によるのかという議題もあります。これは今の学生諸君に大いに学んでもらいたいんですが、戦後の学生諸君は自由を得るの近道は、暴力のほうが早いなんて、一時やたらにゲバ棒振り回して相手を叩いたことがあります。そうではなく、知力による道と腕力による道のどちらがいいかと議論しているのです。それから、天皇の皇居は都会に置いたほうがよいか田舎に置いたほうがよいかと議論しています。皇居は東京に置くより志波姫に持ってきた方がいいんじゃないか。（笑）天皇が東京にいると政治的に利用されるだけでなく、天皇が政治に乗り出して脱線するんじゃないか、岩手とか、島根とかそういうところへ持っていってもいいじゃないか、という意見。

それから、議会の議員に給料を払うべきかどうか、志波姫の町会議員に給料を払わない方が悪いことをしないんじゃないかとか、衆議院議員に給料を払うから悪い奴が出るんではないかとか。（笑）そういう議論ですね。

もっと面白いのは、夫のある女が、妻のない男と道の上で接吻した場合、その処分は如何にすべきか。（笑）これは大問題になったように思われます。その賛成討論と反対討論の内容を是非知りたいのですが、残念ながら記録はありません。そこにはやっぱり、男女同権論の問題、人権の問題が入った形で議論したのではないかと思います。こういう六十三くらいの題目が今わかっております。それを一つ一つ議論していって、憲法の草案をつくっていったのかとも思われるのです。

格調高い条文

さて、今日建碑された碑文の内容について、少し考えてみましょう。

まず、日本国民はそれぞれの権利自由を達することができる、他より絶対に妨害すべからず、且つ国法はこの日本国民の自由権を保護すべしという第一条があります。これは日本国憲法の第十一条、第十二条と同文であります。ほとんど同じであります。

今の日本国憲法第十一条第十二条は、国民の基本的権利について触れています。そしてそれには、日本国民はそれぞれの自由権というものを達成しなければならない。そしてこれを絶対に妨げてはいけない。で、国家はこれを保護しなければならないことが書いてありますが、これは千葉卓三郎の第四十五条と同じです。

次に四十八条を見ますと、千葉卓三郎の起草した「凡ソ日本国民ハ日本全国ニ於テ同一ノ法典ヲ準用シ同一ノ保護ヲ受ク可シ地方及門閥若クハ一人一族ニ与フルノ特権アルコトナシ」。これは何か。日本全国に於ては同じ法律を平等に適用しなくてはいけない。法律こそが最高であって、君主も貴族も士族も平民もみな法律の下では平等でなくてはいけない。そして地方に於てそれは薩摩だから、長州だから法律を破っていいとか、仙台だから盛岡だから会津だから法律を破ってはいけないということはない。近代法の基本原理を明解に表現してある。

そして、その次には、教育の問題が出てきます。日本の将来は教育によります。教育が一番大事だ。その教育の自由、学校及び教授の自由、さらに子弟の教育は父兄たる者の義務である。免れることのできない責任であるという。教育に対する非常に大きな評価が書かれています。

さらに四番目の、七十七条を見ますと、地方の尊重という考え方をこの時期に規定するんです。地方議会、地方政治は、特別の国家の法律をもって制定せられなくてはいけない。地方自治は、それぞれの土地の風俗や習慣によってできているものであるがゆえに、必ずこれを干渉したり妨害したりしてはいけない。その権力の及ぶところは国会といえどもこれを侵すべからざるものとす、とあります。つまり、地方自治というものを政府や国会が侵してはいけない。

今では地方自治というものは名ばかりで、ほとんど自治省の許しがなければ大きなことはできない。大蔵省の許しがなければ予算措置もできない、予算ももらえない。いちいちその自治体は国や県の制約を受けたり、さらに県は中央政府の指示を受けたりということで縛られております。そういうことのないように、千葉卓三郎は早くからこう言っているわけです。

そして、八十六条では、もっと大事なことが云われています。

国民から選ばれた民撰議院、国会は、政府の方から提出した法案とか、議案を討議し、また国帝＝天皇が提案した議案とか意見というものを改竄するの権を有す、あらためる権利がある。改竄とはあらためて直してしまうということです。この憲法は天皇に大きな権限を与えておりますが、天皇が絶対ではないのです。天皇は外交権、条約を結ぶ権利、戦争と平和を決める権利、議会を召集する権利とか、内閣を組織する権利、沢山の大きな権利が天皇に与えられております。国帝と当時云っておりましたが、国の帝にはそういうものが与えられている。しかし、その天皇の大権はすべて全国民の福祉に奉仕するために活用されなくてはならない。国民の幸福のために天皇はその大権を行使しなくてはいけないのであって、もし天皇の提案や議論が国会の議論と矛盾した場合には、国会が天皇の議論を改竄することができると、国民主権の思想がこの中にうたわれている。

表面はまさに君民共治、天皇と国民が一緒に信頼し合って、政治をやっていく、君民共に治めていこうという君民共治論であります。いざ矛盾したような場合、たとえば、天皇と雖も、悪い大臣に唆かされて、とんでもない間違った方向に導いていく、そういう危険もないわけではない。そういう時に、国会はそれを改竄できる、あらためることができる。そういう権利を明記しているところに、この憲法草案が今の日本国憲法の国民主権と非常に近いものだということがわかります。

碑に刻まれた六ヵ条をちょっと紹介してみても、この草案が如何に日本の将来に対する先見的な内容を盛ったものであるかがわかるわけですが、これを学界なり世間はどう評価しているか、このことに触

戦後七〇年目の鉄道

――リニア中央新幹線と民主主義

老川慶喜

　運輸省が一九四七年八月に発表した『国有鉄道実相報告書』には、敗戦直後の国鉄の様子が活写されている。それによると、国鉄は戦時中に「随分無理をし」、「全くヘトヘトになって」敗戦を迎えた。しかし、国鉄の使命は終わらず、あらゆる産業が「仮死状態」になり、すべての生産が「一時殆んど停止してしまった」が、国鉄は「国民の足」「国民の動脈」として「一瞬たりとも休止することを許されな」かった。国民が「敗戦という未曾有の事態」に直面して、「均しく呆然」としているなかで、「国鉄従事員は、一時の休息をも与えられず疲れ切った車両や施設にむちうち、新しい使命を以って再出発」した。敗戦直後、「汽車が動いている」ことが、どれだけ多くの国民を勇気づけたことであろうか。

　その後国鉄は、一九四九年六月に経営形態を公共企業体にかえ、日本国有鉄道として戦後日本の経済発展を牽引し、第一八回オリンピック東京大会が開催された高度経済成長さなかの一九六四年一〇月には「夢の超特急」とよばれた東海道新幹線を開業し、東京～新大阪間を三時間余（当初は四時間）で結んだ。東海道新幹線は、高速鉄道時代の幕を開け、斜陽産業といわれていた世界の鉄道に大きなインパクトを与えた。

　新幹線鉄道は山陽道にそって西に延び、一九六七年三月に山陽新幹線新大阪～岡山間の開業式が行われ、七五年三月には新大阪～博多間の全線が開業した。この間、一九七〇年五月には「全国新幹線鉄道整備法」（全幹法）が公布され、全国的な新幹線鉄道網の整備が図られた。以後新幹線鉄道網は、東北新幹線、上越新幹線、北陸新幹線、九州新幹線と拡大し、二〇一

評論

特集・戦後70年

No.200

2015.7

日本経済評論社

二年八月には北海道新幹線新函館（仮称）〜札幌間、北陸新幹線金沢〜敦賀間、九州新幹線西九州諫早〜長崎間の起工式が行われた。そして、今年の三月には北陸新幹線長野〜金沢間が開業し、二〇一六年三月には北海道新幹線新青森〜新函館北斗間、二〇二二年度には北陸新幹金沢〜敦賀間が開業する予定になっている。北陸新幹線敦賀〜大阪間のルートはなおも未定であるが、北陸新幹線が全線開業すれば東京〜大阪間は北陸新幹線でも結ばれることになり、懸案となっている東海道新幹線の代替線も確保される。九州新幹線西九州ルートも着々と整備されつつあり、日本海側の開業路線はまだわずかであるが、ミニ新幹線方式によって在来線を整備していけば、新幹線鉄道が全国に張り巡らされるのも、そう遠い将来のことではないように思われる。

一方、このように新幹線鉄道の全国的なネットワークが整備されるなかで、JR東海を建設営業主体として進められているリニア中央新幹線への期待が高まっている。JR東海によれば、リニア中央新幹線は超電導磁気浮上方式を採用し、最高時速は五〇五キロで、東京〜名古屋間二八六キロを約四〇分、そして東京〜大阪間四三八キロを約一時間で結ぶという。前経団連会長の米倉弘昌氏や官房長官の菅義偉氏が、一九六四年の東京オリンピックに間にあわせて東海道新幹線が開業したことに思いを馳せ、二度目の東京オリンピックが開催される二〇二〇年までにリニア新幹線を完成させるよう要請したが、そう簡単にはできないとJR東海の側からいさめられるという一幕もあった。

しかし、なぜJR東海という一民間公益事業会社がリニア中央新幹線をみずから建設し、運営することになったのであろうか。一九七三年に国が中央新幹線を全幹法の基本計画に組み込み、七四年に国の指示を受けた旧国鉄が地形・地質調査を開始した。また、リニアの開発はもともと国鉄の鉄道技術研究所で進められ、一九八七年四月の国鉄の分割・民営化後は鉄道総合研究所（JR総研）が一手に引き受け、その成果はJRグループの共有財産とされてきた。それが、いつの間にかJR東海が同社の自己資金で中央新幹線を建設し、みずから経営することになってしまったのである。

事態が動いたのは、民営化後の一九八八年九月、JR東海が山梨のリニア実験線の建設に一〇〇〇億円程度を支出すると発表し、同年一一月に石原慎太郎運輸相がそれを受け入れ、中央リニア新幹線を国家プロジェクトとして進める必要があるという認識を示してからであった。さらにJR東海は、二〇〇六年に実験線の延伸のために単独で三〇〇〇億円を投入するとし、〇七年四月には二〇二五年までにリニア中央新幹線を開業すると発表した。また、同年一二月には建設費を全て自己資金でまかなうと述べ、矢継ぎ早にリニア中央新幹線の早期開業に向けて布石を打った。奇しくも二〇〇六年九月には第一次安倍晋三内閣が発足しており、同内閣の長期戦略指針「イノベーション25――夢のある未来の実現のために」の中間報告にも、リニア中央新幹線が盛り込まれることになった。

こうして民間会社が自己資金でやる事業だから、口をはさむ余地はないという雰囲気が広がり、二〇一一年三月には、東日本大震災の直後であるにもかかわらず、国土交通省の審議会は耐震性には問題がないとして建設計画を認める最終答申案をまとめ、同年五月に大畠章宏国土交通相はJR東海に建設を指示した。しかし、リニア中央新幹線にはさまざまな疑念が提出されている。まず鉄道技術としては完成度が低く、環境にどれだけの影響があるのかもはっきりしていない。事故のさいの乗客の避難の仕方も明確ではない。掘り出された膨大な量にのぼる土砂をどう処理するのかも決まっていない。二〇一一年三月の東日本大震災における福島第一原子力発電所の事故を想起すれば、電力を通常の新幹線よりも三倍も消費するといわれる点も問題である。そして何よりも、人口減少社会に向かうなかで、なぜ東京と大阪を一時間で結ばなければならないのであろうか。

こうした疑念にまったくこたえることなく、事態は「前のめり」に進んでいる。それは、現政権の実質的な審議をしないで集団的自衛権を閣議決定し、日本国憲法をないがしろにしていく手法や、沖縄の普天間米軍基地の移転先は辺野古沖しかないと決めつけ、沖縄県民の意見にまったく耳を貸さない態度とよく似ている。民主主義とは、利害や価値観の異なる諸個人が時間をかけて議論し、合意を形成していく努力によってなりたつものであるとすれば、リニア中央新幹線についても、二一世紀にふさわしい鉄道網はどうあるべきか、国土や産業のあり方をふまえ、幅広く議論を展開していく必要があるように思われる。戦後七〇年を迎えて、日本の民主主義の危機が、リニア中央新幹線の問題にも現れているといわざるをえないのは、まことに残念なことである。

［おいかわ よしのぶ／跡見学園女子大学］

戦争、そして七〇年

原　朗

戦後七〇年だと誰もが言う。正確には敗戦後七〇年だ。どの国と戦って敗れたのか。大方の通念はアメリカに敗れて七〇年と受け止められているようだ。テレビや新聞でも対米戦争は大きく取り上げられるが、日本が中国にも負けたということはあまり意識されていない。近代日本の歴史を考えるとき、これは相当大きな問題である。

敗戦時に中国にいた日本軍はざっと数えて一〇五万人、中国大陸での戦死者は日中戦争から通算して七一万人で、海外戦没者二四〇万人の三割に達する。東京大空襲と原子爆弾の記憶は、中国での戦争がいかに長期にわたり日本軍に頑強な打撃を与え続けたかを忘れさせたようだ。

その中国の側から見れば抗日惨勝七〇年の記憶は、それだけでなく一九一五年の二十一カ条要求一〇〇年、一九二五年の五・三〇事件九〇年、一九三五年の抗日救国宣言八〇年と、いずれも対日関係が悪化した年の記憶とともにあり、日清戦後一二〇年も忘れられていない。

同様に朝鮮半島から見れば、日本の敗戦七〇年はすなわち植民地からの解放七〇年だが、一九四五年から逆にさかのぼって七〇年前の一八七五年は江華島事件の年である。戦後に限ってみても、今年が日韓基本条約五〇年だということは、「戦後七〇年」の声にほとんどかき消されている。

ではひるがえって七〇年とはどういう時間か。七〇年という時間を歴史年表の上でスライドさせてみよう。一九四五年の敗戦を「第二の黒船」というのなら、第一の黒船、一八五三年浦賀来航から七〇年後は一九二三年、まさに関東大震災の年になる。近代日本の始まりを一八七一年の廃藩置県とするなら、その七〇年後は一九四一年、日中戦争を継続しつつ米英など連合国との戦争にまで突入していった年である。現代日本の始まりを一九四五年の敗戦とすれば、その七〇年後が現在だということになる。近代の歩みと現代の歩み、戦争の歴史と平和の歴史、両者の大きな対比の基礎には、そこに生きた人々一人ひとりの生活があった。

日本の社会を総括的に考えるとき、出発点となるのはやはり人口である。

生きている一人ひとりの存在こそが、すべての経済的・政治的・文化的活動の究極の源泉であることは疑うべくもない。戦後七〇年の出発点、一九四五年の人口は七二〇〇万人で、前年から一〇六万人以上減少している。減少の大部分は戦争で死んだかあるいは殺された人々だ。

敗戦後ほぼ七〇年たって、昨年一〇月の人口は一億二七〇八万人である。うち七〇歳以上人口は二三八四万人で一八・八%、つまりほぼ六人に一人が戦前戦中生まれ、六人のうち五人は戦後生まれとなった。物心のつく年を仮に五歳とすれば、かすかにではあれ戦時の記憶を持っている人は七五歳以上の一五九一万人で一二・五%、ちょうど八人に一人ということになる。

いま六〇歳の現在の首相は、もちろん戦争というものを知らない。そしてむやみに七〇年前の敗戦という歴史経験を忘れたいようだ。しかしそれには両面がある。一方の戦勝国であるアメリカに対してはひたすらその意に従うことに努め、他方の戦勝国であった中国に対しては対抗意識を強めるばかりにみえる。敗戦後七〇年にして日本の首相は米国議会で「謝罪」を意識的に避けた演説をした。敗戦後四〇年にしてドイツの大統領ヴァイツゼッカーは明確な「謝罪」の演説により世界に倫理的な感動を与えた。対比はあまりにも明らかである。敗戦国ドイツが欧州統一の基軸国の一つとなったのに対し、敗戦国日本は東アジア地域で外交的困難の中に孤立している。日本の周囲では過去の戦争が落す影は現在もなお濃いのである。

歴史はつねに激動する。分岐点はつねにある。前途の見極めは毎日の選択によるほかはない。選挙で現政権を選択したのも現在の有権者である。一方で潜在的な戦争への危険が格段と強まり、他方で戦争体験の全くない世代が八人のうち七人になったいま、戦争を拒否する選択を堅持する力は言論と出版、各種の媒体による正確な情報発信に頼らざるを得ない。教育基本法や学校教育法が大きく変更された現在、言論と出版の責務はさらに大きい。

漢字の字義をみれば、「評」とは言い分を平等にぶつけて物のよしあしを公平に品定めすること、「論」とは筋道をきちんと整理して道理を述べ意見を主張することである。日本経済評論社の出版活動がこの字義に則りさらに活発になることを期待する。

［はら　あきら／東京大学名誉教授・東京国際大学名誉教授］

沖縄と日本、七〇年とさらなる断絶

来間　泰男

私は、沖縄に住んでいる（住み続けている）沖縄人であるが、これまで研究・調査・思考を重ねてきて、沖縄は日本とは違う、とつくづく思っている。私は沖縄にだけ住んできたのではない。一九七〇年の時点で数えてみると、沖縄と日本にほぼ半分ずつ住んでいたことになる。この「半々の経験」が私の考えの基礎をつくっている。

さて、沖縄の七〇年を、日本の七〇年と対比しながら、描いてみたい。

戦争は、日本では主として空襲の形で被害を受けたが、沖縄では地上戦であった。この沖縄戦での死者の数は二〇万人（アメリカ軍人一万二千人、日本軍人九万四千人、その他九万四千人）で、その他はすべて沖縄人、内訳は「一般戦闘参加者」五万五千人、「一般住民」三万九千人である。日本軍人の中には沖縄人が二万八千人含まれている。沖縄人の合計は一二万二千人となり、一九四〇（昭和一五）年の五七万四千人と比べると、二一％にあたる。

戦争が終わったとき、日本はアメリカ軍（を中心とする連合国軍）の占領下に入ったが、政府機構が残っており、それを通しての間接統治であった。沖縄もアメリカ軍の占領下に入ったが、そもそもから日本とは分離されており、行政機構は残っておらず直接統治となった。

日本では、占領統治の期間が一九五二年で終わり、沖縄では一九七二年まで続いた。五二年は対日講和条約の発効した年で、「日本が独立した」とされたが、このとき沖縄は日本政府の同意によって日本から分離された。日本の祝賀の日は沖縄の「屈辱の日」である。

日本は講和と同時に日米間で安保条約を結んだ。これによって駐留アメリカ軍に軍事基地その他を提供することになったが、この条約は沖縄には適用されなかった。沖縄のアメリカ軍は、誰に気を遣うこともなく、自由に、軍事基地を設定することができたのである。

沖縄におけるアメリカ軍の占領統治は、軍事権力むき出しであった。基本的人権は踏みにじられ、主として「祖国（日本）復帰運動」が弾圧の対象であった。アメリカ軍・兵による事件・事故と犯罪に対して沖縄側は手を出すことができず、全域が「治外法権」であった。人びとはそれでも「復帰運動」をやり通した。

一九六〇年代の半ばから日本政府が動き、またアメリカ政府も「沖縄返還」を考え始めた。そうなると、「復帰運動」は重石を取り払われたように、ますます盛んになっていった。もはやこの運動は弾圧の対象ではなくなったのである。かくして、一九七二年に沖縄は日本の「沖縄県」に復帰した。アメリカは沖縄の施政権を日本に返還する一方、軍事基地についてはその機能維持を確保した。そこで、復帰後の沖縄の主要課題は「基地撤去」となったのである。それは、単に諸課題のうちの一つというのではなく、主要な課題なのである。

復帰にあたって、日本政府は各種の特別措置を打ち出した。それは、①戦時被害への償い、②アメリカ占領下二七年間の償い、③今もアメリカ軍基地を抱えていることへの償い、という性格のものである。施策は多岐にわたるので、その評価も肯定・否定とそれぞれ分かれる。沖縄では全否定の論者が目立つが、そうではあるまい。

当面の論点は、このような特別措置が手直ししつつではあるが、四〇年間も続き、さらに一〇年間も続けられようとしていることの評価にあろう。私はもうやり過ぎだと思っている。そして、なぜ続けられているかといえば、今やアメリカ軍基地の受け入れに対する償いのためであり、新しく基地を建設することに同意を求めてのそれとなっていることである。この要請を拒否せねばならない。

以上は、「沖縄は日本とは違う」ということであり、それは大方の理解していることである。そうではなく、「沖縄は日本とは違う」という私の理解は、もっと深層に及ぶものである。それはここでは取り扱わなかったが、日本経済評論社から刊行している「シリーズ沖縄史を読み解く」全五巻（第五巻は未刊）をご覧いただきたい。

［くりまやすお／沖縄国際大学名誉教授］

来間泰男著
装幀：渡辺美知子
四六判　本体3200円

明日を夢に描く

武田　晴人

明日の世界を思い描いてみよう。そこに私たちは、どんな日々を思い描けるだろうか。私は、戦いのない、平穏な日々を夢見ている。自衛隊が海外派遣され、地域紛争に立ち向かう姿は見たくない。国や地域を問わず孫たちの世代が銃を持つ姿を見たくない。

平和の中で人種とか宗教とかの違いを超えて人が人として向き合い、和やかに語り合うことのできる明日に向かって進んでいることを信じたい。たくさんのことを望まなければ、そして、愚かな指標に振り回され、他者よりたくさんのモノを持ちたいという欲望に駆られない限り、私たちは平和で安定した日々を過ごす条件を十分に満たすことができる。それほどに恵まれている。ものの豊かさを量的な基準、お金で計った数値で表すような指標で、私たちの生活の本当の意味での豊かさは表現しきれない。

私たちはやりたいことがあれば、先立つもの＝カネが必要と教えられてきた。しかし、そうした通念に縛られて金を稼ぐことだけに時間を費やしては、本当にやりたいことができなくなる。命は有限であり、人の一生は限られている。その限られた時間で、私たちは何をしたいのだろうか。どんな社会に住みたいだろうか。

世界のあちこちに、戦火が絶えない。飢餓が蔓延している。それは私たちの日々の生活とはかけ離れた別世界のことのように見える。しかし、それはモニターの向こう側のバーチャルな世界の出来事ではない。そんな発展途上国ではまだ経済規模の拡張が求められる。しかし、私たちに必要なのは、モノの豊かさではない。

私たちは今、大規模な人員整理をする企業の株価が上がるような社会に住んでいる。戦争放棄という国の根幹にかかわる大原則をなし崩し的に「放棄」する国に住んでいる。それは、目の前にある原発や自然災害などのリスクはそっちのけで、想像上の危機を言い募る政治家たちによって強引に進められている。

ただし、これらのこともモニター越しに起きている他人事ではない。そんな経済観念も、そんな政治状況も私たち自身が積み重ねてきた選択の結末だということに自覚的でなければならない。無能な政治家しかいないのは、私たちが民主主義制度を支える政治的リーダーを育ててこなかったからだ。リストラで株が上がる社会が望ましいという判断を受け入れてきたからだ。そんな誤った選択の積み重ねが、この社会の根腐れの根底にある。

懸念すべき病根は学問の世界にも伝染している。私自身は幸いなことに所属大学の評価を上げるために業績を出すとか、外部資金の申請をするなどの馬鹿げた方針につきあう必要がなくなっている。しかし、成果主義が蔓延しているから、若い人たちは論文作成に追われ、成果をともかくも出版社を口説き、本にまとめようとする。博士論文が事実上義務化し、生煮えの研究素材が、一連の論文の形でまとめられる。そのために錯覚が生じる。

課程博士論文は、その論文の研究成果が学界に十分に貢献しているかどうかを判断基準としてはいない。基準は、論文の執筆者が「自立した」研究者として研究を続けられるかどうかという点にある。だから、課程博士の学位は、研究者として一人前という「免許状」に過ぎない。論文の完成度に問題が残ったとしても、まだまだ未解決の問題があり、博士論文単独では学問的に十分な研究成果ではなくとも、学位は与えられる。そんな習作を本にするのは、内容的に無理がある。テーマを温め熟成させる時間が足りない、そんな作品であるにもかかわらず、出版が企図される。最後の関門になる出版社の責めは大きい。

この拙速の背後には、本人に選択余地がない研究者人事システムの形骸化がある。そこには経済発展を数量的な指標からしか評価しようとしない時代のイデオロギーと共通する成果主義がある。

時代の流れに合わせなければ職が得られないという不安は働くものに共通する。やりたいことを実現するために、研究者としての志を遂げるために、若者たちはその場を得る必要がある。

ここにはこの社会に共通の底の見えない不安がある。その不安を払拭するためには、効率という目標や競争という手段を相対化する必要もある。そうして社会的な安定性を高め、経済的な煩わしさから離れた、人間的な解放の方向に向かう可能性を拓く必要がある。そしてこのような人間的な社会を作り出すためには、私たちが日々の行動、日々の選択のなかで新しい時代を選び取っていく覚悟がいる。

［たけだ はるひと／経済史家］

「マルクス主義者」の課題

暉峻衆三

今年九一歳。小学校入学から大学入学までついて回った戦争も一九四五年八月の日本の敗戦でようやく終わり、ぼくの戦後が始まった。

復学したわれわれ学生にとって日本をどう変革し、再建するかが大問題だった。戦時中大学を追われたマルクス系の教授も東大に戻ってきた。こんにちと違って、当時はマルクス主義の潮流は研究者、学生のあいだで強かった。学生、院生として農業問題を研究対象に選んだぼくは、マルクス系の宇野弘蔵、山田盛太郎、大内力（兵衛の子息）から多くの教えをうけた。宇野は「宇野学派」の重鎮、大内はその「高弟」、山田は「講座派」の重鎮だった。

周知のように、戦前期日本資本主義の把握をめぐって、その「軍事的、半封建性」を強調する「講座派」と、その優れて高度な資本主義性を強調する「労農派」の対立があり、それは当面する日本の変革（革命）の性格とも絡んでいた。ごく単純化していうと、前者は「軍事的、半封建的」日本資本主義の民主主義的変革を通して社会主義へと進む二段階革命を、後者はすでに高度の帝国主義段階にまで達した日本資本主義を社会主義に変革するという一段階革命を想定していた。いずれも究極的に社会主義を想定する点では共通していた。

山田は『日本資本主義分析』（岩波書店）の著者として「講座派」の象徴的存在とみられ、「労農派」系の宇野は山田のその把握の仕方を厳しく批判していた。ここでは割愛するが、あい対立する「講座派」と「労農派」の両巨頭の教えを受けたぼくは、その論争を踏まえつつ日本資本主義の農業問題をどう正しく捉えるべきかについて苦闘もし、自分なりの考えをまとめもした（暉峻『日本農業問題の展開』上・下、東京大学出版会、一九七〇、八四年、『わが農業問題研究の軌跡』御茶の水書房、二〇一三年）。

宇野はマルクス経済学について三段階の体系を構成した。すなわち、まず資本主義の循環的運動法則を解明する基礎的な「原理論」、ついで世界史の展開と関連して重商主義から自由主義、帝国主義に至る資本主義発展の「段階論」、一国資本主義を解明する「現状分析論」がそれだ。帝国主義は世界史的に資本主義の最終段階であり、「現状分析論」は「原理論」、「段階論」を踏まえつつ一国資本主義の変革に科学的根拠を与えるものとして経済学の最終目標だとした。

戦前期日本資本主義の分析を巡って対立した宇野と山田だが、おなじマルクス経済学者として、克服し難い矛盾を抱える資本主義には歴史的限界があり、それを乗り越えるものとして社会主義の到来を想定し、その基点にレーニン指導下に遂行された一九一七年ロシア革命を据える、という点では共通していた。

だが、そのロシア革命基点の「ソ連社会主義」は一九九〇年前後に崩壊し、資本主義体制に合流した。ソ連型社会主義に異を唱え自主管理型社会主義を対置したユーゴスラビアもまた崩壊した。そのもとで、アジアで社会主義を標榜した中国やベトナムも急激に「市場経済化」していった。宇野や山田はこれらの激変をみることなく他界した。

こういった衝撃的な事態は、たんに宇野や山田の理論のみならず、マルクス理論そのものの命脈にも関わるほどのものだったといえる。いま、マルクス主義者にはつぎのような問題の解明が強く求められているのではないだろうか。なぜソ連型、ユーゴ型「社会主義」は共に崩壊したのか。なぜ中国やベトナムは急激に「市場経済化」していったのか。マルクス主義の真髄は、資本主義には歴史的限界があり、人類はやがてはそれを乗り越え社会主義に移行するとするところにある。だとすれば、めざす社会主義はどういう道筋と中味をもつものなのか、それは崩壊した「社会主義」とどう違うのか。率直にいって、こんにちまでのところ、マルクス主義者がこういった問題に十分に取り組み、その解明に成功しているとはいえないようだ。

長年にわたる国際的、国内的に総力を挙げた施策にも拘らず、人類は「恐慌」を含む景気変動の制御、不平等の拡大、貧困と飢餓、地球環境の悪化の克服に成功しえていないのも事実だ。マルクスがいまなお世界の多くの人びとに紐解かれる所以だ。

出版事情が厳しさを加えるなか、創立四五周年、『評論』二〇〇号を迎えた日本経済評論社、これからも以上述べたような問題も含め後世に残る企画を続けていって欲しいと望むこと切だ。

［てるおか　しゅうぞう／日本農業経済学会名誉会員］

戦後七〇年——アジアとの共生を考える

上川　孝夫

小生の専門は国際金融論である。教え子には日本人だけでなく、中国など海外からの留学生も多い。これまで学部・大学院あわせて一四〇名近い留学生を送り出している。国籍や民族の違いを越えて学び、議論する場を提供することは、単に国際交流のみならず、学問の発展にとっても重要であり、大学の本質的使命とも言える。しかし多くの留学生が行き来する姿など、七〇年前の日本では想像にも及ばないことだったのではないだろうか。

外国人の大学院生の中には出身国の大学で日本文学を専攻した者もいて、最近何かと取り上げられる夏目漱石も話題になる。第一次大戦前、夏目が英国へ留学した当時も、やはり人や資本や商品がグローバルに移動した時代であった。教科書は帝国主義の時代と教えている。

二〇〇一年の「九・一一」の直前、小生は在外研究でロンドン大学に赴いたが、しばらくして地元の新聞が、百年前の一九〇一年に漱石（金之助）が英国にいたころの様子を報じていた。国勢調査の記録を百年間非公開とする「百年ルール」のしばりがなくなったためであった。その折、学部ゼミ生がゼミ活動と称してロンドンまで駆けつけてくれたが、今昔のグローバリゼーションの話に花が咲いたものである。

だが、夏目がロンドンを後にして第一次大戦が起こり、大恐慌を経てグローバル化は大きく後退し、第二次大戦に突入する。戦後再びグローバル化の波が現れるのは一九八〇年代、とくに九〇年代以降のことである。しかし、始まったのは米国とドルの一極集中の時代であった。市場原理主義的思考が強まり、二〇〇八年にはリーマン危機が勃発する。

最近小生が『週刊エコノミスト』の書評欄で取り上げた本の一冊に、米国のファーガソンという映画監督が著した『強欲の帝国』がある。そこにはかつてガルブレイスが『ゆたかな社会』（一九五八年）を発表した頃とは比べようもないほどの「格差社会」の実態が描かれている。とりわけサブプライムローン証券に群がった一握りの金融業者らの飽くなき強欲ぶりが赤裸々に描かれている。改めて唖然とさせられた。

現在のグローバル化をどう考え、また危機後の世界をどう組み立てるのか。ゼミ生や留学生などとしばしば議論するが、単純ではない。ある学生が必ず発言すると、これに反論する学生が必ず現れる。世界が複雑になりすぎて、座標軸が見えにくくなっているのかもしれない。グローバル社会をいかに持続可能なものにしていくか。これは戦後七〇年を迎えた世界や日本に問われている課題だろう。

日本経済評論社も設立から四五年目を迎えたという。一九七〇年というと、高度成長が終わり、オイルショック、変動相場制への移行と続いた激動の一〇年の起点にあたる。グローバル化が始まり、小生が出版でお世話になりはじめたのは九〇年代の後半からである。これまで『通貨危機の政治経済学』、『グローバリゼーションと国際通貨』、『国際通貨体制と世界金融危機』などの編著や他の本に参加させていただいたが、編集者の心意気と高い理想を求める姿勢には、いつも頭が下がる思いである。振り返ってみると、グローバル化の影の部分を扱った本が多かったように思うが、世界はすでに次の時代に向けて動きはじめている。

冒頭の話にもどるが、ある中国人留学生が授業中に語った言葉がいまでも脳裏に焼きついている。「アジアの通貨は一つになっても構わない。人民元もなくなってよい。ただ中国という国が残ってくれればよい」。少し驚いて、その真意を尋ねると、愛国心をもつこととアジアの人々が協力することとは矛盾しないという。当然といえば当然だが、しかし最近、人民元の台頭が著しい。

小生のゼミの日本人学生も最近、「ASEANは共通通貨を目指すべきだ」と発言していた。将来はその共通通貨を発行する中央銀行の仕事に携わりたいという。ASEANは今年一二月、経済共同体を発足させる予定だが、通貨統合まで日程にのぼっているわけではない。ユーロ危機を経験した現在、通貨統合が一筋縄ではいかないこともその学生はよく知っている。

だが世界は現在、米国やG5を中心とする先進国主導の枠組みが崩れはじめ、新興国の台頭やG20などで新しい時代に入りつつある。ひとりよがりの歴史観ではなく、グローバルな世界史の文脈を振り返り、日本の歩みを見つめ直し、アジアとの共生を真剣に考える機会として、戦後七〇年という節目の年を位置づけたい。

〔かみかわ　たかお／横浜国立大学大学院教授〕

戦争と災害——いま、目の前にある危機

塩崎賢明

安倍内閣が安保法制の制定を急いでいる。本稿が印刷物になるころには、すでに、国会を通過しているかもしれない。

「国際平和支援法」などというまやかしのネーミングを用い、詭弁・すり替え、はぐらかしの限りを尽くし、戦争へののめり込みを可能とする法案であることは疑いの余地がない。

先日開かれた衆議院憲法審査会では、長谷部恭男（早稲田大学教授）、小林節（慶應義塾大学名誉教授）、笹田栄司（早稲田大学教授）の三氏が、この法案が憲法九条に違反するものであることを明確に指摘した。与党側が推薦した参考人も含めて、三人が全員、政権がいかに「集団的自衛権」や「後方支援」に特殊な解釈をほどこしたとしても、この法案がまぎれもなく戦争法案であることを明言したのである。

安倍政権のこの狂奔ぶりは、今日の日本社会における何らの現実的な必要性に対応したものではなく、憲法「改正」や戦争実行国家への「変革」を成し遂げたいという自らの信念、その実現による自己満足の達成以外の何物でもない。もちろんその背景には、世界の警察を演じられなくなっているアメリカがその役割の相当部分を日本に肩代わりさせたいという意向が働いている。しかし、中東での地域紛争やテロ、中国の海洋進出などの国際情勢があるとしても、日本が戦争に乗り出していくことを望む国民はいない。いったん武力衝突になれば、暴力の連鎖から引き返すことはできなくなる。これこそ「日本の存立が脅かされる事態」であり、安倍政権はそこに突き進もうとしているのである。

ホルムズ海峡やマラッカ海峡など中東からの石油輸送ルートが脅かされることは、ひとつの危機ではあるにしても、日本存立の危機などではない。それを理由に戦争に突入していくことは、かつての「満蒙は大日本帝国の生命線」という議論と同じである。国家・国民にとっての現実的な危機は別に存在する。

狭い国土に五四基もの原発が存在し、いずれも地震や火山噴火の危険性を抱えている。現在停止している原発の再稼働などは、まさに日本国の存立を脅

かす愚行でしかない。世界最高水準の安全性といった議論があるが、まったく無意味である。原発事故の危険性には、単に技術的な問題だけでなく、日本という特殊な国土条件を考慮に入れなければならない。国土面積一〇万平方キロあたりの原発基数と大地震（過去一〇〇年間の死者一〇〇〇人以上の地震発生回数）を掛け合わせた指数をみると、パキスタン〇・〇九、インド〇・〇八、中国〇・〇二に対して、日本は実に三八・〇九となる。アメリカ、フランスなどは大地震がないためゼロである。ほとんどの国は原発か大地震か、どちらかがゼロなのである。つまり、原発も地震も破格に多い国は日本だけであり、ここに、国家存立の危機が存在している。仮に日本の原発を一基にしたとしても、この指数は〇・六九となり、ダントツに世界一危険なのである。安倍政権は、この原発事故の危機と戦争の危機をさらに高めようとしている。

首都直下地震や南海トラフ地震も確実に迫っている危機である。巨大地震の発生確率は三〇年以内に六〇％以上といわれ、明日起きてもおかしくない状況にある。南海トラフ地震では、最悪の場合三二万人の死者、二二〇兆円の経済被害が出るとされている。

私たちは、いま東日本大震災からの復興、原発災害への対応に直面している。三・一一から四年を経て、なお二〇万人以上が避難状態にある。原発災害については、被害の回復、生活の再建はおろか、事故の真相把握や汚染水の制御さえできず、いままさに「国民的危機」状態にあるのである。しかも、すでに二六兆円の資金を投入したが、特別増税でまかなわれた復興予算の相当部分が「日本経済の再生」と称して被災地外に流用され、今や六年目以降は被災自治体の費用負担を求める事態になっている。南海トラフの巨大地震に対して、いったいどれだけの費用を投じ、どのように復興するつもりなのか。そうした計画は全くなく、復興の法制度は旧態依然のままである。次年度の国防費は四・九兆円規模である。今後、武力衝突・戦争に巻き込まれるならば、戦費は確実に増大する。そこに巨大災害や原発震災が発生すれば、経済的にもおそらく国家存亡の危機に瀕することは疑いない。日本はまさにその前夜にいるといってもあながち過言ではない。この現実を直視せず、戦争への道を突き進む安倍首相個人の野望に引きずられ、日本を滅ぼすわけにはいかない。

［しおざき よしみつ／立命館大学教授］

ミシンのなかの戦後史――「戦後日本」の問い方

大門　正克

二〇一一年にNHKで放送された連続テレビ小説「カーネーション」とアンドルー・ゴードン『ミシンと日本の近代』（みすず書房、二〇一三年）を重ねると、ミシンの風景がひろがる。

「カーネーション」の印象的なシーンには、必ずといっていいほどミシンが登場した。尾野真千子演じる糸子は、足踏みミシンの音で生活のリズムを刻むように、戦前から戦後に至るまで、時代を超えて足踏みミシンを踏んでいた。ミシンは生活の糧であるとともに、女性たちの自立の夢を運ぶ道具であり、家庭用ミシンが普及すると家族を創る手立てにもなった。

ミシンに驚いたことがあった。生活保護の文献を読んでいたときのことである。一九五六年、厚生省が生活保護の「適正化」調査を実施したとき、リストにミシンが加えられていた。在日朝鮮人をもっぱら対象にした「適正化」では、ミシンは生活保護にふさわしくないものとされ、所持が厳しく問われた。戦後に外国人にさせられ、安定した仕事を得ることが難しかった在日朝鮮人は、女性たちが針仕事で生活を成り立たせることが少なくなかった。そうした女性や家族にとって、ミシンは生活維持の欠かせない道具だった。

「適正化」の資産調査では、筆頭にミシンがあげられており、ミシンを活用して収入を得ている場合には、収入を認定して生活保護の支給を制限し、ほとんど使用していない場合には売却させてその収入を認定するというように、いずれの場合にも、在日朝鮮人は生存の淵に厳しく追いつめられることになったのである（小川政亮『家族・国籍・社会保障』勁草書房、一九六四年）。

「カーネーション」のミシンと「適正化」のなかのミシンは、「戦後日本」の問い方に対する問題提起であるといっていい。前者のミシンだけで戦後史を描くのか、後者を含めるのか、このどちらかで「戦後日本」の問い方が大きく変わるからである。ミシンを題材にしたふたつの問いは、戦後七〇年にあたって問われているふたつの問いと言い換えることができる。

戦後七〇年で問われていることのひとつは、いうまでもなく、日米軍事同盟を強化して集団的自衛権を拡大解釈することで、「戦後日本」の平和主義が大きく揺さぶられていることである。総力戦による多大な被害と犠牲のはてに、平和主義を掲げる日本国憲法が制定された。だが、「戦後日本」では、日米軍事同盟を強化することで平和主義を換骨脱胎する道が一貫して強められてきた。ここからは、総力戦─空襲─日本国憲法─日米関係を軸にした戦後史が描かれる。「カーネーション」もこの歴史のなかにあり、「戦後日本」の平和主義をどう守るのか、そこが大きな焦点になっている。

ただし、この歴史からは、「適正化」のなかのミシンは見えにくい。在日朝鮮人を含めて「戦後日本」を考えようとすれば、大日本帝国の膨張と崩壊─アメリカによる東アジア支配と冷戦のなかで「戦後日本」を考える必要がでてくる。東アジアのなかの戦後史が問われているのであり、平和主義についても朝鮮戦争やベトナム戦争とのかかわりが問題になる。これがふたつ目の問いである。

日米軍事同盟を強化して集団的自衛権を容認する道に抗するとともに、戦後史を東アジアのなかに位置づけ直し、「戦後日本」の問い方自身を鍛え直す。戦後七〇年にあたって私たちが問われているのは、このふたつの問いに同時にこたえることであり、この点が喫緊の課題だと私は思っている。

「戦後日本」の問い方を鍛え直すうえで、ミシンは象徴的な存在である。家庭用のミシンは、一九七〇・八〇年代ころまで各家庭にあった。私の実家にも足踏みや電動式のミシンがあった。ミシンと聞いたときにどのミシンを思い出すのか、各家庭にあったミシンなのか、それとも在日朝鮮人の女性たちが使ったミシンも視野におさめるのか、そのどちらかで「戦後日本」の描かれ方は大きく変わってくるだろう。

東京港区の在日韓人歴史資料館には、使いこまれたミシンが展示されている（同館編『写真で見る在日コリアンの歴史』明石書店、二〇〇八年、も参照）。また、東京大田区にある昭和のくらし博物館がまとめた『在日のくらし』（二〇〇九年）では、戦前・戦後にかけて、在日朝鮮人の女性たちがためたお金や月賦でミシンを購入し、生計を支えた暮らしぶりが紹介されている。

戦後七〇年にあたり、「戦後日本」の問い方が大きく問われているのである。

［おおかど まさかつ／横浜国立大学大学院国際社会科学研究院教授］

大人になってもわからないこと

小野塚 知二

幼い頃、人は年を重ねるといろいろなことがわかるようになるのだと思っていたが、最近そうではないことがわかった。勉強を重ねた結果、何がわからないのかがわかるようになったという殊勝な話ではなく、単に、わたしが賢いおとなにならなかったというだけのことなのだが、それにしても、わからないことが多すぎる。多すぎるので、ここでは軍事に関することのみ記す。

まず第一は例の集団的自衛権である。日本国に集団的自衛権のありやなしやという憲法上の問題設定はわかる。しかし、議論は単に憲法解釈の問題に留まっているのではなく、現在進められている安全保障法制は、集団的自衛権の実際の行使を想定している。日本が勝手に外に出張って行って軍事行動を取るというのではない限り、それは実際には同盟国の要請に基づいてなされざるをえないだろう。もし、そうなら、集団的自衛権とは憲法上の権利の問題ではすまず、ただちに同盟国に対する相互防衛義務の問題にもなるはずなのだが、なぜ、義務の問題として論じられないのか。メディアはなぜ義務の側面に目を瞑っているのか。

集団的自衛権を実際に行使するか否かは個々の事態に即して日本の自主性に委ねられるからというのが一つの答だが、その程度の同盟関係ならあってなきがごときものであって、それを頼りにして日本の安全保障を達成しようとするなど所詮はかない夢である。

相手側の義務と表裏一体の関係にこちら側の権利があり、それが対称的に成立するからこそ、同盟も契約も意味をもつというごく当然の理屈がここでは不思議なことに忘れ去られている。

現行の日米安保条約の非対称性（米国は日本の防衛に義務を負うが、日本には米国を防衛する義務はなく、その代わりに基地提供の義務を負う）を継承するというのなら、わざわざ集団的自衛権などという剣呑な概念を持ちだし、安保法制を整備する必要もない。

国連憲章の考え方では、国連が平和維持に乗り出すまでの間、もしくは安保理で拒否権が発動されて国連が軍事行動を取れない状況を想定したいわば一時的で特殊な自衛権のあり方として集団的自衛権は承認されているにすぎず、国連以前には、「集団的自衛権」は単に軍事同盟と呼ばれていた。その実態は、相手国に相互防衛義務を押し付けるが、自国は相互防衛義務から免れようとする歴史だった。

軍事同盟がある国の安全保障に実質的に有効であるのは、その国は同盟国の防衛に義務を負い、相手側も同様の義務を負うという相当の信頼感が安定的に成立する場合だけである。しかし実際の過去の軍事同盟は往々にして、そうした信頼感に裏付けられた確固としたものではなく、好都合な場合は守るが、不都合になれば「事情変更の原則」を持ち出して約束を反故にしてしまうという不確かなものにすぎなかった。相互防衛義務とは条約に厳密に規定されえず、各国のその場限りでの「自主的判断」に委ねられる融通無碍なものであった。戦国時代も、日英同盟による第一次大戦参戦も、イタリアの三国同盟離脱も同様である。このように頼りない軍事同盟に逆行することに何の意味があるのかがわからない。

第二は武器輸出三原則の改定である。これは武器移転について戦後日本を大きく制約してきた憲法的な原則であった。むろん紆余曲折はあったし、中曽根内閣以降さまざまに抜け穴を開けようとする試みはあったが、大きく改定に道を拓いたのは民主党野田政権であった。この政権が改定に踏み出した理由は明瞭である。F‐35が欲しかったからである。航空自衛隊はそれ以前から、ステルス戦闘機という軍事的には袋小路の技術に幻惑されていた。本当はF‐22が欲しかったのだが、アメリカが許さなかったのでF‐35で我慢することにしたものの、これは国際共同開発・生産の製品なので、武器輸出三原則を堅持していたら共同開発・生産国に加わることはできず、F‐35も入手できない。F‐35の導入決定は二〇一一年一二月二〇日の閣議である。野田政権の藤村修官房長官が武器輸出三原則に大穴を開ける談話を発表したのが同月二七日である。普通なら年の瀬の御用納めの頃にこういう重大な変更は、しかも官房長官談話といった軽い形ではしないだろう。わからないのは、買い物を先に決めてしまってから、大慌てで原則変更に踏み出したその神経である。震災復興や原発問題で武器輸出三原則にまで気が回っていなかったのだろうか。

武器を輸出できる国になり、戦争に巻き込まれる国にならなければならない理屈はいくら考えてもわからない。年は取りたくないものである。

［おのづか ともじ／東京大学経済学部教授］

日本経済評論社の復刻資料

浅井良夫

『評論』二〇〇号への寄稿を栗原社長から依頼されたことは、毎号必ず読ませていただいている読者としては大変な光栄である。依頼状の添え書きに、「経企庁資料の編集のことなど」との注文が記されていたので、経済安定本部資料と経済企画庁資料のモニュメンタルな二大復刻事業について触れようと思う。

私は、占領期を勉強していた時には、『経済安定本部 戦後経済政策資料』、高度成長期に研究対象を移し始めた頃には、『国民所得倍増計画資料』の復刻編集作業に携わることができ、歴史研究者としては大変に得をしたと感謝をしている。しかし当時、復刻事業の重要性が十分に理解できなかったことには、今でも忸怩たる思いが残る。若気の至りで、「復刻などは一流の出版社が行う仕事ではない」などと生意気なことを口走ったことなど、汗顔の至りである。

経済安定本部（安本）の史料は、一九八〇年代後半に私が初めて見た時は、経済企画庁の図書室の棚に紐で結わえて詰め込んであった。戦争直後の質の悪いわら半紙にガリ版で印刷された史料が多く、手を触れると崩れそうで、気を使いながらページを繰ったのを覚えている。一九七三年頃に、東京大学のグループが悉皆目録作成の大作業を行った後は、利用する人も稀で、死蔵に近い状態であった。栗原社長が、どのようなきっかけで、この史料の復刻事業に取り掛かられたのかは承知していないが、経済企画庁図書室の棚の相当部分を占領していたこの膨大な史料の復刻を決断されたのは、英断だったと思う。

安本史料は、おそらく取捨選択されることなく、そのまま残されたのであろう、まさに玉石混交の雑然とした史料群であった。NIRA（総合研究開発機構）に林健久先生を代表者とする研究会が組織され、史料の山を仕分けする作業が始まった。伊藤正直氏、岡崎哲二氏、御厨貴氏など錚々たる研究者が作業に加わった。作業は、マイクロ・フィルム化した史料を焼き付けたものから、重要なものをピックアップする形で行われた。編集用に自宅に届いた二箱のコピーの重さには驚いた。おそらく、一箱二〇キロくらいの重さだったのではないかと思う。復刻の印刷に際して、ガリ版のかすれた文字を丹念になぞる作業を根気よく続けられた谷口京延氏の熱意と努力には敬服した。『経済安定本部　戦後経済政策資料』は、膨大な史料を厳選して体系的に整理した資料集であり、とても使い勝手がよく、いまでも輝きを失っていない。

引き続いて『国民所得倍増計画資料』の復刻作業にもお誘いいいただいた。経済企画庁図書館が所蔵していた倍増計画の立案過程の史料を編集する作業である。林健久先生をリーダーとする小規模の編集体制で復刻作業が行われた。経済審議会という審議会の資料なので、だいたい時代順に並んでおり、ほどほどに整理されていて、安本史料のような史料選別の悪戦苦闘はせずに済んだ。この作業のハイライトは、倍増計画に携わった方々への聞き取りであった。林雄二郎氏、宮崎勇氏など、何人かの経済企画庁のエコノミストから、直接に倍増計画の経緯やエピソードを伺うことができたことは、(注)本当に有益であった。歴史家は、歴史的事件の当事者に会えるという幸運に恵まれることは少ないが、直接にお聞きすると臨場感があり、本や史料ではわからない点で納得がゆく部分も多かった。『国民所得倍増計画資料』は、すでに、これまでに多くの研究者に利用されており、声価は定まっていると言えるだろう。

最初に書いたことに戻れば、復刻事業はけっして出版社にとって、副次的な仕事ではない。本の形態での復刻は消滅するかも知れないが、史料はやはり歴史家が整理をし、解読をし、解説をつけることで、生きてくる。記録媒体が変化をしても、歴史家の基本的な作業は変わらない。日本経済評論社のこの二つのモニュメンタルな復刻事業は、安本や倍増計画を研究する人にとどまらず、史料編纂事業の事例として、今後も広範な人々から顧みられ、参考にされると思う。昔の悪口雑言の罪滅ぼしに、この一文を寄せる次第である。

［あさい よしお／成城大学経済学部教授］

（注）林雄二郎氏、宮崎勇氏らからの聞き取りは、林雄二郎編『日本の経済計画』（一九五七年）の新版（一九九七年、日本経済評論社刊）の巻末に座談会記事として収録されているので、ぜひ、ご覧いただきたい。

横浜臨港パークのまどろみ――憲法とＴＰＰ

田代洋一

五月三日、横浜臨港パークの憲法集会に参加した。休日に東京まではおっくうだが、県内なら足を向けやすい。無機質な人工都市の海際というロケーションも五月晴れの季節に合う。

主催者は何回も旗を降ろすよう呼びかけていた。旗は視界をさえぎるが、集合の目印を引っ込めろと言われた方も戸惑うだろう。見渡したところ圧倒的に集団参加だが、私のような一人参加もそこそこみられる。グローバリゼーションの時代、「ばらける」個が一つのイッシューでアソシエートする公共空間の形成にかけたい。そんな思いに旗印は戦国時代～高度経済成長期の遺物にみえるが、そこにもアソシエーションはあるのだろう。

集会の趣旨は、憲法、九条を守れということだ。しかし「守れ」には違和感がある。憲法九条二項は国権の発動たる戦争のための戦力を保持しないと宣言した。だがその時そこにはアメリカ占領軍という最強大な戦力が厳存した。「独立」後も日米安保条約で米軍基地が沖縄をはじめ存在し続けている。九条は戦力から自由ではなかった。

にもかかわらず九条は、日本が戦争に巻き込まれず、他国民を殺したり、殺されたりしない絶大な歯止め効果、「戦争をしない国」のイメージ効果をもってきた。それは九条を戦力から分離させた国民の力であり、国際社会もそれを信認した。だからその一点で結集し、守ろうという気持ちは分かる。しかし今やその賞味期限は切れつつある。集団的自衛権の行使容認と安保法制の下では、もはや「九条と米軍は別ですよ」とは言えない。ＩＳによる日本人殺害は、「戦争をしない国」のイメージ効果の消失を見せつけた。

だから九条を変えろと改憲勢力は言う。それに対して「九条を守れ」ではなく、「九条の自立」を言うべき時ではないか。そして九条が自立するためには、安保条約を廃棄するしかない。日本はそこまで来てしまった。と言っても「安保廃棄」ではこれだけ人は集まらないなと思いつつ、ついうとうしてきた連休の午後である。

ＴＰＰの根っこも安保条約にある。政権は一貫してＴＰＰを安全保障問題としてとらえてきた。安倍首相はアメリカ議会で「TPPは安全保障上の大きな意義がある」と強調した。「ならば安保のツケをTPP（経済）で返せ」。これがアメリカの論理だ。その挙句が、米日だけがアジアインフラ投資銀行（AIIB）に背を向けることになった。そして孤立すればするほどTPPにしがみつく。

ルールを制した国がグローバル化時代の覇者になる。アメリカは、アメリカンスタンダードをグローバルスタンダードとして押し付け、グローバルスタンダードの名でアメリカの国益、アメリカ原籍多国籍企業の私益を追求する。ルールと私益の二面追求である。

ルール面では、非関税障壁が主たる分野であり、ISDS（投資家と国家の紛争解決）はその象徴である。日本政府は公共政策は対象外と額面どおりに受け取っているが、それは「投資家の利益を害さない限り」という保留付きに過ぎず、国家が国民の安全・健康・環境を守る主権は侵される。日本の国内で起きた問題を海外の司法に訴えられ、その判決に従わされることも、司法権が最高裁以下の裁判所に属するとした憲法七六条一項、そして憲法を最高法規とする九八条一項に反する。

私益面では、特に日本を米日二国間協議の枠にはめ込んだ。そのフレームは安保条約第二条の経済的協力にある。そこではアメリカは、米国産米の特別輸入枠二一・五万トンの要求など、TPP参加国なかんずく日本に吸血する。

首相は施政方針演説で、「日本を取り戻す」「この道しかない」「戦後以来の大改革」の筆頭に農協「改革」を掲げ、「米国と共に（TPP）交渉をリード」するとした。「この道」とは「農協を潰してTPPへ」の道である。農協叩きのなかで、今やTPPの帰趨はアメリカ議会にかかっている。培ってきた民主主義の差ともいえる。

そういう政治・政策の季節にあって、一つ気になることがある。それは政治・政策への発言が定年世代に限られ、現役世代からの発言が少ないことだ。しかしアカデミックな「実証」研究の枠組を成しているものに口をつぐんで、実証研究が成り立つだろうか。

集会のトークでは、大江健三郎等の男性の話は頭に訴えるが、雨宮処凛、香山リカ、落合恵子等の語りは心に響く。女性の語り口になぜ説得力があるのか。とりとめもなく考えつつ、帰路、ビールの店を探したが、昔なじんだ街はすっかり変わっていた。

［たしろ　よういち／大妻女子大学社会情報学部教授］

研究者とは何か

湯沢　威

この問いに答える前に、研究者と他の職業との違いは何か、研究者、教授、学者の定義は何か、そもそも研究者の資格要件は何か、などさまざま考えておかなければならない問題がある。しかし、ここでは単に大学に籍をおいて研究教育に従事した一個人の事例を提示するにとどめたい。なぜなら「戦後七〇年」という特集で、「研究者とはなにか」を問いかけることは、戦後史における私の生き方を反省する場でもあると、考えるからである。私は一九四〇年に生まれ、大学の教育研究に携わって四一年、停年退職から今年で四年目に入るが、何の目的で研究者になり、そして何をしてきたのか、戦後史の中での自分の軌跡を考えてみたい。

学生からは、何で大学の先生になったのですか、とよく聞かれたことがあった。大学時代にはほとんど授業には出席することなく、それよりも友人同士で天下国家を案じ、その未来の行く末について夜を徹して議論をしていた。大学の講義を受けるよりも、自分たちの読書会の方がもっと役に立つという自負もあった。現実の政治、経済、社会に対する疑問や不安に対して、大学の教育体系の枠組みの中では、答えを見いだせない、と断じていた。六〇年代、七〇年代に学生時代を過ごした人の中には、このような思いをもった人は多かったのではないだろうか。四年間の学生生活のあとに、社会に飛び出すにはあまりにも理念と現実とのギャップがありすぎた。そこで安易な妥協の道は大学院への進学であった。それを受け入れてくれた大学には迷惑千万な話であったであろう。

大学院で勉強を始めてようやく学問の奥深さ、面白さに触れることになった。学生時代の単純な、善か悪かの二項対立で物事を見てきたことへの反省もあった。しかもその背景には、しばしば党利党略が絡んでおり、恣意的な事実の発見や論理の組み立てがなされることも多く、学問とはいったい何なのか、と改めて考えさせられた。「価値自由」の立場で、大学院では多様な価値観、学問の多様な手法を学ぶことになった。また既存の学問体系を批判するのであれば、それを内在的に行わなければならない、ことも悟った。大学院では経済史や経営史という学問に専念したが、経済発展の原動力は何であったのか、その担い手はどのような人たちであったのか、またそれを可能にした組織は何であったのか、などに関心を移した。旧来の経済史の枠の中では、個人や組織などは「上部構造」の末梢要因にしか見られず、軽視されてきた分野であった。

ところで歴史研究はすでに答えが出ている事実に対して、後付の解釈をするという学問的な安心さもあった。もちろんそこには実証の厳しさ、ロジックの厳密さが求められるが、現実そのものに直接対峙して価値判断を迫られるという厳しさから逃れることもできた。だからと言って、歴史家は現実から逃避を許されるのではなく、現実に起こる諸事象を歴史過程の中に位置付けて考えるという、重要な思考様式を持っている。過去の事実に基づく判断は、現実のしがらみから離れて、より長期的な時間軸で、政治、経済、社会現象を客観的に理解することができる、と思っている。

私が大学に職を得たころの日本は、高度成長期の真っただ中にあり、「日本的経営」が国際的にも関心を持たれた。私はイギリスを専門にしていたので、日本とは対照的な軌跡を描いていた「イギリスの衰退」を中心テーマとした。それでも、歴史の進むべき方向性としては、資本主義、社会主義、それぞれ問題を抱えながらも、相対的には社会主義の方が、より理想的な姿かな、と考えていた。しかしそのような考えを根底から打ち砕いたのは、一九八九年のベルリンの壁の崩壊、その二年後のソ連の崩壊であった。いずれもその直前に、ベルリン、モスクワを訪れていたので、ショックはひとしおだった。

二〇世紀の末から「日本の衰退」が始まり、またそれとは対照的に中国経済の躍進が始まった。それを歴史研究の視野の中にいち早く取り入れて、カリフォルニア学派のグローバル経済史が隆盛している。グローバルな視点での歴史の見直しは重要であるし、現実の世界経済の実情に合わせて、歴史構想を再構築することも必要であろう。しかしイギリスの産業革命に始まる工業化の歴史が、ただ単に「逸脱」で説明できるのかどうか、大いに疑問がある。現代はその意味では混沌とした時代に入っている。歴史に対する多様な見方、柔軟な見方は大いに歓迎すべきであるが、歴史の法則性や歴史を動かす原動力はなにか、をたえず追い求めていかなければならない。

［ゆざわ たけし／学習院大学名誉教授］

博士論文のネット公開と出版

高嶋　修一

二〇一三年に学位規則が「改正」され、それまで「印刷」によることとされていた博士論文の公表が、「インターネットの利用」によることとなった。そうなると課程博士論文を基に専門書を出版するという業界慣行はどうなってしまうのか、という問題が生じるわけで、この間ことの成り行きに関心をもってきた。

この話、初めて聞いたときから何となく気に食わないのだけれど、それがどうしてなのか、うまい説明がなかなか見当たらない。読み手としてはやっぱりハードカバーの本が好みなのだが、それはお前の頭が古いからだ、と言われればそれまでである。書き手としては、電子媒体で出版するのと同じようなものだから、深刻な実害と言えるほどのものはない。印税が入らないかもしれないけど、そんなものを期待する輩は『評論』の読者にはいないだろう。画面より紙のほうが頭によく入るのだ、という言い訳を思いついたので、インターネットで「読書行為における媒体種別が理解度に及ぼす影響の認知科学的研究」という類のことを検索したら、たくさん論文が出てきた。やはりネットは便利だ（苦笑）。

一番大きな影響を受けるのは出版社、とくに紙媒体にこだわる出版社だろう。博論を出版しても、同じものがすでにネットで公開されているのならば商品価値は無いに等しい。一大事だと早々に栗原社長に注進申し上げたのだが、その時にはキョトンとした様子で取り合わず、半年以上たってから「こりゃエライことになったな」と来た。だから言ってたじゃないか。

そもそも、どうして政府《おかみ》はこんなことを始めたのだろう。確かに旧学位規則が義務付けていた「印刷公表」は結構ハードルが高い。お金だってかかるかもしれない。一九九〇年代以降の博士急増で、出版できない論文がどこかで溜まってしまって規則が空文化してきたのを、誰かが何とかしようと思ったのかしら。規則改定を担当した委員会の議事録を意地悪く読んで（これもネットに転がっていた）、こんな解釈を開陳したら真面目な仲間に叱られてしまった。世の中には私が暮らす経済史業界よりもスピードが求められる分野もあるだろうから、ネット公開のほうが合理的ということもあるのかもしれないが、それなら「印刷またはネット」と、選択肢を増やせば済んだはずだ。やはり解らない。

そんなところへ、雄松堂書店が博論の簡易出版を行う事業を立ち上げるという話が舞い込んできた。詳細は省くが、企画書には「出版に関する権利を著者の選択の範囲に取り戻すために」とある。これだ！　そう、自分の研究は自分のものだ。たとえ一農村の事例研究にすぎなくても、論理的飛躍が大きすぎて説得力に欠けると言われても、六〇〇部しか刷らないと言われても、とにかく私のたった一回の青春を捧げた、他ならぬ私のものだ。他の誰にも触らせやしない。いつ、どうやって、どんな形で誰に届けるか。そんな大事なことは、俺が決める。博士論文にはゼーキンが入っている？　ケチなことを言うな。

なんだか「吟」氏が乗り移ったみたいになってきたけれど、論文をどんなふうに公表するのかは著作人格権を持つ執筆者に属すべき権利だし、それは憲法が保障する言論・出版の自由の一部を構成する、と思う。だが、時勢の前にはこれも繰り言にしかならないだろう。

嫌な流れに抗うには、楽しいことをもってするのが良いのかもしれない。最近、政治経済学・経済史学会で二つの楽しい企画が始まった。一つは、六月の「博士論文報告会」。新しい博論を、研究者のみならず出版関係者にも紹介し、出版の機会を提供しようという試みである。現行の学位規則の下でも、出版の予定がある場合はネット公開を差し止められるという運用を利用したものだ。いずれはネット公開するにしても、その時には本が出ている。もう一つは、十月の大会に合わせて開く「若手懇談会」で、過去二回は博論の執筆と出版をめぐる話題を扱った。参加者の経歴や研究分野は様々であったが、「博士論文を書くこと」と「博論をブラッシュアップして出版すること」は研究遂行上の異なる階梯に属し、本を出すことはよりよい研究成果を生み出すうえで有用である、という意見では概ね一致を見た。

「ネットの博論だけ読んでもだめだよ、ちゃんと本になったほうを読まなきゃね」、そんな言い方がこれから広がっていくのかもしれない。

［たかしま　しゅういち／青山学院大学准教授］

社長は志を語るな

伊藤　正直

「社長は志を語るな。志は社員が語ればいい。社員が安心して仕事ができるようにすることが第一だ」。ずいぶん前のことになるが、栗原さんに向かって、そんな憎まれ口を叩いたことがある。さらに、もっと前には、「資料集や復刻版の割合をさげろ。売れれば日銭が入るからいいが、売れなきゃ在庫があっという間に溜まって経営を圧迫する。麻薬のようなものだから、依存症になると止められなくなる」と、減らず口を利いたこともある。

考えてみると、『経済安定本部戦後経済政策資料』（四二巻）、『戦後経済計画資料』（五巻）、『国民所得倍増計画資料』（九一巻）と、かなりの数の資料集を出してもらっていながらの減らず口だったから、「勝手な若造だ」、「生意気な若造だ」、と思われていたに違いない。深く反省しています。

反省しているのは、もうひとつ訳がある。二〇〇〇年の情報公開法施行、二〇一一年の公文書管理法施行によって、法制定の趣旨とは逆に、行政文書の大量廃棄が進行している。最近では、行政文書の多くがデジタル化され、ウェブで閲覧が可能となっているが、これもいつまで保存されるか、はなはだ心許ない。アメリカの公文書館NAが二〇〇〇名以上、お隣の韓国の歴史文書館も七〇〇名近いスタッフを抱えて公文書の管理・公開を進めているのに、わが国立公文書館は事務も含めわずか四七名である。これでは、仮に廃棄がストップしたとしても、公文書の管理・公開はままならないだろう。

したがって、散逸の危機にある貴重なこうした行政資料を、日本経済評論社が復刻してきたことは、学問的のみならず、社会的に大きな意義のある仕事だったということになる。資料を後世に残す、そしてそれを誰でもがみられるようにする、そうした仕事を日本経済評論社は長期間担ってきたのである。

もっとも、振り返って、こうした仕事を一民間出版社が担うべきなのかと考えると、やはり、首を傾げてしまう。国や公共的機関がきちんとやるべき仕事を代わりにやって、それで儲かればいいが持ち出しになってしまっては、ボランティアではないか。出版は、文化ではあってもボランティアではないはずだ。

　そこで最初の憎まれ口になる。出版人の幾人かは、これまで、社会に向かってかなりの発言をしてきた。岩波茂雄しかり、美作太郎しかり、西谷能雄しかり。栗原哲也もその系譜に太字で書かれる一人だろう。

　じつは、ときどき発行される『評論』が出ると、いつも最初に目を通すのが、最終ページの「神保町の窓から」である。これが面白い。もちろん、自社刊行の本の「宣伝」が一番多い。だが、社会への悲憤慷慨がある、人物月旦がある、出版業界への愚痴や嘆きがある、痩せ我慢がある。僕のようなスノッブ（知的スノッブといわせてほしい）にとっては、覗き見趣味を満足させてくれる。こんな面白い読み物はない。


　この「神保町の窓から」の一九八六年七月から二〇一二年六月までが、栗原哲也『神保町の窓から』として、影書房から出版された。本には腰巻がついており、表側には「出版は資本主義には似合わない」とあり、裏側には「出版で富を欲望するのは、犯罪に等しいことだ」とある。

　そりゃそうでしょう。とくに学術出版を続けていこうとすれば、その通りです。「その意気やよし」。でもね、栗原さん、寅さんじゃあないですが、「それをいっちゃあお終いよ」。と、僕はいいたい。

　儲ける必要はない。でも、きちんと採算が取れなければ、会社は続いていかない。著者と直接付き合うのは、編集者である。僕も、谷口京延さん、新井由紀子さんには、ずいぶんお世話になった。提出される原稿の水準や学問的意義を一番理解しているのは編集者でしょう。編集者が出したい本、出して欲しい本がきちんと出し続けられるようにすること、編集者がそうしたアンテナを張り続けることができるようにすることが社長の第一の仕事ではないですか。

　もちろん、栗原さんは、そんなことは重々承知であろう。重々承知だが、「悪戦苦闘・善戦健闘」の半世紀は、志を語らずには続かなかっただろう。電子書籍化、電子ジャーナル化の嵐が世界を覆う今、紙媒体の書籍出版、とくに学術出版を継続していくことの困難はますます高まる。地味に細く生き続けるか、それとも、革新的な脱出の道を探るか。いずれにせよ、陽気なペシミズムでしばらくは進みましょう。今後ともよろしくお願いします。

〔いとう まさなお／大妻女子大学教授〕

神保町の窓から

▼「もはや戦後ではない」という言葉が流行ったのは、六〇年も前のことだったが、われらは依然として「戦後」から脱していない。あの侵略戦争が敗北に終わり、加害者の日本は多くの負の資産を得た。その債務の決済は未だ清算されていない。特に歴史認識においてそれが顕著だ。安倍首相およびその政権は、侵略の被害を受けた国々に対して、謝罪どころか、近代史における必然性、正当性を匂わせたりするから、なおさら破廉恥な本性が晒けでる。われわれにとって、中国や韓国・北朝鮮、そして広く世界が注目する世界史認識の問題は、ひとり安倍政権の問題で済むのだろうか。代議士は、国民の正当な意志によって選ばれた国民の代表ということになっている。その代表たる一人が安倍なのだ。手続きに遺漏はない。現在の選挙制度は本当に国民の代表を選ぶシステムになっていない、とまぜっ返しても始まらない。代表を選ぶ手だてに不満はあっても不正はない。とすると、集団的自衛権の発動も諸法の改悪も、われわれのある意志の反映ではないのか。バカなことを言うな、ともう怒り始めた人もいるかも知れない。だが、待て待て。われわれは、安倍首相に対して村山談話や河野談話を継承せよと迫っている。それは国際的には大事なことだ。元首の発言は、われら田作《ごまめ》の放言とは意味も重さも異質なものだ。だから元首たる安倍に、世界に恥じない談話を発表するか、さもなければ沈黙《だまってろ》を守れと要求しているのだ。……そうは言うが、しかし、と私は続けなければならない。

▼かつて、戦争に敗けたあと、その責任について「天皇が悪い」「君側の奸がいけない」「軍部の独走だ」と口を揃えて指弾したことがあった。そこには「正直者のわれら国民はおかみの言う通りに出兵し、鉄砲を撃ち、腹を空かして銃後を守ったのだ」という言い訳が隠されていた。おっしゃる通りだ。国民はそれほどにも従順で素直で、あの侵略戦争に加担していったのだ。「イヤな戦争を始めやがったナ」と思いつつも「日本は勝つ」と信じて出陣していったことは想像がつく。このことは、アジア諸国の人々にとっては、いくら弁解しても許し難い事実となって残り続けているだろう。アジアの人々は天皇だの軍部だけを糾弾しているわけではない。本命は「日本」「日本人」なのだ。

問題になっている「歴史認識」についても、われわれが今よりさらに包囲を固め、安倍首相に気に入るようなことを発言させたからといって、それで世界が収まるだろうか。「われわれの言葉」によって侵略を反省しない限り、アジアとの相互理解など遠いことだ。彼らが相手にしているのは安倍ではない。「日本」と「日本人」なのだ。安倍政権というとき、そこにはわれわれも勘定に入れられていることを忘れてはいけない。戦後七〇年、日本は占領者アメリカに寛容であった。すぐに寄り添ってしまったではないか。天皇や軍部にも甘かった。天皇家は愛し合う家族の象徴となり、自衛隊も頑強になった。が、だからと言って、投げやりになることはない。戦争放棄の憲法はまだある。この憲法が健在の間に「やつらを変える」まえに「俺たちが変わって」俺たちの言葉で発言しよう。一部ではない、多くの「われわれの言葉」をアジアは待っているのだと思う。言葉でも認識でも、侵略に加担するのはこれきりにしよう。いま、反動攻勢に対する拒否の意思表示をしなければ、政権の共犯者だったと云われても仕方ない。後世に嘲われない今を生き急ごう。

▼四三回目の決算を終えた。右肩下がりがもう何年続いているだろうか。そんなことには驚きはしないのだが、わが社の顧問は「普通の会社なら潰れてる」と表現する。これが顧問の言うことか、と悔しい思いをしながら何回聞いたことだろう。ただ確かに言えることは、われわれは今年も生きた、生きつづけたということだ。いい本を拵えたか、売れる本を作ったか、社員に不幸せはなかったか。それらの問いに胸を張って答えることはできない。特別にほめられることもしなかったが、悪事も働かずにきた。だから、この神保町を今日も歩けるし、夜には呑める。

▼小誌『評論』が二〇〇号になったのを記念して「戦後七〇年特集」としました。誰に書いていただくか会議をもちました。楽しいけれど大変でした。「田舎のスーパー」(先生方を含まず)を自認する小社の出版構成は幅広い。経済学、経済史、政治、歴史、鉄道史、協同思想、農業経済、都市・環境、それに一二〇〇冊を越える復刻資料でお世話になった人々。数十名の候補がでましたが、本号掲載の一四名に落着しました。頁数に限りがありましたのでお許しください。「オレが居ないのはどうしてだ」などと叱らないでください。超高齢のお一人を除いては、筆が若々しい方に登場していただいたつもりです。三〇〇号の発行はいつになるでしょう。そのとき皆様、お元気でしょうか。そして小社も健康で冗談を言っているでしょうか。ご寄稿下さった先生方、ありがとうございました。

(吟)

新刊案内

価格は税別

暮らしの変化と社会変動

〈激動のインド　第5巻〉シリーズ全5巻完結

押川文子・宇佐美好文編著　激動のなかで、人びとの生活はどのように変わったのか。衣や食、労働、結婚、出産などのあり方を分析し、その変化の要因と地域差、階層差を探る。

A5判　四〇〇〇円

装幀：渡辺美知子

市場の失敗との闘い〈ポスト・ケインジアン叢書38〉

―ケンブリッジの経済学の伝統に関する論文集

マリア・クリスティーナ・マルクッツオ著／平井俊顕監訳

A5判　四六〇〇円

沖縄の覚悟

―基地・経済・〝独立〟

来間泰男著　数々の経済振興策に翻弄されてきた沖縄。今や、その呪縛から抜け出し、自力で進む道を選びつつある沖縄。基地撤去・移設反対を前面に掲げ、安倍政権と対峙する沖縄。

四六判　三二〇〇円

ミクロ経済学の核心

―一般均衡モデルへの道案内

三土修平著　社会全体を視野に入れた一般均衡モデルにより「ミクロ経済学の真髄」を解説する。

四六判　三二〇〇円

原子力帝国

ロベルト・ユンク著／山口祐弘訳　原子力災害の不可避性を説き、民主主義と人権の蹂躙を告発する。ファシズムの抑圧を知る著者による未来への警鐘。

四六判　二五〇〇円

歴史研究と人生―我流と幸運の七十七年

髙村直助著

A5判　二九〇〇円

日本デジタルカメラ産業の生成と発展

―グローバリゼーションの展開の中で

矢部洋三編著

A5判　六〇〇〇円

「新聞」で読む黒船前夜の世界

諸田實著

A5判　六五〇〇円

イングランド銀行

―一九五〇年代から一九七九年まで

フォレスト・キャピー著／イギリス金融史研究会訳（訳者代表小林襄治・幸村千佳良）

A5判　一八〇〇〇円

もはや戦後ではない〈同時代史叢書〉

―経済白書の男・後藤譽之助

青地正史著　戦後復興から高度経済成長への経済分析に多数の著作で健筆をふるい、官庁エコノミストとして、また初期ケインジアンの一人として活躍した譽之助のユニークな生涯を描く。

四六判　三〇〇〇円

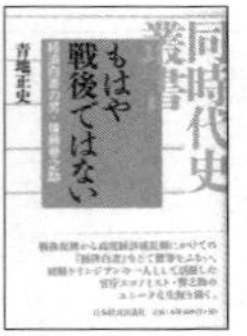

装幀：渡辺美知子

評論　第200号　2015年7月30日発行　発行所　日本経済評論社
〒101-0051　東京都千代田区神田神保町3-2　電話　03(3230)1661
E-mail:info8188@nikkeihyo.co.jp　FAX　03(3265)2993
http://www.nikkeihyo.co.jp　〔送料82円〕

れてこの講演を纏めてみたいと思います。

五日市憲法の世界的評価

先ほど、私を紹介して下さったときに鈴木町長が申されました。いま五日市憲法草案という名で呼ばれているこの憲法は、世界的な評価をうけているのですと。実は昨日仙台市での記念会の席上でアメリカのアイオア大学で日本史の教授をしておりますスティーヴン・ブラストスという研究者が講演をしてくれたのです。もちろん日本語でです。私どもと一緒に東京から仙台へ参りましたが、その車中で、彼は講演の内容の原稿を書いている。英文で書いている。僕らのみつめている前で、今度はそれを日本語に直して講演の草稿を作られたのです。

みなさん、今の高校生は日本語ですら、十分に書けないのに、日本で三年くらいしか勉強していない外国人が、非常に難しい「千葉卓三郎から学ぶもの」という題の講演をしたのです。日本語で講演をしたのです。その中で彼はこういっている。

私たちは千葉卓三郎を知って深く反省した。アメリカ人やヨーロッパ人は、大変傲慢であった。今まで民主主義というのは自分たちがつくってアジア人に教えてやったもの、民主主義というのはヨーロッパ、アメリカの産物であってアジアにはないもの、日本などには民主主義なんてなかったものという考え方をもっていた。だから日本の民主主義というものを信用していない。欧米文化の借り物だ、そういうふうに思っていたのです。

そして、私たち外国人が日本を研究するといってもみな西洋の知識を一生懸命勉強した日本人、内村鑑三であるとか、福澤諭吉であるとか、そういう類の日本人だけを、私たち白人は問題にしてきました。

ところが、千葉卓三郎を知って、五日市学芸講談会の青年たちのことを知ってから、考え方を変えたのですと。千葉卓三郎から私たちが学んだもの、アメリカ人である私が学んだものは何かというと、日本の草の根の中に創られていた素晴らしい民主主義と、その民主主義を単に日本的なものだけでなく、世界的なもの、全人類的なものに普遍化しようとして明治の青年たちが、実に驚くほどの情熱をもって学んだ、その情熱、姿勢です。そこに自分たちは感動しました、と言っておりました。

ちょうど、東北大学に現代史を勉強しに来ておりましたスタンフォード大学のカーペンターというアメリカ人も来ておりまして、やはり同じような感想をもらしておりました。カーペンター氏の挨拶の中で、私たち西洋人は誤って考えていた、日本に民主主義はないという考えを訂正して、これから日本の民衆の中にある草の根の自治、そういうものを調べていきたいと挨拶しておりました。

千葉卓三郎の生き方は、あの外国人の考え方を変えさせる迫力を持っているのです。スティーヴン・ブラストスさんは、千葉卓三郎について書いた私の本を英訳して、近くアメリカで出版されます。千葉卓三郎が横文字になって紹介されます。また、数年前には、アメリカの東洋学会の会長で、最高の日本史学者といわれるプリンストン大学教授のマリウス・ジャンセン先生が五日市へ訪ねて来られ、深沢の蔵とか、学芸講談会の跡などを訪ねて、千葉卓三郎の憲法を非常に高く評価され、国に帰ってからアジア学会の総会でそれを報告されております。

ですから、千葉卓三郎は非常に有名なんです。私自身、今から十年前、一九七〇年の秋に、前の日本大使をしたライシャワー博士に呼ばれて、ボストンのハーバード大学に行ったときに、フランス人、ドイツ人、イギリス人、ロシア人、それにアメリカ人が半分、日本語のできる外国人が百人ぐらい集まったその席上で、千葉卓三郎と五日市の憲法の話をして下さいと言われました。ライシャワーという人は、日本語が非常に上手です。そのライシャワーにもわからないほど猛烈に難しい漢語を沢山使って、猛烈なスピードでしゃべってやったんです。（笑）日ごろ私は英語で悩まされていますから、この時とばかり延々三時間にわたって、便所に行く暇も与えずにやった。漢文も棒読みにしてやった。さっきの詩、「悼哉英魂呼不起、香烟空鎖白楊皐」なんていうのも、そのまま滔々とやったんです。彼らはなんのことか全然わからない。（笑）さすがにライシャワー教授も、私の日本語はまだ浅いと反省していたようです。（笑）

輝く国民の権利規定

明治の憲法史の最高権威といわれる東京教育大学の稲田正次先生が、五日市草案を非常に高く評価しておられて、その中で彼は、こう言っているのです。これを発見した皆さんの指摘のとおり、「この憲法草案は国民の権利に関係した条文が第二編から三編五編にわたって百五十条もあり、民権の尊重に特別の配慮をしていることは、注目すべきであって、他の私擬憲法案に全く類例をみないところであります。千葉卓三郎は、君民共治主義を採用しているにもかかわらず、国民の基本的権利について極めて詳細な規定を設けて強く保障し、国会の権限も広く認め、議院内閣制を明らかに定め、司法権の独立を強調している。そういうことから言って、民主的、立憲的要素の大きい憲法草案であると評価できます」と。

その例として、一人ひとりの国民の自由を千葉卓三郎はどう保障しようとしたか、それを憲法の中でこう言っているというのです。

千葉卓三郎は明治六年にここから近い登米《とめ》の監獄に半年間も入れられていた。キリスト教を信じ、それを布教したというだけで、半年間ひどい目にあっているんです。その時に彼は痛感した。自由というものは、よっぽどしっかりしないと守れないぞと、国家とか権力を持ってる奴は、なんでも勝手なことができる。そこで彼はこう言っている。

国民を逮捕するには、裁判官の署名した文書が必要である。そして逮捕された者は二十四時間以内に裁判官の前に出て直ちに自分を逮捕した理由を問いただす権利がある。私がこの席から今逮捕されたとします。大変過激なことを言って高校生を煽動したというのです。思想犯罪で逮捕された。で、築館警察署に連れていかれた。その場合、私は、どうするかというと、千葉卓三郎の憲法によれば、二十四時間以内に裁判所に自分を出せと要求する権利がある。裁判所に行ってなぜ自分を逮捕させたか、その理由を裁判官が明確に述べられない場合は、釈放しなくてはならないと書いてある。裁判官がその理由を明確に説明できた場合だけ、それを宣告状という形で理由を明記して、いわゆる告訴することができる。そうでない限り国民は二十四時間以内に釈放されなくてはならない。これは今よりずっと進んでいます。その進み過ぎた理由は、起草者千葉卓三郎が如何に強い人権感覚をもっていたかをうかがわしめるものである。と稲田先生は書いております。

それから、この草案の構成について見ます。

第一編は天皇に関する条項です。第一編国帝、そして第四編が政府、内閣に関すること。この一編と四編のふたつだけは、彼はあんまり力を入れていない。一年間で創らなくてはならないんですから、間に合わなかったのかも知れません。明らかに手を抜いています。なぜかというと、彼が一番参考にした嚶鳴社の憲法草案があります。その嚶鳴社草案と千葉のものとはほとんど文章が同じです。同じだということは、ゼロックス式にずっと写しちゃった。（笑）

ところがです。第二編の国民の権利、第三編の立法権、第五編の司法権、これは嚶鳴社と全く違う。

嚶鳴社の二倍も三倍も多い。国民の権利はなんと嚶鳴社より三十一条も多い七十九条もあるのです。大日本帝国憲法、明治憲法は全文七十六条しかない。千葉の創ったものは立法権だけで七十九条もある。司法権も重要です。国民の権利を、裁判の方から裏規定、二重規定を設けて保護する重要な条項を持っていた。これが三十五条あります。これは嚶鳴社より二十七条も多い。全部合わせて百五十条あります。この三つだけで百五十条です。今の憲法は何条だか知っていますか。百三条です。その百三条よりも遥かに多い百五十条もの条項が、この国民の権利について記されている。これは稲田先生でなくても、非常に見事なものだと認めざるを得ないわけです。

ですから、東北では、秋田の横手でよく評論を書いているむのたけじ先生が、この千葉卓三郎の憲法草案を昨年の憲法記念日だったかに、非常に高く評価していました。十年前に発見された草案だけど、まだ光を失っていない、ますます時代と共に新しい、と。

それから、この間亡くなられた須田禎一さんも、非常に立派な評論家でしたが、この方も民衆憲法としてこの草案を大変高く評価しておられました。

志波姫の学統

こういうふうに、国際的にも、国内の学界からも、論壇からも認められている憲法草案を、今回三つの自治体の所在地に、しかもそれぞれ縁のある地に、違った形で、碑文の六ヵ条だけは、全く同文で建てたということは、非常に珍しいことで、日本でも初めてのことではないだろうか。日本は石材列島と云っていいぐらい至る所に石碑が建っております。その石材列島の中でも、憲法碑なんて天下に志波姫と仙台と五日市との三つだけでしょう。それが全く同文であるというのだから、これは愉快であります。

そしてここは特に、今野権三郎から遠藤源六に至るまでの、この千葉卓三郎からの学統というか学問の伝統が脈々と流れています。そして遠藤先生は、最後に新憲法の誕生に立ち合っておられる人です。千葉卓三郎は実に九十年前に自分の憲法を創って、それは何と八十年間も埋もれていた。しかし、彼の努力は決して無駄ではなかった。百年経って開いてみて、みんなが驚き、感動し、世界の人びとが日本を見直すきっかけになるようなものであった。本当に素晴らしいものは、八十年間埋もれていても、光を放つものだ。百年、百五十年と風化せず光を放っていくものだと教えられます。

千葉卓三郎の死は三十一歳、人間としては全く不幸です。結婚もせず、自分の子供も持たず、そして世間に評価されることもなく、天涯孤独のような身で、贅沢もしないで死んでしまった。その晩年の苦痛がどんなものであったか。同じ病気を病んだ人間として、私にはよくわかります。七転八倒して最後は大喀血をして、洗面器いっぱいの血を吐いて、そして窒息して死んだのです。その悲惨な、薄幸の、三十一歳の青年の死を、五日市の同志たちはみんな涙をこぼして悲しんだ。これは、人間と人間の心の結びつきから、彼を惜しんで彼の死を悲しんだ。最も千葉卓三郎を愛したその教え子の深沢権八も、その数年後、僅か二十九歳で死んでしまった。また、卓三郎を財政的に最もバックアップした深沢名生も、自分の一人息子の急逝を悲しんで二年後に、後を追うように死んでゆくのです。

そのために、深沢の土蔵は閂を掛けられたまま、永く閉ざされたままとなり、開かずの蔵になっていたのです。

一九六八年、昭和四十三年、私たちが明治百年記念祭のときに、明治百年祭というのは佐藤栄作や岸信介などがやるものではないんだと、草の根から抗議したとき、佐藤栄作首相は、われわれに対して不遜な演説をした。佐藤栄作は、長州藩出身です。「昔、晋作、今、栄作」とか言って維新の革命児高杉晋作をひき合いに出す演説をして歩いた。佐藤栄作がノーベル賞をもらっても、佐藤の業績は八十年間氷漬けにしたら果たして残るだろうか。百年後に多くの青年を感動させるだろうか。そうはならないでしょう。下手すると、汚職が暴露されて形無しになるんじゃないか。(笑)

それにくらべると、千葉卓三郎の仕事は八十年間深沢の破れ土蔵の中で眠っていても、今こうして光を放っているではないですか。日本だけじゃなく、世界の学者を驚かせ、世界の青年を激励している。嬉しいのは、タイで革命の起きたときに、タマサート大学の学生センターが一時権力を握った。そのタマサート大学から私のところに手紙がきて、今自分たち青年の手でタイの新しい憲法を作ろうとしている、その参考にしたいので、あなたが発見した千葉卓三郎さんの草案を英文にして直ぐ送って下さい、と。

私たちはさっそく送りました。それらを参考にして創った草案は憲法制定会議にかけられる直前までいったのですが、気の毒にタイは軍のクーデターによって、学生たちは追放されてしまいました。千葉卓三郎の草案は、今ごろタイのジャングルの中のどこかで学生運動家たちと一緒に歩いていると思うのです。やがて陽の目をみるときが来ますよ。アジアもヨーロッパも、アフリカでもです。新しい未来を創り出していく情熱においては同じなんですから。

最後に、千葉卓三郎という人は、非常に冷静な、知的な探求者であったと同時に、大変な情熱家であったと思います。明治十三年の手紙や、十五年に彼が書いた手紙を読んでみると、びっくりするくらい、手の舞い、足の踏むところを知らず喜ぶという文章が出てきます。大変な情熱家であったことがわかります。

「雄弁ハ人推ス米《アメリカ》ノ辺理《ヘンリー》、卓論ハ自ラ許ス仏《フランス》ノ蘆騒《ルッソー》」、全くその通りの人物だったんだろうと思うんです。そういう人物を生み出した志波姫の町民の誇りを、どうぞ永く持ち続けていっていただきたいと

思います。これで私の講演を終わります。（拍手）

（一九七九年十一月十二日　宮城県・志波姫町千葉卓三郎顕彰碑除幕記念講演会に於いて）

第Ⅱ部　埋もれた多摩の人脈

色川大吉

一　歴史に埋もれた人びと

消えゆく土蔵

本論に入ります前に、いろいろな史料をちょっとみなさんに紹介してから中身に入っていきたいと思います。

私はいま（一九六七年）元八王子のほうに住まっておりますが、最近新築ブームで土蔵がさかんに壊されてしまいまして、幕末や明治の貴重な文献が紙屑屋さんの手を通して仕切屋に渡ってしまうという状態であります。最近とみにそれが進行しておりまして、いろいろな文書が散逸しております。

話の初めに、みなさんにもぜひ、そういうような何か古い家で土蔵をこわすようなことがありましたら、ぜひ館長さんにでも連絡していただいて、私どものほうにお知らせ下さるようお願いしたいのです。と申しますのは、現在八王子市では市史の編纂、八王子織物史の編纂というような、かなり大きな仕事が進行中でございますが、肝心の基本資料が本来ならば十あるべきものが現在は二ぐらいしかないというような状況の中で書かれているわけです。

とくに織物史などに至りましては、肝心の八王子市内の基本文献が数度の大火によって焼失しておって、この周辺村の川口とか、加住《かすみ》とか恩方《おんがた》というような村々の土蔵から出てきた、若干の史料で埋め合わせている、というような状態であります。それが最近になって、ほかにも市内に関係ある方がたの蔵から史料が出たりしましたが、もう原稿が出来上がっているのでまにあわない、これには困ったことで、八王子市史編纂室でも恐らく同様であったろうと思います。

そういう状況でありますから、これはぜひ地元のみなさんにご協力いただく以外に、地域の歴史の解明というものはできないと考えております。どうぞご協力をお願いしたいと思います。

今日の論題は、歴史に埋もれた人びとということですが、すでに私はこういうことをいろいろなところで書いておりまして、あるいはみなさんのすでにお読みになったものもあるかと思いますから、あんまり新味がないということで落胆されるのではないかということを恐れるのです。

それで今日は少し話すことばかりでなく、どういう人物、どういう顔をしていたんだろうということも含めて、ご紹介していきたいと思います。

三多摩と私

地理的に見ますと、三多摩は明治の二十六年までは、ご存じのように今の三鷹まで神奈川県に入っていたのですが、ちょうど吉祥寺から向こうが東京になっておりましたので、神奈川県は今のような変形ではなく、やや正方形に近い形をしておったわけであります。その上、ここには幕府の天領（直轄領など）が非常に多く、伊豆・韮山の江川太郎左衛門など、ああいう代官の支配下にあったという関係で、普通の藩とは違った特徴を持っております。

明治政府が徳川幕府を倒して成立した当初から、つまり薩摩や長州出身の西南地方の地侍が江戸へやってきて、それで新しい政権をつくった。なるほど政府の頭には明治天皇や三条実美というような京都の貴族を迎えてはいるけれど、実体は長州や薩摩の田舎者たちではないか、文化的にはいわば田舎者がやってきて天下に号令をしているんだ、われわれは徳川譜代の家臣のもとで長いあいだ江戸を中心とした文化圏に住んでいたのだ、だから新政府なにするものぞというような気概が、早くからこの地方にはあったようであります。

とくに幕末の時期に官軍に抵抗して、近藤勇・土方《ひじかた》歳三らの甲陽鎮撫隊がこの日野から甲州街道沿いにまいりまして八王子、さらに甲府の方にかけて官軍に抵抗するような戦闘配備がされ、この地方からもかなりの農兵隊というようなものが動員されたものです。あるいは八王子の千人町に居った千人同心などはやはり幕府と運命を共にするというようなことを言っておったのでありまして、したがって明治維新になっても、素直に新政府についていけないという気分が、この地方には横溢していたと言ってよいのではないかと思います。

そういう関係で、同じ武蔵の国でも、北武蔵、いまの埼玉県南部というところとは若干気風の違った点があったようです。それは侍気質ということばかりでなくして、一般の農民の中にもそういった気風があったようです。それがどうも明治になりましてから、気骨ある多摩の明治人という特殊な性格をつくる上で、影響していたように思われるのです。

で、私自身、この三多摩地方に親戚がいるわけではありません。生まれたところも違いますし、特別の関係もない所なんですが、たまたま、明治の文学者で思想家の北村透谷を研究しておりました時に、北村透谷がこの地方にハイティーンの時代、つまり十代の後半に非常に深く入りこんでいて、色々な体験をしたらしい。八王子を中心として、川口、それから鶴川、それに相州は小田原のほうにかけてさかんに放浪し、旅をし、色々な体験をしたらしい。その体験の内容が大変問題で、その体験をよく理解しないと、どうも北村透谷という一人の文学者の本当の意味がわからないということから、必要上、三多

深沢権八氏墓

摩地方の研究に入ったわけであります。

はじめは甲州街道沿いに、一軒一軒古い家を訪ねて土蔵をあけてもらうとか、あるいは透谷に関係するような手紙でも残っていはしないかと思って、調べたりしておったのでございますが、そのうち横浜街道、さらに川口街道とだんだん調査範囲がひろがるにつれて、はじめのテーマの透谷よりも、もっと面白い色々な人びとにぶつかった。はじめはそんなことをやるつもりではなかったのですが、調査しているうちに、透谷とは無関係な人で、しかも非常に興味ある人間が、沢山いたということを発見していったわけであります。

大体この十年ぐらいの間に、私どもが名簿の上で知った三百人ほどの人、この三百人といいますのは、ほとんど武士ではありません。一般の農民であり、商人であるわけですが、当時の言葉で豪農、あるいは豪商といわれるような、やや生活に余裕のある農民であり、商人である。

そういう人びとは単なる農業の仕事ばかりでなくして、その余暇に色々学問したり、青年に教えたり、あるいは遊芸の道を修めるというような趣味人でもありましたので、そういう人びとのリストを作り、現在なお残っている家、史料のありそうな家を一つひとつしらべていったわけであります。

そうしますと、たとえば南多摩郡だけでも、これは日本全体に紹介しても非常に面白い、ある意味では時代の特徴をよく示していると思われる人の名前が十数人あがってきたわけであります。そうしまして、たとえば北の方からみますと、いま武蔵五日市という五日市線の終点の町がございますが、その武蔵五日市の周辺には五日市グループと仮に呼んでもいいような青年グループがいた。いわばほんとうの意味での明治人、幕末に生まれ、明治の初期に教養を身につけて、そして日本の近代国家が出来上がる頃に自分も一人前になるというような過程を通った青年のグループが、五日市にまず発見されたのです。で、そこの今でも五日市と八王子を結ぶバス、前に五王バスと言っていましたが、そのバスのちょうど五日市の車庫になる、こちらからいいますと終点になるところに、内山という大きな家があったのです。今は土蔵が一棟残っているだけです。ほんとうに壊れかかったような土蔵が一棟残っておりますが、その内山という家を中心として、青年グループがあったらしい。五日市からちょっと小一里山の中へ入りますと深沢という部落が今でもありますが、その深沢の奥に深沢権八という青年がいて、この人はもう早く二十二歳くらいで亡くなったらしいのですが、その人の家、これがまた大変興味のある家なのです。

謎の五日市グループ

それから戸倉というところに大上田《おおうえだ》彦左ヱ門や疋田《ひきだ》幸四郎という人がいる。とくに疋田先生は後の人から東洋のペスタロッチなどと言われて、明治の優れた教育学者というふうに評価されてゆくのですが、埋もれてしまっている。深沢権八という人も、いま子孫が五日市の町に住んでおりますが、多摩における私設文庫といいますか、個人図書館のようなもので、当時東京で出版された新刊書で深沢の家に無かったものはないと言われたほどに、莫大な蔵書があったらしく、それを付近の青年に開放していた。（写真を見せて）この写真の

深沢権八（あきる野市蔵）

深沢権八というのは亡くなるおそらく一、二年前の写真だと思うのですが、たいへん秀麗な顔をした青年ですね。

もちろん学歴といっては、小学校を変則に出ただけで、――当時小学校はまだ新設されたばかりでありますから、寺子屋にかよい、後は独力で、恐らく漢学塾かなにかで勉強したのではないかと思われます。

はやくから専制的な政治のやりかたではいかんということに気がついて、内山などと一緒にヨーロッパの民主主義や政治学を勉強して、ジョン・スチュワート・ミルとか、あるいはハーバード・スペンサーなどの本を大変たくさん読んでおります。そういったものを独力で読み、青年グループの人びとと自由民権運動という政治運動に参加したわけです。これが五日市の青年グループです。

五日市の人というのは、大体商人が多いものですから、ただ今お廻しした写真のとおり、いかにも商家の若い衆というスタイルをしています。その中心になったのが先ほど申しました五王バスの終点、今は車庫になっていますす内山家の内山安兵衛なのです。この人などもまだ本当に研究されていませんが、西多摩から後に代議士にまで出ます。どうしてこの人に興味があるかと申しますと、当時武蔵五日市というのは大変な山奥でありました。今こそ電車がありますけれど、当時はほんとに馬車も通らない、山や川を越えて行くというようなところであったのですが、その奥で非常に早く、今言いましたような、自由に目覚める、それはただ政治運動に参加するというだけではなく、やがてキリスト教の運動に入って、みずから非常に熱心なカソリックの信者になりました。

そして周辺にキリスト教の布教をやり、現在でも五日市の秋川の崖の上に信者たちの墓地が残っております。十何人かの十字架の墓が残っておりますが、ああいうのを見ますと、非常に新しいものを求めた人だということが、よくわかります。

政治で求められなければ、今度は宗教で求める、さらにそれでもなお求められないと、こんどは青年教育に力を入れる、さらに自分自身が国会へ出て行って政治家をやってみるという。晩年はどうもうまくいかなくて、五日市を立ち退き、逗子の方へ移りそこで絵を描いたりする悠々たる一生を終わっているそうです。

そういう内山の生涯、あるいは先ほど紹介しました深沢権八という人物、かれも若くして県会議員にまで出ましたが、大変な学識をとうとう世に使えないで死んでしまったという。

多摩の民権派豪農の蔵《くら》からは政治論、法律論、そういう議論を自由党の板垣退助か、改進党系の尾崎行雄であるとか、沼間守一であるとか、そういう人びとの演説を小まめに筆記したノートが出てきたりしました。いまお廻ししております写真の深沢権八という人の蔵はいまでもあるそうですが、私どもはまだくわしく調査しておりません。一度伺いましたが断られました。それ以来まだ開けていただけないんですが、その多摩随一の図書館といわれるような蔵も恐らくいま開ければ、中はぼろぼろになってしまっていると思うのです。湿気でもって下の方に積みかさねた本は虫が食い、あるいはもうほこりを吸って茶色くなって、その上ごみや水気でくずれてしまうんではないかと案じます。これは何とかして、この五日市の山村の蔵は早く開け、徹底的に調査したいと思います。

何が出てくるか、たいへん興味があるのです。たとえばこの「国会始末」などというものは、半紙二百枚ぐらいを二つ折りにして綴じたものなのですが、この中に、まだ衆議院も何もできておりません頃ですね、国会を是非開いて欲しいと、その国会というものはどういうものなんだ、人民代表が入札によって代表を選ぶという、当時はまだ選挙という言葉がなくて入札と言っておりますが、その入札によって代表を選び、そして民衆の輿論によって国の政治をやるのが、国会だというようなかたちで、国会の作り方、考え方、そういうものが、たいへんよくノートにとられております。

それを見ますとイギリスだけではありません。フランス、アメリカ、スイスなどの憲法も勉強して、そういうものが、書き写されています。でも当時はそういう青年の学習結社は、三多摩においては、二つないし、三つぐらいの村に、一つはあったのではないかという感じがするのであります。

川口の人びと

たとえば、五日市からいま少し南の方へ川口街道を下りてきますと、今の上川町、前には上川口村と言っておりましたが、そこに黒沢という集落があります。その周辺もまたそういうグループの集まりがあったところで、仮に川口グループと呼んでおきますが、そこにも豪農で秋山という大きな家がございました。そこを中心にして青年たちが十数人集まっていたようです。透谷などもそのグループがたいへん気に入りまして、三度もその秋山の家に滞在しております。秋山国三郎とか、秋山文一などという人、それから後に初めて八王子の市長になる秋山文太郎というのも、この青年グループの一人だったのです。

それから下川口の方へ参りますと、今は八王子市川口町と言っておりますが、そこにはまた有力な人間がおりまして、これは後ほど説明いたしますが、明治十七年から十八年にかけて、この地方に全国でも最も大きな農民騒擾事件が起こったのですが、その時のいわば先達になった人びと、当時の言葉で言えば佐倉宗五郎のような義民ですね、その義民型の指導者に塩野倉之助といいますが、この人は下川口の人で、いまは唐松《からまつ》というところに屋敷がございます。

それから同じく下川口の小池吉教《よしのり》、これは下川口村の戸長をやっておりました。それからちょっと隣部落の現在は加住に入っておりますが、この部落には困民党の指導者だった須長漣造という人物、それから粟ノ須《す》に石川嘉吉というような人間、これは一人ひとり取り上げても相当な人格者であり、人物だったと思うのですが、なにしろただの農民でありますから、そのまま歴史に埋もれてしまいました。

塩野倉之助の家は没落してすっかり屋敷を失ったので、〝井戸《いど》塀《へい》、井戸塀〟と言われておりますが、今では井戸も塀も残っていません。小池さんの家は、ご子孫が現在商家をやっておられるようですが、小池吉教は獄中で落命したのです。獄死したのです。

須長漣造は、いま跡取りの方が大工さんなものですから、家を直して、綺麗になりましたが、その前は六畳一間で、あとは、タタキの土間という物置のような家でした。最初に私どもが訪ねた時には、その物置のような家で、文書はその押入れや、雨が降るたびにびしょびしょ濡れる軒先にビニールカバーをかぶせてある長持の中という状態でした。

石川嘉吉という人は、近縁の人が若干わかっているだけで、いまだにその後の消息がつかめません。これらの人びとは加住を中心として、困民党の運動を指導した人びとです。

こういう人びとの働きが、では歴史上どのような意味があったかということについては、もう少し後の方にまとめて申し上げたいと思います。

カトリック教徒の村

次に、もう少し、八王子の方へ南に下ったところに下壱分方《しもいちぶかた》村がございます。今の元八王子町ですが、そこには大変めずらしいグループが育っておりました。

現在、この元八王子のグループについては、地方史の先輩である橋本義夫先生とか、あるいは現在上溝高校の先生をしておられる沼謙吉さんの研究がありまして、かなり全国的にも知られてきましたが、福岡部落という集落がございました。今は宅地にどんどん分譲されて新しい家が建ってわからなくなってしまいましたが、その福岡という集落からは部落解放に目覚めた人びとが、人間の平等を説くメイラン神父や、テストヴィード神父、あるいはオゾーフ神父などに導かれてキリスト教に入りまして、早くから教会をつくり、フランスからきたアンジェラスの鐘を鳴らしたりして、非常にエキゾチックな集落を作っておったのであります。

そのエキゾチックなカソリック部落のような形になっていたものが、明治十年代の後半には国会開設運動に参加して、そこが自由党のひとつの拠点になりました。そして後に、そこに大きな皮革工場がつくられますが、そこからは山上卓樹《たくじゅ》というような人物や山口重兵衛というような非常に優れた人材が出ております。

こういった人びとは、当時においてはかなり世間から評価されていたにもかかわらず、現在ではすでに忘れ去られているのです。

特徴的には、江戸時代のその差別された部落意識というものを、明治維新の文明開化のなかでくぐりぬけて、人間の平等というものに目覚めていき、さらに人類の平等というところまでキリスト教を通して入ってゆきます。

また、現実に日本の政治が、薩摩や長州の藩閥出身の侍によって支配されているということに気がつきますと、こんどは政治運動、自由民権運動という、今日の言葉でいうデモクラシー運動に参加していくというような、非常にダイナミックな動きかたを見せたのであります。

そういうグループが先ほど申しました五日市にも見られますし、元八王子にも見られるわけです。明治の文学者であるとか、思想家などが三多摩へ来て非常に影響を受けたその土壌とは、こういった土地の気風であったろうと思います。

由木から町田へ

八王子から南の方、御殿峠《ごてん》の方へ参りますと、由木《ゆぎ》という村がありました。そこには林副重《ふくしげ》とか大沢信重というような人材が出ています。林副重にいたっては、自由民権運動の活動的な指導者になると同時に自分の財産の一部を投じて八王子に広徳館というクラブを建設し、青年たちを集めて討論や学習をさせました。さらに自分の事務所である広徳館を、小林孝二郎という人に弁護士事務所として提供して、そこで無料で困っている人びとの弁護にあたらせました。やがて自由民権運動が敗北しますと、北海道に村の人を連れて行って、北海道の天塩《てしお》で三千町歩か四千町歩かの開拓に取り組んだと云います。そういう生き方を見ていきますと、やはり非常にダイナミックな感じがするのですね。

北海道の開拓事業は当時のことでありますから、技術が低い上に気候や農地に関する研究が不足しておりましたので失敗します。それでまた故郷へ戻ってきますが、故郷では地道な活動を続けるという、そういう由木のグループでありました。

それから町田へまいりますと、原町田の周辺には沢山の村々があったんですが、現在は町田市に編入されています。そこには、横浜の文人で当時の人びとに大きな影響を与えた真下晩菘《ましもばんすう》というような人物が来ますが、これは横浜で融貫塾という塾を開いておりました。この真下晩菘という人は江戸時代の徳川家が開いていた学問所、今の東京大学の前身の蕃書調所というのがございました。これはつぎに洋学調所に名前が変わり、開成学校という名前になり、やがて東京大学になったものです。真下はその組頭までやった人間で、つまり今でいえば東大総長というわけですが、明治新政府に仕えるのをいさぎよしとせず、そのまま地方に下り、横浜で小さな塾を開き青年を教育して晩年を終わった人です。

そこへですね、当時横浜街道を通って八王子周辺の人びとがさかんに出入りしましたが、横浜の融貫塾といえば、大変新しい学問を教えるところであるという評判だったのです。もとはといえば、真下は甲州の農民なんですが、非常に努力して、旗本の株を金で買いまして、旗本の小さな役職についてから、あとは昇進して蕃書調所の組頭になるという立身出世の典型的なコースを行った人なのです。

その融貫塾に後に三多摩地方の大物になりました村野常右衛門というような人びとが入門して学んだわけであります。

そういうグループのうちに横浜文人グループというのがありまして、これがいま港を見下ろせる高台の上に屋敷を持っていまして、江戸を嫌い、ことに東京の気風を嫌いまして、横浜に住みついていました。その一人に平塚梅花という気骨のある詩人がおりました。この梅花がどういうわけか、南多摩郡の町田付近、今の鶴川から小山田の辺にいたる地域ですね、あの辺にしきりに出入りいたしまして門人グループをつくって、そこで漢詩や漢文を教えておったわけです。

この平塚梅花の梅花グループというのは、主だった人びとを私は調べてみて大変興味を持ったのは、この人びとが南多摩丘陵の主な村の一番の名望家であり、名家の主人たちであると同時に、やがて三多摩地方における民主主義運動の一番最初に名乗りをあげた人びとであるということなのです。

そのグループがやっていたことは、どうも政治とは関係ない、いわば江戸時代の文人を思わせるような漢詩や漢文の交流なのですね。生徒は色々漢詩や漢文を作って平塚梅花に見てもらう。そうすると作品一つにつき、俳句ですと一銭払うとか漢詩ですと五銭とか、長いやつは十銭だとか、文章は一編につきいくらと、先生に金を払って添削してもらうわけです。

江戸時代の侍で官職にありつけなかった人びとというのはそういうことをして、つまりそうした内職をして生活していたことがわかります。

石坂昌孝あるいは薄井盛恭というような人びと、それから小山田の若林有信という人。小島為政（小島慎斎）——かれは現在の町田市の小野路《おのじ》というところに住んでおりました。この人は大変な漢学者で、小島家は現在自分のお宅の、たしか石造りの土蔵を改装して一般の方に公開すると言ってるはずです。非常に沢山の書物、新選組に関する貴重な資料も持っております。小島韶斉《しょうさい》という、この小島為政の父親は新選組の近藤勇と義兄弟でありますから、その関係の資料を沢山持っていたのです。明治天皇も地方巡幸の途中、足をとめたという名門の家です。この小島家とか、また中溝昌弘という人物もいました。こういう石坂、薄井、若林、中溝、小島というような家はいずれも南多摩きっての名望家なのですが、この人びとが、やはり、反政府的な、当時の明治政府に反骨を示すような文人の影響下に日本の伝統的な教養を身につけてゆくわけです。

そういう下地の上に福沢諭吉の本を読んだり、あるいは中江兆民の本を読んだりすることによって、西洋の新しい政治知識というものを受入れる。彼らはもともと自分たちは徳川側であって、薩摩、長州に対する反対者側であるという意識があるものですから、それが反政府というようなものに容易に結びつく。もちろん、ここには思想上の飛躍が必要だったでしょうが、この地域がいわゆる自由民権運動の発祥地帯になりやすかったという事情は、その辺にもあったのだろうと思います。

多摩人の反骨精神

私どもが現在そういう人びとの日記とか作品とかを読んで感心するのは、あれだけみんなが東京へ出たがって、東京へ出て一旗挙げるとか、あるいは役人になって立身出世することに夢中になっていたわけですが、その時代にこの人びとはそういう生き方をする者に対して毅然たる違う人生態度を持っていたということであります。

それはどういうところから来ているのだろうかと、はじめは中々わからなかった。単なる負け惜しみなのか、自分の仲間はどんどん東京へ出て、あるいは大きな私鉄会社を経営したり、官界に入って立身出世する者もある、軍人になる者もあり、あるいは学者になって有名になる人もある。それなのに多くの人びとが自分の村に残っていて、しかも劣等感を持たないで、負け惜しみでもなく、何か非常に誇りを持って、悠々と生きている。そういうことが初めは私どもには大変不思議に感じられたものです。ところが、実際にその人びとの書いたものや生活というものの内容を吟味してゆきますと、なるほど彼らが自分の生き方に自信を持つ根拠があったのだということがわかってまいりました。

それは、いわば東洋的な精神主義と申しましょうか、人間の本当の価値というものは、名誉とか金銭とかにあるのではない、そういうものを越えて、もう一つ上の人間の精神の世界、人間の内面の世界、そういうものに人間としての一番高い人間的価値があるのだということ。そういう信念が彼らの場合には江戸時代の文人の伝統、南画や漢詩を作ったり、李白や王維や杜甫の詩を愛誦したりする、そういった江戸時代以来の権力者に反骨を示した文人の、美の伝統として彼らのなかに非常に深く入っている、そういう江戸時代の文人の伝統と、もう一つジャン・ジャック・ルソーであるとか、あるいはジョン・スチュワート・ミルなどの「人間は本来一人で尚且尊厳である」という近代的観念とが、どこかで結合しているのだと思います。

特に直接この梅花グループの一人ではありませんが、やはり大沼枕山であるとか、真下晩菘などの教えを受けた自由党員である細野喜代四郎という小川村の人ですが、この細野の書いた六百首ほどの漢詩を見てみますと、その漢詩のなかに自分の人生観がはっきりうたわれています。

そこには、日本の、東洋の伝統的な精神主義というものとヨーロッパの個人主義、民主主義といいますか、そういうものが独特な形で結びつけられております。名誉なにするものぞ、地位や財産何するものぞ、東京中央政府における大官どもがいろいろなことを言っているけれど、それに何の価値があるか、という大変旺盛な反骨といいますか、反逆精神を持っているわけであります。そういう人びとが、ではいつ頃まで、この辺にいたのだろうか。私の三百名のリストというのは自由党員名簿とか、改進党員名簿とか、それに地方の代表的名望家というものを集めて作ったリストでございますが、こうしたリストにある人びとを調べていってわかったのはこういうことです。

つまり、村にいながら、自分の人生に対する態度に大変な確信を持っていて、中央コンプレックスというものをしりぞける。むしろ自分の方が人間らしく生きているのだ、あの連中の方がガツガツ前のめりに生きている気の毒な奴らだ、というような態度を持ち得ている。しかし、それは、どうも明治も日露戦争ぐらいまでのように思われるのです。

日露戦争からあと三多摩地方に一つの大きな変化があらわれます。それは堰を切った水のように、いわゆる東京旧市内、二十三区内に人口移動がはじまるのです。有能な青年がどんどん東京へ流れこんでゆきますが、そこで切磋琢磨して、自分を磨いて帰ってきて、最後に立派な仕事を故郷でやるというようなタイプの人が非常に少なくなってしまうのです。東京にそのまま移住してしまって、そこでいわば資本主義社会のきびしい競争のなかで、少しでも人より前へ出ようという悪戦苦闘の一生を送るようになってしまう。こうした変化が日露戦争前後から、私どもの目にはっきり映るわけです。

在野の碩学

町田から、さらにその周辺を見ますと小山田というところに、これは先ほど申しました農民騒擾に関係する人がたくさん出ていまして、佐藤昇之輔とか中島小太郎とか若林高之助とかいう指導者が出ております。こういう人たちもぜひ研究して世の中に出したいと思っているのですが、残念ながら、まだ手がかりがつかめないのです。

それから多摩川をはさんで、今の高幡不動の向こうの落川《おちかわ》、現在は日野市に入っておりますが、あの辺にも非常に変わった人が出ているのです。たとえば落川には五十子《いらこ》敬斎という人物が出ております。この人は、いま土蔵が二棟ほどあり、一つは、この八王子周辺で最も手入れのよく行きとどいた土蔵で、文献目録が作ってあるわけですが、大体二千冊ぐらいの明治期の文献が残っております。当時の明治期の主だったものはほとんど網羅しているようです。

明治初年から出版されたヨーロッパの翻訳書、アメリカの翻訳書を中心として、日本の古典、漢籍など合わせて三千冊に近い本がきちんと整理されて土蔵のなかに残っている。それも単に飾ってあったのではなく、それを読んで感想を書きとどめた感想録のようなものが、原稿用紙にして五千枚以上もあると思います。

私はそれを借りてきて写真版に撮ったのですが、その写真が四、五千枚の枚数になるのですから、実に莫大なものであります。筆でもって丹念に書いた感想録ですが、そのなかには福沢諭吉批判があるかと思うと、徳富蘇峰に対しては、蘇峰の考えは、まだ十分熟しておらないというような批判が書きつけてあったりするのです。なぜあんな情熱を持ち得たのか、なんのためにあんなに勉強しているのか、私たちが考えて、どうしても理解できないような研究をしています。

敬斎は、普通の農民で、別に特殊な才能を持ち合わせた人ではないのですが、自由民権運動の時には、やはり大きな貢献をして、政治資金をだしたり、自分も自由党員になったりして活躍しますが、その後、自由民権運動が失敗しますと、村の要職には一切つかない。普通の人ですと、村長になるとか、県会議員になるとかするのですが、彼の場合は一切そういうことに関係しない。ただもう自分の子どもを教育することと、自分の学問ですね、それを一生懸命やることです。自費出版で『皇国音韻図』という、今でいえば国語学ですね、アイウエオという四十八音の音韻の源を追求するという、これはまた非常に変わった研究をやって出版したのですが、これも世に埋もれてしまっています。数千枚の原稿と共に今も埋もれてしまっています。しかしあまり膨大なので、私にも手に余っているのです。

子どもさんたちは、長男の方は北海道大学に進学して、当時北大の教授であった有島武郎に学んだとか、あるいは次男の方は何大学へ行ったとか、最高の教育を与えられておりますが、自分は勉強みたいなことばかりやっていて後に仏教に凝りまして、念仏を唱えながら道を歩き、飯を食うときにも念仏を唱えるというわけで、なにか本を読んだり、自分の感想を書いたりする時以外はいつも念仏を唱えていたらしい。それが日記に出ておりまして、今日は念仏何千回とか、何百何十何回とか、何千何百何十何回とか、その回数が全部書いてあるのです。よく数えながら書いたものだと、それがまた不思議なのですが、こういう奇妙な日記が残ったりしているのです。

また、落川とは向かい合っている高幡《たかはた》不動には、これは有名な森久保作蔵というような大物がでました。片方は日本の政治史に名を残した有名人、五十子敬斎のほうは全く名を没してしまっている無名人になりますが、その学識、あるいはその一生に打込んだ情熱からいったら、どちらのほうが、人間的に上であったかは、中々判定しにくいだろうと思われます。あるいは布田五宿《ふだごしゅく》と言われる調布周辺の街道筋の商人たちにも中々の人材があって、多くの書籍と貴重な日記などを残して亡くなった人がおります。たとえば、甲州街道沿いの布田宿《しゅく》の中村家という家、その当主中村純一氏、最近亡くなられたのですが、その先代が中村重右衛門という人で、この人もまた五十子敬斎と非常によく似たタイプの埋もれた好学の人であったようです。

　こういう例を見ますと、五日市の東洋のペスタロッチなどと言われる人間からはじまって、五十子敬斎のような碩学に至る、ほんとに寺子屋ぐらいでしか教育を受けていなかった普通の人が、三多摩にはかなりの数いて、非常な才能を持っていながら、それを有効に社会化することができないで埋もれたというケースが、ここは特に多かったのであろうかと思われるのです。

埋もれた資料

最近になってこそ、橋本義夫氏をはじめ、私たちが協力しまして、この地域の歴史もかなり明るくなりましたから、若干活字になって、全国にも紹介されるようになりましたけれど、それでもなお、（後に五日市憲法が発見された）深沢権八の蔵《くら》は、まだ指一本つけていない。この蔵を開けたら果たして何が出てくるか、板垣退助などは、二頭立ての馬車で前後を押されて、泥沼のようなぬかり道を、深沢家に行ったという言い伝えも残っておりますし、どんな貴重なものが出てくるかわかりません。

　あるいは、小池吉教《よしのり》――獄中で落命したという小池家にも、かなりの文書があるということでこれもまだ見せてもらえません。私どもが谷野《やの》で見た、須長漣造家の須長文書というのは、ほんとに先ほど申しましたように、物置のような家に莫大な点数が所蔵されていたわけですが、これは全くの例外です。その文書の中に須長漣造という人の日記が発見され、この日記が日本の多くの農民の書いた日記のなかでも、きわだって克明な日記であるということで、最近評価されているわけです。これは相模原市の相沢栄久さんが、いま、自費出版で刊行されている相沢菊太郎の日記『相沢日記』というものとならぶものだと思います。

加住にはいま一人青木鎮郷《ちんごう》という人がおりまして、この人は戸長をやった人で、この「青木日記」というのも、これまた、ものすごく克明な貴重なものなのですが、分散、離散しております。私のところへも明治三十年の三月か四月だかの日記が一冊廻ってきたことがあります。そういう状態で分散してしまったのです。この日記は自分が重要な人にあてた手紙、その人から貰った返事までを全文筆写して記録してありました。役場から通知が来ると、それもちゃんと写しとられている。それから当時の人の日記はほとんどそうですが、午前と午後の天候、気象、風向き、それから温度ですね、そういうものがよく書き込まれておりまして、気象台なんかには非常に貴重な資料になる。それから農村なら農村の作物の状況についての克明な記録でもあります。そういうものは一つの文化財になるわけですが、残念ながら離散してしまうのが現状であります。

幸い今、相模原市の相沢家が自費出版しております日記は、その菊太郎翁が、二十歳の時から、九十七歳だかで亡くなる直前までを、一日も欠かさずに書きとめた日記で完全な形で残っている。それが出版されているわけですが、そういう一日も欠かさず、自分のほとんど一生涯、それも九十何年まで書き続けるという、異常な執念は、これはやはりなにかちょっと気味の悪くなるようなものがあると思うのです。

近代発展の原動力

なぜそういった人間が日本のあの時代に生まれ得たのであろうか。相沢菊太郎の日記などを読んでみますと、明治十九年頃、これももちろんなんの学歴もない普通の豪農なのですが、一生懸命に横文字を勉強して、たどたどしいローマ字で、Kikutaro, Aizawa なんて書いてあるのが認められるわけです。やっぱりヨーロッパの文明開化の何かを、吸収しようとする意欲がそこにうかがわれるのです。

そういった一連の文化的な、あるいは社会的な情熱というものですね。それこそは私に言わしむれば、明治百年の躍進とか、あるいは近代国家を形成した原動力になったものだと思われるのです。

明治には大久保利通はじめ、木戸孝允あるいは伊藤博文、山縣有朋というような非常に有能な指導者がいて、あの危ない世界情勢のなかで、日本を躍進させたのだということで、明治天皇はじめ多くの指導者の功績がたたえられています。しかし、そういう人びとがどれだけの見通しをもって、的確にその時その時の判断をし、あやまたずに国民を指導してきたのかということになると怪しいものです。その人の立場に立ってわれわれ歴史学者が考えてみたとき、彼らは彼らなりに五里霧中でやってきているのですね。たとえば伊藤博文、山縣有朋というのは車の左の車輪と右の車輪のようなものです。

二人は日本に最初の憲法を作って、日露戦争を勝利にもって行くまでの最も代表的な指導者ですが、この二人の代表的指導者の手紙、つまり彼らが友人や同僚に宛てた書簡を読んでみますと、無我夢中で無理を重ねて明治国家を引張ってきたことがよくわかります。

それから、五十年経ち、六十年経って、結果的に振り返ってみると、「やれやれ、俺たちのやってきたことは成功だった、俺たちの判断力も相当なもんだったらしい」ということを、おわり頃になってから述懐しているわけです。

ですから、やっている本人はその当所当所ではやっぱり大変迷いもし、誤った判断もし、政策をしくじったりもしてきたのでしょう。

しかし、それを誤ったままにさせず、あるいはその誤りのために日本がめちゃめちゃにもならず、しかも貧しい資源ときびしい国際情勢のなかで、日本を近代国家として飛躍させた地力は、一、二の頂点の指導者にあったのではなくて、数百万の国民的中間層の支持力にあった。当時の日本の人口は四千万から五千万ぐらいのものですが、明治の四千万から五千万のうち、約一割程度の四百万ほどの中間的指導層の非常にダイナミックなエネルギーですね、ダイナミックな学習意欲といいますか、情熱といいますか、そういうものが結局、明治の躍進をささえたのです。それらの力は政府指導者が誤りを犯しても、途中からはやくそれを修正させ、前向きの軌道にのせるという役割を果たしていたと思うのです。

「困民党」の指導者

今まで紹介してきたような人びとは、歴史を下から作っていく人びととして、あったのではないでしょうか。そうした人の中で有名になった人、たとえば鶴川の村野常右衛門であるとか。あるいは高幡不動の森久保作蔵であるとか、相原村の青木正太郎であるとか、中央に出て、有名になった人びとは、むしろ例外です。

それよりも、すぐれた能力を持ちながら埋もれてしまった人びとの方が、ずっと多いわけです。その一つは、自由民権という政治運動に参加することによって、埋もれてしまった人びとです。もう一つは、当時の明治政府がやった財政政策、収奪政策に抗して、ひどい打撃をうけて埋もれてしまった人びと。いわば日本の資本主義が成長するために、その犠牲になった、踏み台にされた一般の貧しい農民たちの先頭に立って、少しでもその経営の破綻を救おうとして、身を犠牲にした人びと。これは先ほど申しました農民騒擾の指導者たちですが、俗に「困民党」、三多摩困民党などといわれております。困民党というのは困る民の党ですが、この指導者というのは、一〇〇％歴史に埋もれてしまったのです。

というのは、彼らは明治国家に反抗しましたから、捕らえられますと、獄中でひどい扱いを受けます。元気な人びとでも落命する場合があった。先ほど挙げました下川口村の戸長小池吉教などは、剣士としても知られ、豪の者でしたが獄中でとうとう死んでしまう。それから川口困民党の頭取であった塩野倉之助は、出獄後、やはり健康を害し、家産を失い、子女を犠牲にし、自分も天理教に走ったりするのですが、ついには村にいられなくなって姿を消しています。

あるいは、今の八王子市加住の戸長須長漣造などは、二十町歩以上の土地をもっていた谷野村一番の豪農でしたが、武相困民党の指導者になることによって、自分を亡ぼしています。つまり村民を救うために税金を立て替えてやったり、負債の面倒をみてやったりしているうちに、自分も高利貸や銀行に差押えられるようになります。そしてやむなく困民党運動に参加しますが、官憲に弾圧され、牢屋にも入りまして、出獄後も村民の借金問題の解決に奮闘するのですが、結局はさまざまな圧迫が加わって村にいられなくなる。このため土地は全部失い、八王子の成内という金貸しの小作人になったり、養蚕に精を出したりしますが、結局それもうまくいかず、医療器具を背負って、北陸地方から九州をめぐる行商人となっています。そして晩年、村に帰ってきて、いま、透谷の碑が立っている丘の下あたりの甲野原で行き倒れになって死んだのだと言い伝えられています。

その屍を埋葬するのに棺桶を作る金がなくて、昔の須長の菩提寺であったお寺の古い戸板をはずして、それでにわか作りの棺を作って埋めたという伝説がある程で、現在墓もありません。いま行って捜しても、墓はみつからないのです。（これは事実でなかった、伝説であったことが後でわかる。）

それが武相困民党という、武蔵の国の五つの郡と、相模の国の二つの郡、あわせて七郡三百数十ヵ村を組織した日本最大の困民党の最高指導者の末路なのです。

あるいはまた、八王子の南の方の由木村の佐藤昇之助という人も須長漣造などと一緒に困民党で活躍した人です。なにもそんなことをしなくても、彼の家は豪農でしたから生活に困るというわけではなかったのですが、村民の窮状を見るに見かねて、指導役を買って出たのですね。そして、やはり逮捕されて入獄し、その後人生が狂ってしまいました。この人は横浜へ出て質屋などを経営し、一時盛りかえすんですが、やっぱり浮かび上がれず、またもや横浜監獄へ入って明治四十三年に獄死しています。

歴史の無惨さ

それから若林高之助という小山田村（町田市小山田町）の人。この人は自由党員で森久保作蔵や村野常右衛門らの同志だったのですが、特に村野や石坂（昌孝）とは親しい間柄だったようです。

その彼もまた、この困民党の指導者となることによって人生が狂ってしまい、ほかの自由党員のように出世もできず、晩年非常に孤独な最期をとげるのです。

最近私は岩波書店発行の『図書』という雑誌に、この三多摩明治人について簡単なエッセイを書きましたが、そのなかで、若林高之助という人は、自由党員ではたった一人ですね、義民――佐倉宗五郎のような義民的な志に殉じる生き方をしたので、珍しい例ですから、その子孫がどうなったか、大変興味があって探したのです。

小山田の谷戸《やど》や丘、あの辺の多摩丘陵を何度も歩いて探したのですが、どうしてもわからない。ところが偶然なことに法政大学の事務局に若林という方がいて、その人が偶然のことで学術雑誌に私が書いた「困民党と自由党」(『歴史学研究』一九六〇年十一月号)という論文のことを知ったのですね。それを見るとそこに若林高之助という人物が登場していて、その若林が随分えらいことをした男だとわかるわけです。

そこで、法政の若林さんは世田谷の自宅に帰って、実は今日こういう話を聞いたと、お父さんに話したら、その高之助というのはお前のおじいさんではないかと言われて非常にびっくりしたと。そこでその高之助の子息、若林穣《みのる》という人が私の論文を取り寄せて見たそうです。

それから、私のところへすぐ連絡がきて、ぜひお逢いしたいというわけで、私もさっそくお訪ねしました。世田谷の代田《だいた》付近でしたか、写真館を経営しておられて、私がお逢いした時には、もう七十歳くらいの年配の方でした。行きましたら羽織袴で出てきたのに私はびっくりしたのですが、玄関のところに端然と坐っておられて迎えられたのです。

色川大吉なんていう私の名前は、五十歳ぐらいの風格がありますから(笑)、私のような若造が入って行ったら若林老はびっくりしたんですね。誰か後から本当の先生が来るのではないかと待っていたらしいんですが、私が色川大吉だといったら、家中、もうすっかり片付けてありまして、客間に通され、非常に鄭重な挨拶をうけたわけです。

それから高之助のことを聞いてゆくと、実は父親は、この家でこの座敷で死んだというのです。晩年食いつめてしまって、どうにもならなくてこの家に転がりこんできた。そしてこの写真館の二階で何年かを過ごして死んだ。

その頃の様子を聞かせてほしいといいましたら、いや、親父は一言もしゃべりませんでした、まったく家族の者とは食事以外には口をきかなかったというのです。そこで私は、あなたのお父さんは、かつて日本の農民運動の歴史に立派な足跡を残した、この武相困民党という日本最大の困民党の最高指導者であったということをご存知なかったのかと云いましたら、実は恥ずかしいことながら、自分の父が何のために、財産をなくしたのかを、これまで全然知らなかった、自分は小学校へも満足にやってもらえなくて、中途退学で、徒弟奉公にやられた。家のためにひどい貧乏暮らしを強いられて、自分は一生の間、今の今まで父親を怨んで生きてきた。この禄《ろく》でなしが、つまらぬ政治運動などやるもんだから、先祖代々の土地をなくし、家産をつぶして、息子をこんなに苦しい目にあわせ、好きでもなかった写真屋にしたんだ、だから、親父が転がりこんできた時には正直、冷酷に扱いました。それが、あなたの論文を読んではじめて本当のことを知ったのです。

「親父がこんな立派なことをしていたとは知らなかった。こんなことで財産をなくしたと知っていたら、もっと扱いようがあっただろうに」そういって、その七十歳の息子さんが私の前で泣かれました。

私もこれには非常に感動したのです。それにつけても、他の多くの困民党指導者の運命を思い出しました。須長漣造の調査に行った時もそうでした。

須長家の親戚というのにあたって見たのですが、誰一人として困民党のことを言わないのです。しまいに戦後すぐ農地解放運動に参加したという、甥にあたる気骨のある人がいて、漣造という人は昔、農民の暴動みたいなことに関係したことがあるらしいということを、チラッと言ってくれたんです。それが手がかりになって調査ができたのですね。

天皇制下の人民運動指導者

それ以外の人は聞いていない、あるいは言わない。佐藤昇之助の家へ行った時も、その息子さんに会っても一言も話さない。何一つ見せてくれない。紙っぺら一つ見せてくれない。とにかく、知らぬ、存ぜぬの一点張り。それを見て、なるほど、若林高之助が自分の本当の息子に自分の過去の闘いを打明けなかった気持がわかると思いました。ついこの間まで日本は、苛烈な天皇制の国家でありまして、天皇制国家に対して、反抗した者、これに反逆した者に対しては、一生消えることのない十字架のような焼印を押してきたのですね。

まして自由党員のように、反政府運動をやっても、後に名誉を回復した人はいいのですが、こういう人民の運動、あるいは農民の抵抗運動の指導者になって、天皇の政府に反抗した人というのは一生闇から闇へ葬られてしまうのですね。

そういう考えが残っておりますために、何か非常に悪いことをしたんだという印象が、遺族や親戚のなかにあるのです。そういうことをいうと、自分の子供の出世に影響するとか、自分の娘の縁談にさしさわりがあるというので一切言わない。それが若林家のああいう悲劇になったのだと思われます。だから高之助が緘黙して、一言もしゃべらずに、実の息子にも本当のことを打明けずに死んだということは非常に傷ましい悲劇だと思います。

ちょうどその頃、同じようなことが武蔵の国の秩父郡で「秩父暴動」というかたちで起こりました。これはもう荒川まで、あの秩父地方の農民が約五千名ぐらい、とにかく猟銃で武装し、村ごとに小隊を作って、それを二個中隊に分け、さらにそれを秩父革命軍という一軍団にまとめて、十一月二日に大宮郷を占領し、寄居《よりい》を廻って東京へ侵入しようとしたのですからね。

当時、乃木希典が東京鎮台の参謀長をしておりまして、鎮台の正規軍一個大隊を派遣し、山縣有朋も心痛して、憲兵隊や警察部隊と協力させ、信州から上州、甲州、武州の四方面から包囲して、十日間にわたる戦闘をくりかえして、ようやく殲滅したという大事件になったわけです。その時の指導者の一人に自由党員の井上伝蔵《でんぞう》という人がおりましたが、この人は秩父の生糸や絹を売る商家の主人だったのですが、この人だけが、囲みをきりぬけて逃げきったわけです。ほかの指導者は戦死するか、つかまり死刑や終身刑になりました。

井上伝蔵だけは、包囲網を切って逃げまして、その後行方がわからなかったのです。ところが、この人は大正七年でしたか、北海道の北見国の野付牛《のつけうし》村、今のオホーツク海に面した北見市ですが、そこの開拓部落で高浜という姓を名乗って生きていて、いよいよ最期だという時に、自分の妻や子どもを枕元に呼び寄せ、実は俺は天皇の政府に反抗した秩父暴動の指導者井上伝蔵だ。今まで三十五年逃げきったけれど、もう今は隠すこともない。秩父へ電報を打て、井上伝蔵はここにいるぞと遺言して、死んだ。

彼は死ぬまで自分の行いの正当性を信じていたのでしょうね。そういう実に不屈な、強靱な主体性をもった痛烈な人間もいたわけですが、日本の場合、こうした例は珍しい。

一般的にはですね、須長漣造にしても、若林高之助にしても、自分の正当性を信じ通すことができずに、言いようのない孤独のうちに、自分が抵抗者としての行動をしたということがかえって負い目になって、そのまま社会からも葬られ、みずからも自分を葬ってしまうという生き方をしていったのですね。そういう例が天皇制下にはあまりにも多いのです。こういう人びと、つまり民権運動に参加して挫折し、沈黙してしまった林副重や五十子敬斎のような人間、この人びとはまあ学問のなかにでも情熱を活かしてゆけたでしょうが、須長漣造や塩野倉之助や若林高之助などのように、非常な孤独でおわる人、これは自分で自分を思想的に葬ってしまったというところに救いのなさがあったのでしょうね。

三多摩のそういう隠れた伝統の上に、たとえば『大菩薩峠』を書いた中里介山というような西多摩の作家が出てくるわけでして、非常に虚無的な、民衆のなかのニヒリズムの底流のようなものを汲みとって、机《つくえ》竜之介という奇妙な主人公をつくりだした。

そういうかたちで流れ続けて、今でも硬骨の人を生みだしている伝統が、三多摩にはたしかにあると思います。

私たちが気骨のある埋もれた明治人を考える場合に、いくつかのタイプを分けて考えることができます。そのさまざまな個性ある豊かな追憶や、かくれた歴史の経験や、あるいは怨み、ねがい、執念のようなものが、現在でもこの多摩の山河に残っているということを発見して、はじめて私たちは、身近な郷土に対する愛情のようなものを、心の底から沸々と湧き上がらせ得るのではないかと思うのであります。

先日、ある会合で、このことを親しくお話し申し上げたくて、世田谷の若林穰様にお手紙をだしましたところ、若林さんは、すでに故人になられたという返事を受けとりました。歴史というものはなんという無惨なものでありましょうか。（こういう体験が私の「民衆史」の起点となった。）

（一九六七年三月　東京都立八王子図書館に於いて）

二　民衆憲法を生み出した山村共同体《コンミューン》

武蔵国西多摩郡五日市

五日市高校校長　今日は、東京経済大学教授色川大吉先生にご来校いただきまして、講演していただくことになりました。今日のお話は、当校の所在する五日市町を中心にした歴史についてのお話です。えてして、われわれは自分の住んでいるところのことを、よくわきまえないという傾向がありますが、今日のお話を契機にして、郷土に対するまなこを開いてもらうことができれば、幸いと思います。静かに先生のお話をお聞きすることにしたいと思います。

色　川　私は、日頃大学生ばかり相手にして話しておりますので、高校生の皆さんがどの程度のレベルなのかわかりません。それで話がやさしすぎることが多いかも知れませんが、その点、ばかにするなと思わないでいただきたいと思います。高等学校で話をした経験は、最近では八王子の都立二商、それから国立高校、荻窪高校、東葛飾高校、武蔵高校です。いままでの経験では、一回も講演会は成功したことがないんです。どうしてかとよく考えてみましたら、皆さんは義務でここへ来ておられる人が多い。ところが大学生の講演会ですと大学生は自由聴講制ですから、好きな人、聞きたい人だけが来るわけですから、途中でざわめくことは少ないのです。高校の場合は残念ながら義務であるという状況がありましょう。

今日は、ほかの話ではなくて、みなさんのおじいさんとか、お父さんに非常に関係の深い話でありま す。同時に皆さんにもやがて関係ができてくるこの地方の歴史ですから、よそ事でない関心をもって聞いていただきたい。また、今日の話は五日市地方の問題から、最後のほうで、日本のこれからの地域社会と私たちの生き方はどう関連してくるかというところまで持っていきたいと思うのです。

五日市はご覧のような――昔は山村いまは町というわけでしょうが、文化からいえば何か東京都内で一番はずれの町の感じがするんですけれども、元はそんなことはなくて、東京のレベルよりも高い水準の状態がかつてあったと言えるんじゃないかと思うんです。よく、農村は遅れていて都会は進んでいる、ということを言いますけれども、私たちがこれから問題にする明治の初年、一八六八年の明治維新から大体二十年間くらいの間は、むしろ〈進んだ農村、遅れた都市〉といえる時期でした。江戸から東京にかわったころの東京は非常に停滞していて、町は空家だらけ、古道具屋、古金物屋、古着屋などの店ばかりはやっていた。江戸は各藩の武士が引き上げてしまったあと、ガランとしていました。そこへ薩摩や長州のいなか侍がたくさんやってきて、いままでの伝統的な江戸文化を下に見下ろしたり、毀したりしました。そのためにこの時代の東京は非常に沈滞していたわけです。東京がほんとうの意味で近代の日本の中心になって活気を呈して動きだすのは、明治維新から十数年たってからでした。

その前の時代はどうかというと、むしろ地方都市や農村地帯のほうが進んでいた。少なくとも活況があった。そういう歴史の逆転現象が実際にあったのです。その後、ご存じのように都市が進んで農村がどんどん遅れていく。いまではもうそれが限界まできてしまって、都心部はいっぱいで入りきれなくなってしまったから、また周辺部や田園地帯が発展してきている。私たちがいまから問題にする百年前というのは、ちょうどいまと逆転した現象が進行していた時代というふうにお考えになってください。

私が、五日市にはじめて調査に来ましたのは、もう十年ほど前で、皆さんがまだ小学生くらいの時かと思うんですが……。この地方には昔、非常に学問の好きな青年たちがいたということを、その頃小田急電鉄の副社長をしておりました利光学一《としみつがくいち》さんという人から伝え聞きました。実は、この方のお父さんの利光鶴松《つるまつ》という人が、五日市で勉強してえらくなった。弁護士試験に合格し、やがて代議士になり、小田急電鉄を創設するというように、事業家として成功したのですが、それも、当時非常に学問の好きな連中がここに集まっていたからだというのです。

いまの西東京バス——もと五王バスと言っていた、そこに内山という旧家がありました。その旧家を中心にして、五日市街道をはさんで軒並大きな蔵を持った家が並んでいた。ちょうど阿伎留《あきる》神社のほうから道が二本、北のほうへ延びておりますが、その一本の右側の道が、いまの五日市街道にぶつかったところに、内山安兵衛という昔の豪商の家があった。かなり大きな家でこの地方最大の山林地主でもあった。それはこんな逸話からも想像がつきます。東北地方の泥棒が関東に出稼ぎにきた時に、五日市の内山家に入ろうと言ったというんです。そのくらい全国的にも有名な家であったようです。

その証拠に明治維新の時、伊豆韮山の代官江川太郎左衛門が、この地方を差配する領主としてやってきました時に農民に鉄砲を買わせて武装させ、甲州街道、五日市街道、青梅街道などの重要幹線を守らせようとしたわけです。その時の、農兵隊の鉄砲買うお金をこの辺の人びとから寄付を求めたところ、内山家が個人で五百両という大金を寄付した。五百両といっても、いまの価格に換算しにくいわけですが、おそらくいまの価格を米の値段なんかで計算したら、五千万円くらいするんじゃないかと思います。そういう莫大な寄付金を出す経済力を持っていたわけです。この農兵隊が使いました武器は、いまでもこの辺の旧家の蔵の中から出てきます。火縄銃、スナイドル型の鉄砲、ゲベール銃とかサニール銃。サニール銃という武器は、上海を経由してイギリスあたりから盛んに買い入れたようです。そういうときに、五百両という大金を寄付しておりますが、それを見ましても相当の財力を持った家があったのだというこことがわかると思います。その内山の向かい側に、いま土建屋さんをやっている馬場組というのがありますが、そこの馬場勘左衛門というのは、五日市の町長をやっていた。それと並んで佐藤新平とか土屋勘兵衛、常七——下《しも》土屋、上《かみ》土屋といっておりますが——そういうところがある。

上土屋というのは、いまの銀行のあとですね。帰りにちょっと見ていけばわかりますが、古い土蔵がそのまま残っております。とくに下土屋のほうは立派に手入れされて、そのまま非常に大きな蔵が二棟残っております。それから今、銀行の跡になっております裏側にも横長の酒蔵のような蔵があります。それが当時の土屋家一族のものだったようです。その隣に内野さんという民権家の家もありましたし、いま金子さんという金物屋になっておりますところに千葉卓三郎が下宿していたというような話も伝えられております。そのほかに、私どもに名前がわかっている豪商だけでも約三十人はいます。こういう人たちが、この街道をはさんでずっと軒を接している。おそらく皆さんの親戚の方であるとか、あるいは知り合いの人で、学芸講談会のメンバーの三十軒の中に入る人がおそらくいるだろうと思うのです。

そういうわけで、今から十年前に、利光鶴松《としみつ》の縁から私は五日市へ足を踏み込んだ。そしてまず内山さんの蔵へまいりました。そこは、当時五王バスといったバスの車庫の裏側になっていますが、壁などはぼろぼろに崩れかかっていたんです。しかし、その蔵の中には私たちが目指した青年たちの学習運動のあとは、それほどたくさんは見つけられなかった。ただ半紙に筆でこまかく写しとって勉強したらしい、当時のテキストとか『国会論』のコピーのようなものが出てきました。もっともっとたくさんのものを期待しておりました私にとっては失望でした。

それから、ここから歩いて四十分くらい山を西のほうへ入った所に深沢という部落がございます。そこ深沢村の名主をやっていた旧家があって非常にたくさんの本が蔵に収められていたらしい。そういうことを『利光鶴松翁自伝』に書き残されている。私たちはこの深沢の蔵を開けることを期待しましたが、当時においては、残念ながらそれを開けるお許しがでなかったんです。で、いま権太坂を上がったところに太子堂という御堂があります。いまは、周りが住宅で囲まれてしまって、昔の面影はありませんけれども、あそこが元の五日市の小学校の前身であって、勧能学校といっていました。真下が断崖絶壁になっていて、秋川まで切れ落ちています。勧能学校と内山邸とは目と鼻の距離ですし、あの辺が青年たちのたまり場であったようです。

その頃の青年というのは、急進的な、いまでいうゲバ棒をふりまわすような連中が多かったと思うんですが、勧能学校を中心にして、土屋であるとか、内山、内野、馬場というような家をたまり場にして毎晩のように集まっては議論をしたり、剣術をやったり、読書会を開くというようなことをやっておったようですね。当時まだ青年だった利光鶴松は権太坂の断崖の下の秋川べりに大きな岩——腰掛岩と呼んでいたらしい——に腰掛けて法律の勉強をした。その結果明治法律学校（いまの明治大学）に入りまして弁護士の資格をとった。当時弁護士の試験に合格するには十分な西洋の法律書が必要だったのですが、私どもの知っている限り、明治のこのころの西洋の法律関係書はせいぜい百余冊、いいものだと二、三十冊くらいしか翻訳が出ていなかった時代です。ところが五日市にはその当時日本で出ていた法律書の新刊本がほとんど揃っていたと、利光は伝記の中に書いているわけです。ですから、わざわざ東京に行かなくても、ここで弁護士の試験を受ける基礎勉強をすることができたというのです。

では、そういった学習の運動というのはどうして起こったんだろうという疑問が、われわれの中に浮かんできたわけです。私自身は五日市が非常に好きで、人情、風光がみんないいから、人をだまさない、まじめによく働く人ばかりだから、この地方を研究したわけではない。（笑）

そうではなくて、私は明治の文学者、北村透谷の研究の必要上、はじめたのです。昭和二十二年ですから、いまから二十二年前、皆さんがまだ影も形もなかった時代、東京大学の文学部で日本史の卒業論文を書いていた。たまたま太平洋戦争が終わって敗戦になって、私たちは軍隊から大学に戻ってきたわけですが、これからどういうふうにして自分の人生を生きていったらいいのか、みんなはっきりした目標が立てられなかった。その時、中学時代に読んだ本の中で、北村透谷の「一夕観《いっせきかん》」や「萬物の声と詩人」があり、彼が明治の激動の時代に、非常に充実した生き方をしたことを発見して、励まされ、透谷を卒業論文のテーマに選んだのです。

透谷をだんだん調べていきますと、彼は皆さんご存じの島崎藤村の文学的な先輩にあたるわけですが、日本の近代文学者の中では権力に抗し、熱烈な恋愛をし、最後は自殺して、非常にロマンティックな一生を終わったというので有名です。その彼の思想を調べていくと、早稲田の東京専門学校に行っておった学生時代、盛んに三多摩地方を放浪している。秋川の対岸の山には小峰峠というのがありますね。いまバスが八王子に向かって通っていますが、それを越えた南側に川口という村がある。そこに透谷は数ヵ月間滞在していた。川口村の青年グループといろいろなつき合いをしていたようですが、彼は五日市にも友達がいたため、たびたび小峰峠を越え、秋川を渡ってこちらへやってきたことがあるらしい。太子堂の勧能学校へ来るには、秋川をじゃぶじゃぶ渡っちゃうのが早いわけです。そして彼は五日市の民権家たちと交歓しあったのではないかと想像したのです。

そうすると私の関心は、透谷という人間の思想形成期に五日市の民権家グループと、何らかの関係を持っていたのではないかという点に集中するわけです。そこでそれを追究しようということで、私も上川口から小峰峠を越えて秋川を渡り、ここにやってきた。そして、秋川園に泊り、夜明けまで原稿を書いたこともあります。そのころ、内山の蔵は、ひどい荒廃した状態でした。そこに入ったのは、たしか七、八年前だったと記憶するのですが、五日市地方の調査が非常に大きく前進したのは昨年の夏だったのです。

土蔵開け

すでに朝日新聞、東京新聞、読売新聞などが報道しましたから、あるいは聞いておられるかもしれませんが、昨年昭和四十三（一九六八）年八月、私の大学のゼミが秋川山荘という国民宿舎に合宿して、この辺の調査を手がけた。その時は、こんどこそ深沢の土蔵を開けようと決心していたのです。ちょうど八月の暑いさかりでしたが、立川短期大学教授をしていた深沢一彦先生にご同行願って、開けていただいた。そうしましたら私が予想していたとおり、中はもの凄い埃と湿気で、一階に積まれてあった江戸時代の文書はほとんど駄目です。二ミリくらいの透明な紙喰い虫がウジャウジャいるわけです。もちろん文書は腐っていたり、腐ったうえ、乾燥して、ちょうど乾パンのようにパカパカになってしまっている。和紙の綴りが一枚の板みたいになっていて、開こうとしてもどうしても開かない。無理すればパラパラと粉になって散ってしまいます。文書という文書の間には透明な白い何とも気持ちの悪い虫が――しらみの十倍もあるようなおおきいやつが、ニョロニョロとはい出してきた。

いま考えても残念だと思うのは、江戸の元禄以前からあった非常に貴重な歴史の文書が全く閲読不可能という状態になっていたこと。それから多くの文人墨客がこの山村に訪ねてきて画いていったらしい数十本の巻物がことごとく腐ってしまっていたこと。これは開けてみましたが、とても駄目でした。こんな状態では、利光鶴松が書き残したような貴重なものは、まず駄目だろうと半ばあきらめて二階へ上がりましたところ、こちらの方は通風の加減か、まだしも文書が読めるのです。ボロボロになった風呂敷包みとか、ボロボロになった柳行李の中に紙くず同様にくるんであった書類を私たちは見つけました。これは、永い間の史料調査の勘で、私にはこの中になにか宝があるという直感がしたのです。もちろん、量は厖大ですし、こんなものは、一日や二日で見られるものではありません。第一うっかり開ければ崩れてしまいます。

ではどうするかというと、まず虫を殺さなくてはいけない。これをそっくり箱へつめて部屋を密閉した消毒室へ持っていって、強力な臭いの出る特別な殺虫薬で殺すわけです。それから一枚一枚開けて、ボロボロになったものは、下に紙を敷いて裏打ちをし、一枚一枚糊づけをして、アイロンで延ばさなくちゃならない。こういうようなことをやって一点一点を資料として復元していくわけです。その作業を私のゼミの学生諸君が、夏休みを五十日間程つぶしてやってくれたわけです。私たちがそのぼろくずの山の中から憲法の草案を発見し、その重大性に気づいたのは十月だったと思います。その前に、それがすでにあったことは知っていたのですが、まさかそれが私擬憲法草案であって、しかも五日市の人たちが共同でつくったものだとは思っていなかった。筆で書いた十数枚のものだったのですが、これは活版になっている別の憲法草案と一緒に風呂敷包みの中から出てきたわけです。

しかし、その時は、これはいったい誰が書いたものか、千葉卓三郎と署名してあるが、この男がどんな人間だか私たちには皆目わからなかった。第一、千葉卓三郎なる人物は、いままでどこにも紹介されたことがない。これは一体なにものか、それから調べなければならない。五日市の町役場に行って戸籍を調べる、一番の早道がそれです。五日市町役場は、皆さんには悪いが、不親切な役場で、あまり協力してくれない。めんどうくさいのでしょうね。それも無理はない。第一江戸時代とか明治時代の人の戸籍を見せてくれというほうが無理なのでしょうね。役場の人は忙しい。早く帰らなくちゃならん。それなのに私たちが行って、千葉卓三郎というどこの馬の骨かもわからない人間のことを調べてくれというほうが、無理難題なんですが、しかしあとでは、非常に協力してくれ、私たちは感謝でいっぱいでした。

五日市憲法草案を発見した色川ゼミの人々（深沢家土蔵前で）
（前列右から２人目色川、後列右端江井、新井　1969 年）

そこでこの文書群を解読する以外にない。憲法草案というのは重大なものです。皆さんはなんだ憲法の草案かと思うかもしれませんが、皆さんがこの国で民主国家の一人の市民として暮らしておられるのは、日本国憲法という最高の法があって、それが見えないところで皆さんのあらゆる存在を保障しているからです。言論、思想の自由から生命、健康、勤労、生活、教育の保障、あらゆる問題にわたる基本法であり、最高の法です。この憲法というものを作り上げるためには、非常な努力をして何百回にもわたる討論を重ねて、つくるのが普通なわけです。

たとえば、戦前の大日本帝国憲法というのがありましたが、この大日本帝国憲法というものの七十六条かの条数しかない草案をつくるのに、明治天皇が直接会議を召集して、憲法制定会議を二年間にわたって非常な労力をさいてやっているわけです。一条一条検討審議する以前にも、その下調査のために、伊藤博文をヨーロッパにまで派遣して約一年間にわたり諸外国の憲法の調査や勉強をさせています。そして、その大綱を元にし、さらにそれから五年後に開かれた憲法制定会議まで営々として努力している。そですから、このように一つの憲法がつくられるということは、国家的な事業であり非常に大変なことなのです。

憲法は、ご承知のように、司法、行政、立法という大きな部分のほかに、全体の組織や一つ一つの条文が曖昧であってはなりません。また、日本の現実にふさわしくないといけないわけです。つまり、大変複雑な、手数のかかる仕事です。ところが、そういう難事業を東京から離れたこのような山村の青年たちがやった。しかも、できあがった成案を見ましたら、いま日本に残っております、四十数種の憲法草案の中でも、おそらく五本の指の中に入れることができるのではないかと思われるような、非常によく整備された高い水準を持った草案であったのです。そこで、私は、この憲法というものは、千葉という個人が独力でつくったのではなくて、二十余人の会員を持っておりました五日市学芸講談会、あるいは五日市学術討論会の共同の研究によって基礎がつくられ、最後にその仕上げをしたのが千葉という人物であるという風に考えたわけです。つまり、これを「五日市憲法草案」と名付けたのはそのためです。

そして、この憲法草案は、佐藤栄作が昨年一九六八年十月二十三日に明治百年祭という国家的行事をやりましたが、その日の読売新聞の夕刊に私が「村民がつくった憲法草案――明治の〝草の根〟民主主義」という論題で発表しました。それはちょうどタイミングがよかったというより、こちらでタイミングを合わせたわけですが、そこで驚いたのが日本の憲法学者であるわけです。いったい五日市なんていう町が、どこにあるのだと……。

八王子へ汽車が通じたのは確か明治二十三年で、それまでは八王子までずっと歩かなくちゃならん。透谷などがこちらへ来たときには大体、内藤新宿を出発してまる一日がかりで八王子へやっと着く、ここで一泊。次の日に川口村を抜け小峰峠を越えて五日市へ来る。つまり二日かかった。ところが大正時代になりますと、いまの深沢一彦先生が学生時代に、深沢を出て五日市の町までくるのに約二時間、旧道で山を上がったり下がったりする悪い道だったようです。そして五日市から羽村へ出るんだそうですね。羽村で秋川を渡し舟で渡らなくちゃならぬ。ところが船頭がのんびりしていて、なかなか来てくれない。お客が十人なり二十人なりたまらなくちゃ一日だって動かないという渡し舟で（笑）、だからずっと待っているわけですね。それからようやく対岸へ渡って立川ステーションまでがまた徒歩。

立川ステーションだって、汽車は三時間か四時間に一本しか出ないんだそうですから、飯田橋の学校へ着くころには、もう朝早く出たのに陽がとっぷり暮れているというんですね。まさに東京のチベット、そういう不便なところで、なぜ日本の学者を驚かせるような憲法草案が出たか、というのが昨年の十月以降に憲法学者の注目を集めた原因だったようです。実は数日前まで、私が勤務している国分寺の大学で五日市の内山、深沢文書を中心とした大きな展覧会をやりました。その時に、東京教育大学の稲田正次先生はじめ、たくさんの専門的な研究者の方が見えられました。その方がたが、驚いたのは、日本には憲法草案が四十種類近く見つかっているけれども、こういうふうに誰と誰が毎月三回ずつどこでどういうような集会をやって、どういうテーマで議論をして、そしてそれが積み重なってできたということがはっきりわかって、その上どういう参考書が使われ、その参考書には赤い筆で書き込みがある。つまり彼らが、どういうメンバーでどういう参考書を使って、どういう議論をして、この草案を一条、一条つくっていったかというプロセス、つくりあげていった過程がこれほどはっきりとわかる民間の例は日本には一つもない。その事実に対してただ驚いているというわけです。

つまり、いままでのように、東京の有名な学者が、ドイツやイギリスの憲法をモデルにして、日本の草案を書いたというようなものなら珍しくもない。また、非常に有名な結社——板垣退助が率いていた高知県の土佐の立志社などが、植木枝盛のような論客を加えて立派な草案をつくりました。いわゆる立志社草案、日本憲法見込案とか、植木の日本国国憲案などは非常に有名であります。ところが、どういうふうにしてそれがつくられたかという創造過程はよくわからない。それがこの地方における学習運動の中ではっきりとわかった。そういう意味で、五日市の土蔵の埋蔵史料は、いままでにない大きな歴史的理解をもたらしてくれたのです。

さて、ひるがえって、いまの皆さん、高校生や大学生諸君の行動を、百年前の日本の同じような変革期の青年たちの行動と比べてみて、一番痛感するのは、まずこういうことではないでしょうか。

良い日本を創りたい、住みよい日本にしたいという気持ちと働きかけ、その点では今も昔もかわりないと思います。しかし、明治の青年は、皆さんのようにちゃんと生活を保障されて学校へ来ていたわけではない。彼らは、朝は早くから夜六時か七時までは働いているわけです。ほとんどが農民で、農作業をする。商家のものは自分の店をやらなくちゃならない。終わってから早ご飯をすませて夜、集まってくるわけです。

集まって彼らは冬なら炉端で議論する。ただ議論してもしょうがないから、そのグループが一人ひとり順番を決めて、今日はスペンサーのこういう本を、内山君なら内山君が読んでくる。次の日はエミール・アコラスの「政理新論」を深沢君が読んでくる。その次は、馬場君がミルの「自由論」を読んでくるというふうにして、一回の会合で一冊の本を誰かが責任をもって読んで、それを紹介する。そしてあらかじめ、その青年たちの間に反対討論者と賛成討論者を決めて、議論をする。聞きっぱなし、しゃべりっぱなしにはしない。討論の後には必ずしめくくりをさせる。たとえば「死刑廃止論」なら「廃止論」という問題について議論しますと、それに対して必ず反対論を出させる。そしてそこに参加する会員全員の一人一人に発言を求める。もしその会に出席していて三回以上黙っていて発言をしない人間がいたら、除名する。そういうきびしい学習結社のルールが作られていました。

彼らは、普通の勤労者といっても大体十五、六歳くらいから三十代くらいまでの、いろんな人が来ていた。しかも、勤労のかたわらやっているわけですから、どうしても暇がない。そこで五日市、つまり五の日ごとに立つ市の日を利用する。その五、十五、二十五の市の日、五日市街道のいまの道の両側は小川が流れて堀があった。その辺に市が立つ。木綿市、炭市、薪市、あるいは紙市、織物の市が立つ。その市の日は周辺の村からいろんな人がたくさんやってくる。だから講演会や討論会をやるには非常に都合がよかった。その日をねらってやったわけです。

議論が白熱してきますと、次の日の明け方まで、にわとりが鳴き出すまで、外が薄明るくなるまで議論をした。今日も先ほど校長室で伺ったんですが、檜《ひ》の原《はら》村の南雲《なぐも》あたりからも山を越えて演説会に来たという農民の日記があるというのですが、これは大変なことですね。それじゃ、そんなに熱心な学習というものは一体何を目指していたからでしょうか。

江戸時代以来の、日本の国のあり方に非常に不満をもっていて、あるいは、明治政府のやり方に対して非常に不満を表明して、それに代わるような日本の未来像を描き出そうという情熱によって勉強が行われていたからではないでしょうか。ただ教養を高めるとか、高等学校の成績をよくしてうまく卒業し、どこかいい会社へもぐり込もうとか、あるいは国立大学かどっかへ進学しようとかというような自分一人だけの目的で勉強していたんじゃない。自分たちが「造反有理」と叫ぶなら、その有理の理の意味を追究する。理があるというその理は一体何であるか。それをさらに大きく構想していったら、日本をどうするか、世界をどうするかということになるわけで、そのためには、日本の将来の基本となる憲法というものをつくらなければ、日本の進むべき道が定まらない。そういうところから、彼らのあの激しい勉強、学習運動の情熱が生まれたわけです。それが学芸講談会、あるいは学術討論会というような形で五日市においては定期的にくり返され、そのくり返しの過程で、六十いくつかの議論が積み重ねられた。その中には非常におもしろいものもあります。

もちろん、まじめな論題で憲法に関するものが非常に多いわけですが、死刑を廃止すべきか、認めるべきかとか、人民を武装させるべきか（民兵）、そういう議論をやったり、あるいは天皇に特別の権利を与えていいかどうかというような議論をするわけです。あるいは皇居を東京から他へ移すべきかどうか、それから女の皇帝を立てていいかとか、衆議院議員に給料を払っていいかどうか（笑）、そういう議論を五日市の青年――皆さんの祖父たちがやっていたのですよ。

なかには面白い論題もあります。たとえば刺青《いれずみ》、やくざがよく体にやります、あれを禁ずるのは正しいかどうか、あるいは牛乳を飲むことは是か非か、衛生上衿まきを用いるのはいいか悪いか（笑）、それを一晩中議論しているんです。（笑）

それからこういうのもあります。甲という男が夫のある乙という女性と道路において接吻した、その処分をどうすべきか。（笑）また、中学の教科書に政治書を加えてよいか悪いか、とか、外国の資本を自由にいれることは是か非かとか、外国の製品に関税をもっとかけて国内産業を守る、そういうことをすべきかどうか、というふうに議論は非常に具体的、生活的なんです。そうして討論をして賛成論と反対論を十分闘わせて、最後にどちらの議論が立派か、どちらが優勢であったかを、議長が賛否を問うて判定をくだし、さらに疑問がある場合は、次の会に疑問点を持ち越す。つまり、相対立する見解なりを、たがいに尊重し、認めながら一題一題討議し、その上に立って一条一条固めていった先に五日市の憲法草案があったのです。

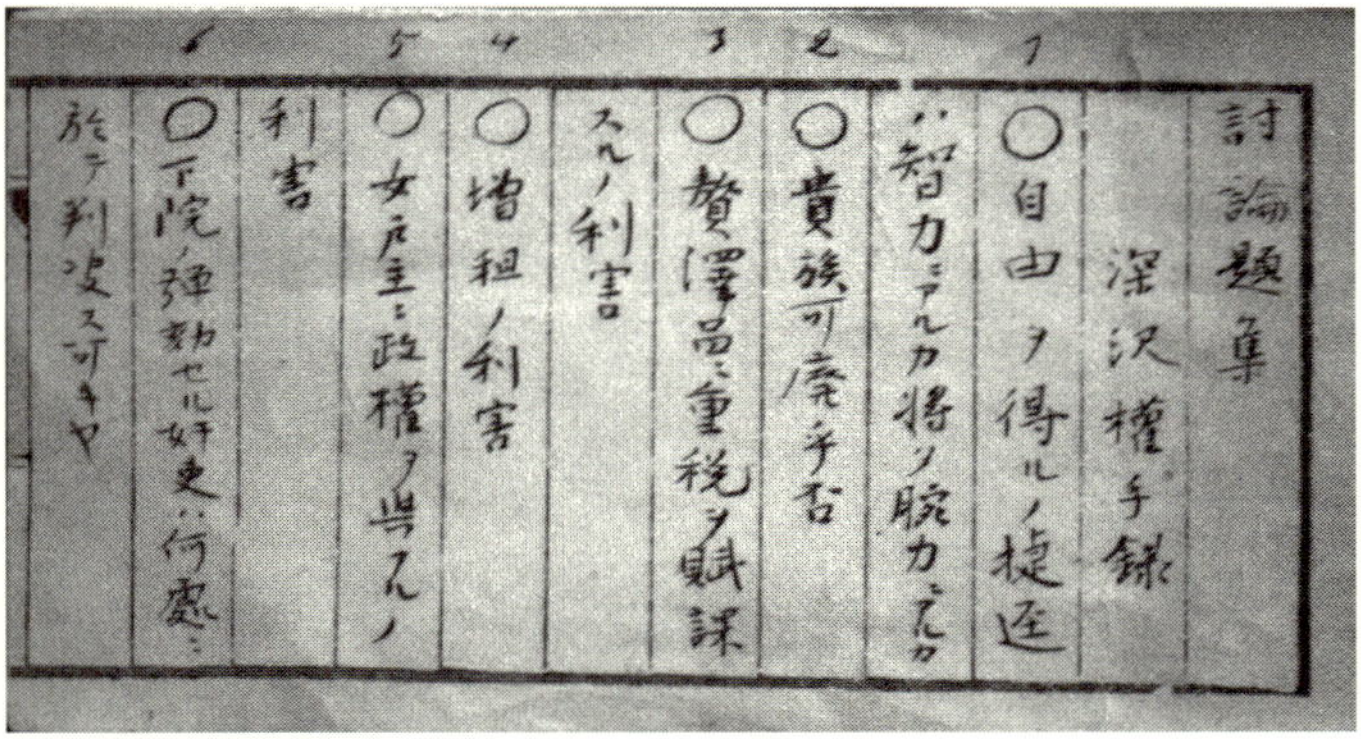
討論題集
深沢權手録
1 ○自由ヲ得ルノ捷逕ハ智力ニアルカ将タ腕力ニアルカ
2 ○貴族可廃乎否
3 ○賛澤品ニ重税ヲ賦課スルノ利害
4 ○増租ノ利害
5 ○女戸主ニ政權ヲ与フルノ利害
6 ○下院ノ弾劾セル奸吏ハ何處ニ於テ判決ス可キヤ

深沢権八の手録「討論題集」

　これは私たちが、非常に学ばねばならない思想態度ではないかと思うのです。たとえば、反対論があると、すぐゲバ棒をもちだして頭を殴ってしまうとか、万事、力で勝負を決するという戦国時代方式というのは、未来を構想し、「造反有理」の社会を描き出すという知的な作業においては、非常に幼稚な手段にとどまるわけですね。自由民権運動の指導者たちが非常な精力を使ったのは、自分の意見に対する賛成論、反対論というものを、どのように組み合わせて、そこからみんなを納得させるような意見をつかむかということのようです。五日市学術討論会や学芸講談会の規約を見ますと、そうした点での苦心のあとがよくわかります。

それではこういった運動、自由民権運動というのはこの地方で、なぜ突然出てきたのだろうか、という問題を指摘したい。この地方は、天領、つまり代官支配の領地が多かったのです。ですからどちらかというと、薩長明治政府に好意的でない。反薩長であり、反明治政府的であった。そこへもってきて、三多摩はご存じのように剣術の盛んなところで、天然理心流の本場である。「燃えよ剣」で有名な土方歳三とか近藤勇とか、立川には砂川源五右衛門などという剣客もいました。彼らには、農民でありながら、武士的精神の強い風潮があったのです。そこへもってきて、代官江川太郎左衛門という人が進歩的な役人でしたから、幕末の段階で、五日市地方にも農兵隊を組織し、早くから西洋流の兵術や知識などを啓発したのです。私たちが驚いたのは深沢さんの土蔵の中から、おそらく安政の終わりか、文久ごろに筆写したと思われる文書が、イギリス、アメリカ、フランス、ロシアなどと結んだ外交条約、日英和親条約、日米和親条約などが出てきたことです。これは史料展にも展示しましたが、私、非常に驚いた。まさかこんな山の中の農民が、外国と結んだ条約の全文を書き写して保存しているとは思わなかったのです。

こういうものを書き残しているという感覚、こういう精神が受け継がれなかったら、一八八〇年代という早い時期に民権運動があらわれるということはなかったでしょう。私たちはよく自由とか人民の権利とかを西洋伝来のもの、舶来のものだと考えがちだ。だが、自由民権というのは、舶来のものだろうか。なるほど、ルソーとかミルとかスペンサーとかいった外国の翻訳書を一生懸命勉強しているわけですから、そういうものから、大きな影響を受けたことは事実です。しかしそういうものの影響を受ける前に、実はペリー艦隊の出現以来、日本の民衆の中には、非常に鬱勃たるナショナリズムがすでに生まれておった。国際環境に対する非常に鋭い精神というものが目覚めていて、それが自分たちのもっと身近な権利、自分たちの人権を、自分たちの政治への自由な参加を通じて要求した時に、ナショナリズムの精神となってよみがえってきているのです。このときの、自己認識の助けとしてルソーやスペンサーなどの書物が読まれたのであって、精神そのものは決して舶来のものではない。日本の民衆が自分の権利と自由をめざすという非常に長い長い伝統の上に立ったものであるというふうに考えていきませんと、非常に軽薄な外から与えられた民主主義という程度にしか歴史を理解できないことになってしまいます。五日市地方における熱心な自由民権運動や学習活動というものは、実は数百年間にわたった封建制下の農民に対する圧迫、これをはね返して、人間が人間らしい生活を求めようとした根源的なエネルギーに、十九世紀後半の世界の情勢が火をつけた、民衆のエンジンの始動に点火したものであり、それだからこそ、あのようなめざましい昂揚を生みだしたのだと思われるのです。

起草者を追って

さて、五日市の学芸講談会などでつくられた、憲法草案というものを実際に仕上げた人物、千葉卓三郎とは一体どのような人物であっただろうか。その探求は、私の研究室副手の江井秀雄さんという研究者と、発見当時、四年生だった新井勝紘君の二人が始めたわけです。彼らのやり方は犯人を追跡する捜査と同じ方法でした。

まず、宗門人別改帳というのを見るわけです。宗門人別改帳というのは、江戸時代における戸籍なんです。やはりこれで千葉というのを探してゆくわけです。ところが、当時千葉なんていう姓は五日市になかった。町役場にいってもわからないわけです。そこで、千葉に関するものを丹念に文書のぼろくず

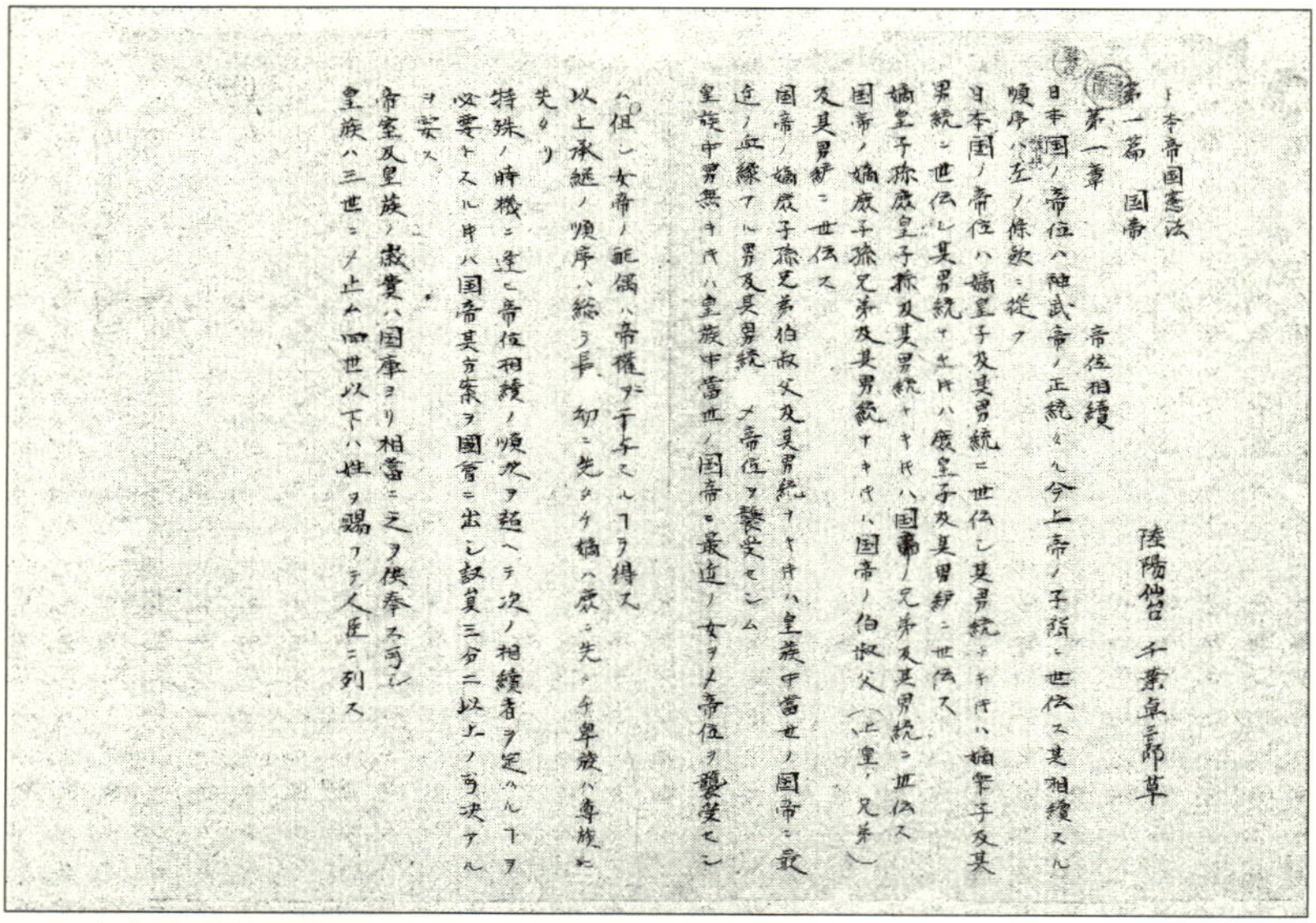
日本帝国憲法
第一篇　国帝　　陸陽仙台　千葉卓三郎草
第一章　帝位相続
日本国ノ帝位ハ神武帝ノ正統タル今上帝ノ子孫ニ世伝ス其相続スル
順序ハ左ノ条款ニ従フ
日本国ノ帝位ハ嫡皇子及其男統ニ世伝シ其男統ナキトキハ嫡皇子孫及其
男統ニ世伝シ其男統ナキ時ハ庶皇子及其男系ニ世伝ス
嫡皇子孫庶皇子孫及其男統ナキトキハ国帝ノ兄弟及其男統ニ世伝ス
国帝ノ嫡庶子孫兄弟及其男統ナキトキハ国帝ノ伯叔父（上皇ノ兄弟）
及其男系ニ世伝ス
国帝ノ嫡庶子孫兄弟伯叔父及其男統ナキ時ハ皇族中当世ノ国帝ニ最
近ノ血縁アル男及其男統　ヲシテ帝位ヲ襲受セシム
皇族中男無キトキハ皇族中当世ノ国帝ニ最近ノ女ヲシテ帝位ヲ襲受セシ
ム但シ女帝ノ配偶ハ帝権ニ干与スルヿヲ得ス
以上承継ノ順序ハ総テ長ハ幼ニ先タチ嫡ハ庶ニ先チ卑族ハ尊族ニ
先タリ
特殊ノ時機ニ逢ヒ帝位相続ノ順次ヲ超ヘテ次ノ相続者ヲ定ムルヿヲ
必要トスル時ハ国帝其方案ヲ国会ニ出シ議員三分二以上ノ可決アル
ヲ要ス
帝室及皇族ノ歳費ハ国庫ヨリ相当ニ之ヲ供奉ス可シ
皇族ハ三世ニシテ止ム四世以下ハ姓ヲ賜ヒテ人臣ニ列ス

五日市憲法草案原本の一部（深澤篤彦氏蔵）

の中から拾い出していく。まず筆跡鑑定をやる。千葉卓三郎というのはどういう筆を使うか。人間というものは、署名しますと必ず筆のくせというのがある。ペンでもペン書きのくせがある。この人はカタカナを書かせるとピョンピョンと最後をはねるくせがある。非常に角ばった字を書く。そういうふうに筆跡鑑定をして署名が入っていない文書からでも、これが千葉の筆跡に違いないと思うものを選んでいけるわけです。そして選び出したものを検討してみると、どうもこの人間は五日市の人ではないということがわかった。よそから来た男だ。つまり五日市に対する寄留人である。寄留人については寄留人名簿というのがある。これを役場で見せてもらおう。それでもよくわからない。仕方がないから別の方法をとらなくてはならん。たまたまヒントがあった。彼は五日市小学校（当時は勧能学校）の先生をしていた。しかも正式の先生ではない、助教員――免状を持っていない先生です。もちろん、五日市小学校も調べましたが、そこには古い文書は残っていない。ところが開校七〇年記念につくったパンフレットに第一代目の校長が永沼織之丞だと書いてある。この人は東北の人で仙台藩士である。その人がどうして五日市まで流れついたのかわからないが、とにかく、仙台藩から二、三人ひきつれて、明治六年ころ、この学校にやってきたというんです。そこでひょっとすると、この千葉も仙台藩関係であるかも知れない。そこで江井君と新井君が自動車で仙台市役所へ出かけていったのです。

仙台というのは、百万近い都市ですから市役所も大きい。五日市よりはとにかく大きい。千葉卓三郎なんていうどこの馬の骨かわからないやつを捜すんですから、容易なこっちゃない。ところが、市役所も大きくなると気宇壮大ですから、懇切丁寧に捜してくれた（笑）。だが、残念ながら、それらしい千葉家は岩手県との境にある志波姫という町と、一関市と仙台市に若干あるきりだ。しかも、そのどれが卓三郎の関係だかはっきり確認できない。それなら、その仙台と一関と志波姫、その三つ捜せばいいんじゃないか。じゃァ、まず小さいところから捜せっていうわけで、岩手県の境までクルマを走らせる。ところが、志波姫という町がどこにあるのかわからない。ちょうど憲法学者が五日市という町がどこにあるのかわからないのと同じなんです。第一シワヒメなんて字はどういう字を書くのかもわからなかった。

とにかく、車を飛ばしていったら、宮城県と岩手県の境に栗駒山という山がある。その山の山麓に栗原郡というのがある。そこの農村に志波姫という小さな町があった。とにかくそこに、彼らは自動車を乗りつけたんです。しかし、時間はすでに四時近いわけです。役場の人は弁当箱をしまって、そろそろ帰る支度です。そんなところへ行けば邪魔にきまっている。ところが、東北地方の人は愛郷心が強いですから、はるばる東京から研究者が自動車で駆けつけてきたと聞けば、放ってはおけない。千葉卓三郎とかいうどえらい人間の研究をしている、日本でも二番目か三番目に立派な憲法を書いた男だというので、退庁時間を延期して戸籍係から助役に至る人たちが、倉庫に入り込んで明治の初めからある戸籍簿を引っ張り出してきて、一人一人の戸籍を片っ端から見せてくれた。それも山のように積み上げた明治五年の壬申戸籍の中から、千葉卓三郎、平民であり農民だった千葉宅三郎、二十一歳という記事が発見された。ただ「卓」という字が「宅」となっている。しかし明治の人はよく名前を変えますから問題ない。

志波姫で、千葉卓三郎をついに発見できた。役場の人も非常に喜んだ。「おれの町は昔から偉い奴はいないと思ってあきらめていたら（笑）、そういう奴が出てきた」というわけですね。それから仙台さらに一関と、役所から役所へと照会して、次から次へ戸籍簿の写しを送ってもらった。こうして千葉宅三郎という人物を調べていったら、明治維新の戊辰戦争の時に、白河で激戦が行われたが、その戦場に彼は十七歳の青年で自ら志願して東北部隊に加わって政府軍と戦った。そこで敗けて、いったん郷里にもどったが、すでに藩はとりつぶされていますから、いることができず、明治四年に故郷の町を立ち去ったらしい。当時政府に反抗した人間は賊軍ですから、彼の前途は全く暗いものだったようです。それからどうなったか、彼は行方不明になってしまったのです。

しかし、その子孫がいるのではないかと考え、江井さんたちは追求を止めませんでした。そうしたら、子孫の一人が神戸にいるらしいことがわかった。神戸は広いですから、そこで千葉という名前を捜さなきゃならない。一番捜しやすい方法は電話帳である。千葉というのは何人もいますが、右から順に電話をかけていけばいいわけです（笑）。そうしたら偶然にも千葉敏雄という家へかけたら「それは私のおじいさんだ」という。聞くと、その敏雄さんというお孫さんも、すでに八十歳をこえており、もう体が弱って視力を失い入院中だという。そこですぐ江井、新井の二人は、新幹線に乗って神戸を訪れた。面会は遠慮しなくちゃならない病人なのですが、もしここで死なれては困りますから（笑）、是非にとお願いして、敏雄さんからその後の千葉卓三郎の生き方や履歴などを教えてもらったわけです。そうしたら驚くべきことがわかったのです。

その戊辰戦争に敗戦した青年は、その後精神的に苦しんで、どういうふうにして自分の人生を見出していいかわからない。人生をどう生きていったらいいかと煩悶しまして、それを解決するために当時仙台藩に影響をもっておりました、ニコライ神父のギリシャ正教の洗礼を受けております。そして東京へ来ていまのお茶の水のニコライ聖堂の辺にあった神学校へ入って、そこで数年を過ごした。しかし、どうもギリシャ正教をやっていても自分の精神の悩みの解決がつかない。それから一変してカソリックに転換して、ウィグルスやテストウィード神父などに影響を受けて、八王子にあらわれたようです。

当時のカソリックは八王子から川口、川口から五日市と教線を伸ばしていましたから、いまでも秋川の断崖の上に内山安兵衛さんのブロンズの十字架を囲んで木の十字架が輪のように並んでいますが、皆さんご存じでしょう。いや、知らないでしょうけれども（笑）。つまりあれは、フランスから取り寄せた非常に素晴らしいものです。僕らの背の高さよりももっと大きい明治の青銅の十字架のまわりに、名もない五日市の民衆の腐りかかった木製の十字架があるんですよ。これはかつての明治の学習運動、ルネッサンス時代の名ごりなんですよ。そんなふうにカソリックというのは横浜、東京からいったん八王子へ進出して、八王子から川口を通って五日市へ入っていた。

千葉卓三郎も、一時はそのカソリックの影響下に入った。ところが、そこでも満足できない。そのため、いったんキリスト教を離れて、キリスト教に反対する最も手きびしい批判者でもあり、有名な儒者でもあった安井息軒のところに行ったわけです。それから、さらに横浜に出て、プロテスタンティズムのグループにも接近しました。メソジスト派の宣教師マークレーのもとです。そこでも何かをつかもうとしたわけです。

こうして、彼の足跡を訪ねてみますと、国学から漢学、ギリシャ正教、安井息軒門下、カソリック、プロテスタンティズム、そのほか医学を勉強したり、いろんなことをやっているのです。そして最後に、自由民権論にたどりついたわけです。おそらく彼が、最後の自分の住みかを五日市に求めて、ここへやってきた明治十二年ごろであろうと思うんですが、その数年前から五日市の小学校の助教などをして、東京へ何度も出たり入ったりしていたらしい。そして履歴書では、明治十三年に永住の地としてここに移ってきたとあります。

劇的な対面

こうして、彼の放浪は十年以上にわたっていた。一つのものを追求して一ヵ月か二ヵ月勉強して、ちょっとわからない問題にぶつかると、すぐやめてしまうというような気の抜けた日本人がこのごろ多くなりましたけれども、明治の諸君というのは、このように一つのことを追求して「客路十年事尚違《ことなおたが》う」十年たってもなお、自分の志が思うとおりにならぬといって、そこでくやしがっているわけです。放浪十年後に彼は、五日市の学芸講談会の青年諸君と一緒になって憲法草案を起草してゆく。その条文は二百四条にわたっているわけです。一条の条文をつくるのに一体何冊の本を読んだか、一ヵ条の条文を討議するのに一体いく晩徹夜をし、議論をしたか。あるいは一ヵ条一ヵ条構成していく場合に、どれほどのイギリス憲法、アメリカ憲法、フランス憲法、スイス憲法など各国憲法を参照したか。その勉強したあとが深沢家の土蔵に残っています。彼らが学んだたくさんの参考書が残っています。そこには赤い字で書き込みがあったことは先ほども申しました。

これは人さまから教えてもらって、学校でそれをノートに写すというんじゃない。自分の自発性と自分の努力によって、自らの手で参考書を買い求め、読みくだいて討議にかけ、そして一条一条つくり上げていく。そして最後に日本の未来像――未来の日本の全体像というものを描こうとした。そういった青年諸君の情熱というものは非常に日本人にとって誇るべきものではないのか。そういうすばらしい学問の伝統を、かつての山村五日市は持っていた。もちろんかつてであり、その後断絶してしまった。そして断絶し、すでに深沢とか内山とか千葉卓三郎というような人の名前すら、この土地の人には記憶されていない。それどころか、そういう重要人物――郷土の誇りであるような、世界に出して紹介しても、誇りとなりうるような、郷土の先人たちの事業に対して、おそらくいまの世代の人びとは、関心を失い、究明してみようとする意欲さえ失っている。そんな故郷に対する精神で、どうして大地に足の着いた民主主義などということができようか、と私は思うわけです。

皆さんが、いま立っているこの自然には、祖先の人びとが流した涙や汗や血が、はかりしれないほど多く注ぎこまれている。われわれが毎日踏みしめているこの道は、ただ窒素と炭素と水素の結合ではない。それには何千、何万の先人たちがさまざまな深い苦しみや喜びの思いを抱いて、その上を歩いた。涙を流し、汗を注いで開いてきた土地なんです。その人びとが幕末から明治維新にかけて日本の近代の夜明けの時期に、世界に誇れるような立派な仕事を残し、また立派な地域社会をつくろうと奮闘した。そういった血の滲むような歴史を完全に忘れ去り、そういうものへの痛いほどの感覚を失って、どうして郷土愛とか自治とか、もっと大きく愛国心などということができるか、と私は思うわけです。一週間ほど前のこと。去る十一月一日に、私たちは〝東国のあけぼの〟武州五日市新史料展というのをやりました。惜しくも、五日市町長はお見えになりませんし、教育長も見えませんでしたが（笑）、幸いにして、府中市長はじめ各市町村の教育長、教育委員会の人びとが多数きてくれました。千葉卓三郎を生みだした宮城県栗原郡志波姫町からは非常に長いお祝いの電報が届きました。その電文には、志波姫町町長並びに志波姫町教育長の名前で、「郷土のこのような偉人を掘り出し全日本に紹介してくださった貴大学の研究室にたいし、心からの感謝と展示会の大きな成功を祈ります」とありました。

こういう動きがだんだん広がって、いまこの会場にも、大阪からNHKの方がわざわざこの場の取材に見えているはずです。皆さんがさわいでいるのを後からカメラで撮っているかも知れません（笑）。そういうように、すでに反響は日本の各方面に広がり、全国的にも関心を惹こうとしている時、ただ一人五日市だけが静かにしていていいのであろうか（笑）。先日も千葉卓三郎のお孫さんの千葉敏雄さんという八十歳くらいのご老人が、十一月二日に飛行機で私の大学にやってきました。二晩泊まってまた飛行機で帰られた。ほとんど歩行が不自由で、左右から抱きかかえられるようにして駅から駅へ案内されたわけですが、そのことを聞いて、内山安兵衛さんの長男の善一さんも世田谷からお見えになった。深沢家の現当主であり、いま立川短大の学長をやっておられる深沢一彦先生にもお見えいただいた。仙台からも千葉家の一族の人びとがかけつけてくれた。そして、国分寺のうなぎ屋の二階で劇的な対面をしたわけです。

八十数歳のおじいさんは、テーブルに手を載せ、深沢先生の前にうなだれて絶句して言葉がでない。一言だけ「卓三郎がお世話になりました。五日市の皆さんのご好意には子々孫々に至るまでそのご恩義は忘れませぬ」と言われました。

私はかつて五日市が非常に進んでいた時代があった、といいました。「進んだ農村、遅れた都市」とよべる時代があった。ところが、それが逆転して、「遅れた農村、進んだ都市」という時代になった。それは約八十年間続いた。そして今、一九七〇年代、八〇年代、再び東京は遅れ、こういう周辺地方が進む時がやってきている。いま、皆さんが学校を出て、東京に就職しようなんて考えでは、この歴史の流れを見ないことになるかも知れない。いまごろ東京に行って煤煙を吸って肺ガンなんかになって三十くらいで死ねば、頭が悪かったんだからそれも仕方ないのかもしれないが（笑）、しかし時代はそういう時代ではない。東京はすでに行き詰まり、今や再び進んだ農村（田園）の時代が始まっているのだ。こういう時に、故郷を捨てこの素晴らしいふるさとを無視して、東京で四畳半か三畳のうす汚ない、公害だらけの下宿屋なんかへ住んで、そこから一日中どっかの会社で働くような暮らし方をカッコよいと思っている若者は、歴史の流れに逆行し、かえってバスに乗り遅れている人のように、私には見える。

自分の立っている台地を、あらためて百年の歴史の流れの中で見直していただきたい。皆さんが明治の五日市の人びとがつくった理想像と、それよりもっと高い、もっと合理的で現代的な理想像を、この郷土につくり得る条件が七十年代に生まれつつあり、その萌《きざ》しは、すでに生まれている。どうか冷静に時代の流れの方向を見誤らないような判断を希望したいんです。

私の話はだいぶ気になるようなことも申しましたが、あるいはこの席には町長さんの息子さんや娘さんもいらっしゃるかも知れない。あるいは町長さんは独身かも知れない。そういう人は家へ帰って、「お父さん、きょう大学の先生がこんなことを言ったぞ」なんて、おそらく言われるでしょう。まああきらめます（笑）。だけど、私は五日市を愛しているからこそ、こういうことを言うのであって、これからもますます五日市の先人たちの持っていた偉大な歴史的意味を、日本だけでなく世界のあちこちへ行って発表していきたいと思っています。それではこれで、ご機嫌よう。（拍手）

（一九六九年一〇月一〇日　東京都下五日市高校に於いて）

三 〈地域〉研究と市民の歴史学——ある運動の理論的総括

これから一時間半ほどの間、少し理論的なまとめのようなお話を、皆さんにお聞きいただきたいと思います。

特殊から普遍への道

この講座（東京都立川社会教育会館の歴史講座）も、いろいろ小さな波乱はあったようですが、おかげさまで今日で十回、大過なく済ませることができ、一同大変喜んでいるわけですが、これをふり返って、今日は私の歴史学の方法的な立場から、少し整理してみたい。そして明治前期における歴史の諸問題が、単に五日市地方の地域史としてだけではなく、日本全国の歴史の中にどのような意義づけを持たせることができるか。あるいはもっと、人類の歴史研究の方法という形で、どれだけ一般化ないしは普遍化できるだろうか、というような点を考えてみたいと思うのです。

私たちは最初に、なぜ五日市地方をとりあげるか、というところで、五日市地方の地域性、その特殊性というようなものに触れました。しかし、その地域性あるいは特殊性ということだけでは、私たちが歴史にとりあげる意味を持たないわけです。私たちが、五日市のかなりの特殊性、あるいは地域性を強調したのは、その特殊性なり地域性が持っている意味の中に、実は普遍性、一般性というものが含まれている。あるいはこう言い直してもいいと思います。明治の初年から前期にかけての歴史の、ある象徴的なできごとが、この五日市という地域の特殊性の中に具体的な形で表現されているのだと。このように考えて、初めて五日市地方を取り上げた――その意味を、まず理論的な立場から申し上げたいと思うのです。

なぜこういうことを最初に申し上げるか。私たちは郷土史あるいは地方史と呼ばれているものの研究の意味、あるいは意義を評価してはおります。しかし、郷土史は往々にしてお国自慢になってしまう。つまり、おらが村が一番よろしいということになる。村自慢あるいは町自慢、お国自慢ということになります。お国自慢というのは、なるほど愛情の最初の形態ですから、非常にナイーブで純粋な点ではよろしいのですが、学問においてはそれであっては困るわけです。なぜならば、お国自慢、あるいは郷土史の、おらが村の良さを研究するということでは、まだ学問研究のスタートに立っただけである。つまり、非常に未熟な考え方の段階にしか立っていない。

お国自慢とか村自慢の根拠は、そこに非常に特殊な目立つもの、珍しいものがある、という点にあるわけですから、その特殊な目立つものが、どれだけほかの地方にも一般化できるか、という普遍性をつかまなければ、お国自慢は単なるうぬぼれに終わってしまう。たまたまその土地にそういうものがあった、という偶然性に終わります。そこで私たちは、そういうものを単なる偶然あるいはお国自慢に終わらせないように、歴史学の中でこれをとらえる筋道を立ててみよう、そういうことで、この十回連続講義のプログラムを組んだわけです。

幸い、話は東北地方の戊辰戦争の渦中から始まりました。その過程から、いろいろな青年たちがどのようにしてそれぞれ違った新しい自分の道を開きはじめたか。そして戊辰戦争の傷痕というか挫折の中から、自分の人生の出発を考えなおした一人の青年が登場した。しかも、その青年がたまたま五日市地方、この三多摩に定着した。それが具体的にいえば、千葉卓三郎というヒーローでありました。

また戊辰戦争を同じように体験しながら、卓三郎とは違う道を歩んだ青年たちも非常にたくさん見つかった。それは、ある場合には勧能学校の校長であった永沼織之丞であり、あるいは永沼に同行してきた伊東道友という人物でもありました。こういう人間たちは、それぞれ似たような歴史体験を違ったように受けとめて、おのが人生の中に生かしていったと言えるでしょう。

一方、そういう明治の変革期にいた様々な人間が、いままでの土地への固着性を破り、めざましい流動をはじめました。その変革期における人間渦流の中から、さまざまなさすらい人（放浪者）があらわれます。そういう放浪者は、それではどこに流れつくのであろうか。

一般的に考えると、放浪せざるを得なかった人間というのは、結局は、自分たちの持っている内面的な要請にぴったりするところを、知らず知らずのうちに求めてさまよう。

たとえば千葉卓三郎の場合は、まず自分の青春の挫折というようなものを何とかして恢復して、新しい人生を開きたい。そうすると、いままでのような儒教的な精神世界と正反対のキリスト教的世界にまず足を踏み入れる。キリスト教的世界といっても、いきなりそういう、全然価値原理の違うところに入れるわけはなく、まず、ギリシャ正教というような、当時のキリスト教の中ではいわば最も保守性の強い、帝政ロシアの宮廷と非常に密接な関係をもっていたハリスト教会に入る。これは、後に日本の天皇制が確立したときに、日本の神道あるいは在来の民族的な神話信仰と国家を結びつけましたが、それと同じようにロシアにおいて最も宮廷権力とよく結びつき得るような宗教であったギリシャ正教にまず入っていく。

しかし、そこには満足できず、もっと徹底したカソリックの原理を見ようとします。また、急転してキリスト教をまるごと否定する安井息軒のような日本の儒学者の門をたたいたりします。さらに三転してプロテスタンチズムというような新しいキリスト教の改革的な雰囲気に魅かれていく。そしてそれでもなおかつ、自分の持って生まれた才能を伸ばすことができないところから、放浪が止まらないで、最後はご存じのように五日市のような自由民権地帯に流れつく。こういう一連の遍歴のあとを追ってみますと、明治初年におそらく何千人、何万人と生まれたにちがいない放浪者たちの、ある一つのタイプを象徴しているように、私には思われてくるのです。

そしてまた、明治初年には、そういう人間の放浪の仕方とは非常に違うタイプのさまざまな人間がたくさんいたわけです。その一つの例が、たとえば五日市という土地の地域性から容易に離れることができない人間、旧家の長男として生まれると、その長男としての立場を捨てるのではなく、それを革新していくというところで、新しい歴史の変革を受けとめようとした青年たちがあらわれます。これは深沢父子でしょうし、あるいは青年内山安兵衛、あるいは皆さんがしばしば名前を聞いた学芸講談会のグループの青年たちであったろうと思います。

しかし、在地のまま維新変革を受けとめるタイプ——私たちは在地活動家型あるいは在村活動家と言っておりますが——と、変革期の衝撃を全身に受けて、故郷の土地を離れて放浪をはじめた放浪者型の青年がぶつかりあい、火花を放ったところに、今度私たちが問題にした五日市のドラマが生まれたのであろうと思われます。

その証拠に、たとえば学芸講談会三十名のメンバーの中に十名近い放浪者型の青年が参加しています。あるいは深沢父子を中心とした以文会という漢詩の同好会には、それより多い半数近い五日市地方以外の人が加わっているのです。こういうのを見ると、江戸時代、長い間閉鎖されていた封建村落が、底雪崩のような大きな変化を起こして急速に生まれ代わりつつあることがわかります。

　南は九州の大分県あたりから、北は宮城、岩手など東北、さらには函館からも流れてくるように、それ以前にはめぐり会うこともなかった日本中の青年たちが、ある土地で偶然顔を合わせます。そして在地のそういう活動家型の青年たちのグループと結びつくことによって、一つの新しいタイプの共同体的なものをつくりあげていく。このような過程が、今回の連続講座の中で、実例をもって提起されたものであろうと思います。

「場」の理論

　つまり、五日市という特殊な地方をなぜ取り上げたか。そういう特殊性の問題をどのようにして普遍化してゆけるか――特殊から普遍への過程を表現する場合に、変革期が生み出した在地型の人間と、放浪者型の人間の二つのタイプが、どのような軌跡を描きながらそれぞれの人生を選んでいったのだろうか。それが、どういう歴史的条件があったればこそ、この二つの流れがぶつかることができたか。そして、なぜ五日市というような一定の土地で、その二つの流れが非常に幸運なめぐりあいをすることができたのだろうか。これは、どこの土地ででも、そういうことが起こるというのではなく、ある歴史的条件、幸福な結合にとってプラスになる条件が、その場においてつくられていなければ、この二つの人間の流れは結節し、創造性を生み出すことはないだろうと考えるのです。

　それがある歴史的条件の中で、めぐり合うことによって、新しい地域社会をまで生み出すにいたる。これは江戸時代の、閉鎖された村落共同体ではなくて、そういうものをむしろ外に向かって開放した、また開放するような積極的姿勢を持った新しい地域社会の芽生えになってきている。そういう芽生えが新しい人間を育てる「場」としてつくられたところに、この運動の発展の非常に大事な根拠があったのであろうと思います。

つまり、私たちが、新しい人間を育てるというようなテーマをかかげる場合、そこに五日市勧能学校あるいは学芸講談会グループ、あるいは具体的に五日市の町というような場を設定するのは、その場の持っている変革性を非常に重視するからです。というのは、歴史は単にバラバラな個人が集まりあってつくり得るものではなく、そのバラバラに見える個人たちが、ある共通の歴史意識を持ち合い、それぞれの特徴なり、それぞれの思想性なりを持ち合って、古い場ではなく新しい「場」をつくりあげたときに、はじめて新しい人間の形成という課題に取り組み得るのであり、またそういう新しい「場」の中から、何らかの新しい地域社会における原理、たとえば自らの「場」を自らおさめる、自治なら自治という原理が育ってくるのです。そういう「場」をもたなければ、仮にどんなすばらしい思想が外からやってきても、それはやはり外来思想というもので終わってしまうでしょう。

つまり、よく外来思想と伝統という問題が提起されます。われわれ日本の近代化は、ヨーロッパから入ってきた外来思想によって教えられた。はっきり言えば、西欧化が日本の近代化だった、という意見の人が多いのです。しかしその人びとは、いま私が述べたような問題、ヨーロッパの思想というものが、日本という全く伝統の違う風土の中で生きて、それが歴史を動かす力として機能するためには、どういう条件が不可欠であるのか、その条件性を吟味しないで、ただ西欧から入ってきたものが日本を動かした、というように安直なことを考えると、日本は非常にものまねの上手な模倣民族であって、国際環境に恵まれていたから、中国や印度のようにならずに、うまいぐあいに近代化が成功したという、ヨーロッパ人好みの俗論に陥ってしまうわけです。

そのような、西欧化イコール近代化というような俗論を批判するためには、やはり私たちが、自分の属する地域社会において、新しい歴史がどういう人びとによって、どのようにつくられてきたか。しかもその人びとがどういう条件を生かすことによって、つまり古い場をどういう新しい場に変えることによって、そこから歴史創造を生み出したかを実証しなくてはならない。そうしないかぎり、評論家風の俗論を根本から批判していくことはできないだろうと思います。

ですから、この九回のプログラムの中で、まず最初に戊辰戦争、つまり明治維新変革の問題をとりあげて、江井秀雄さんが、そこからいろいろなタイプの青年群を摘出させて見せました。そこには、もちろん武士社会をもう一ぺん建て直そうとする反動的な考え方を持つ人も入っているでしょう。またその人はその人なりの、精一杯の純情で、まじめな努力をするのですが、結局は亡び去ってしまい、生かされない。また、ある人たちは、いままでの自分の生涯を一擲した全く違う方向に転換して生まれ変わろうとする、今日の言葉での大きな「転向」をやってのける人ももちろん出てきます。

また、ある場合には、自分のいままでの人生を葬ってしまった権力あるいは歴史に非常な怒りを持って、それを鬱屈した精神として自分の内側にためこんでしまう。そして自分はそれ以降の人生を投げたいという形をとりながら沈黙を続け、そのこと自体が歴史に対する無言の批判となるような生き方をした人もおります。あるいは、まだ若い青年諸君の中には、自分の能力をためすために次々と生きる場を変えながら、新しいコースを探り出そうとするような人たちもいたわけです。そういったさまざまな人間を生み出すところに、明治維新というドラマの大きな魅力があったと思います。

そういう渦の中から、流浪者が五日市という特殊な場に定着していく過程、それを一本追跡していく。そうすることによって、その「場」が、外来の新しい雰囲気を受けとめ、そこに新しい刺激を得て、いっそう内部的な変革を促進することができる。つまり五日市のそれは、内山、深沢、土屋（勘兵衛）、というような人たちによって、内部から準備されていた変革の動きであったのでしょうが、そういうものが外からの新鮮な刺激あるいは志を同じうする人びとの参加によってさらに促進される。そこに、お互いに歴史をどう受けとめたかということの、歴史的経験の交換がなされ、その交流の上に共通した新しい共同体的精神がつくり出された。

したがって、そういう共同体的精神は、決して私たちが簡単に否定できるような、おくれた部落共同体の精神ではないわけです。この共同体の問題は、あとでもう一ぺんとりあげますが、そういう変革期の共同体というものが、たとえば町の権力とか、その町のさまざまな行政機構というようなものまで手に入れると、これは一つのコンミューン的なものに、だんだん姿を変えていくわけです。五日市のように、当時の明治国家と直接に権力的対決をしなかったところでは、それがコンミューン的なものに変わることはありませんが、たとえば秩父暴動を惹き起こした秩父地方の村々、石間《いさま》村、風布《ふっぷ》村、上吉田村などでは、そういう段階を越えて、地方における警察権力なり行政権力なりをも掌握するような新しい共同体がつくられました。そうなると、これは近代ヨーロッパの政治史に出てくるコンミューン、都市コンミューンでなく、農村コンミューンにあたる。

これは、ある意味では資本制下における民主主義の最も極限的な形態だと言えるだろうと思うんですが、そういうものも、明治の前期の社会は生みだし得る活力を持っていたと私は思います。

モダニズムの方法

こんなことをなぜ言うかといえば、現在、日本の近代史のとらえ方の中で有力な学説として、東京大学法学部の丸山真男教授の打ち立てたいわゆる丸山学説という一つの理論があります。これは、いままでも非常に大きな影響力を持った理論ですが、いまわれわれがこのようなテーマで提起してきている日本の近代史の内部的変革の可能性に対し、たいへん否定的な学説だと私には思われます。丸山学派の代表作は、丸山真男さんの『日本の思想』とか『現代政治の思想と行動』、あるいは、丸山門下の藤田省三さんの『天皇制国家の支配原理』、あるいは、やはり同門の神島二郎さんの『近代日本の精神構造』というような書物でありましょう。

そのうち丸山さんの『日本の思想』（岩波新書）の中に簡約化された方法論によれば、日本の社会というのは、近代化を促進した伊藤博文とか井上馨のようなすぐれた進歩的官僚を持った中央政府の上からの合理化、近代化の努力がまずきっかけをつくり、それに呼応する形で、地方においていわゆる部落共同体を基礎とした地域共同社会というものが、その中央政府の近代化および合理化政策を受け入れていく。しかも、その受け入れ方がきわめて日本的な、前近代的な、家父長的な関係で、つまり、日本的思想風土にぴったり合うような形で受け入れられる。この両方の、上から下へおよぶ力と、下から上に向かってそれを受け入れ、転移する力との無限の往復運動の中で、日本の近代国家の社会発展がなされた。

つまり、日本の近代国家の発展のダイナミズムを、かたや中央の官僚的合理主義、かたや地方の部落共同体的な半封建制の照応関係としてとらえているわけです。たとえば、彼らはこのようにも説明するわけです。日本の近代国家の発展のダイナミズムは、一方で中央を起点とする機能主義的な近代化政策が、地方と下層に波及、下降していくプロセスである。他方で、村あるいは部落共同体をモデルとした非合理的な人間関係――「涙の折檻、愛の鞭」なんていうことを言っていますが、そういうものが日本の社会の底辺から立ち上ってきて、あらゆる国家機構、あるいは社会組織の内部に転移していく。つまり上からは合理化、機能化のプロセスが、下からはそういう部落共同体的な転移のプロセスがあって、この二つの方向の運動の無限の往復から、日本の近代発展のダイナミズムが成立しているのだ、と。

もっと単純化して言えば、三角形の頂点にある国体――日本の皇室を中心とした日本の独自な統合のシンボルである国体と、底辺の村落における共同体、この両方の関係が非常にうまく整合して、日本的に発展を保障したところに、近代化の成功の原因がある。それは藤田省三さんなどに言わせると、権力の原理と共同体の原理の対応である。あるいは神島二郎さんによると、国体が下へ下へ及んでいく過程と、ムラが上へ横へと関連的な形態に転移し、ひろがってゆく過程――第一のムラが第二のムラというようなものに変わりながら、次第次第に全社会に波及していく過程の双方の関係をつかまえて、そこに日本の精神構造の特殊性を見ているわけです。

こういう見方は、一つは西欧の近代社会というものが、まず理想型として頭の中にある。これはマックス・ウエーバーなどによって紹介された、キリスト教を精神的基軸としたヨーロッパの近代市民社会の理想型がまず観念の中にあり、それと対比して、日本の近代社会を描くと、いま紹介したようなものとして映る。つまり結論として出てくるものは、戦前の天皇制を支えていた部落共同体的なものであり、この「国体の最終細胞をなしていたもの」が非常に停滞した人間関係をうみだす。同時に、機能主義、合理主義、経済主義という点ではきわめて特殊な、適合的な発展を生み出す、このような、日本社会の二重の病理現象を鋭く指摘する理論となったわけです。

われわれが、このような丸山理論をいろいろなところで聞かされ、あるいは見せられたときに感じる非常に大きな不満の一つは、その頂点の権力や国体に対し、底辺における村落共同体あるいは地域住民の理解のしかたが、一面的で、私たちとはまったく違っていることです。たとえば丸山さんや、その学派の人たちが言う共同体というのは、はっきり言ってしまえば、停滞期の共同体です。共同体というのは、原始共同体からあって、現代の社会主義的共同体まであるわけです。元始共産制的な、非常に生産力の低い段階の共同体はここでは問題にならんでしょう。また、今日の社会主義社会における共同体のようなもの（たとえば中国などの場合は、人民公社という形の共同体を編成しました）も、いまの対象ではありません。

丸山さんが明治維新以降の部落共同体、あるいは村落共同体ということを言う時の対象は、内容から察すると、明らかに明治の末期ころから昭和のはじめころにかけて日本社会にあらわれた一時期の非常に停滞した農村共同体のことをイメージとして浮かべているようです。しかもその共同体というのは、寄生地主制が農村において確立した時期の共同体である。つまり農村社会が明治の前期のようなイキイキとした、躍動した、ダイナミックな、内側から変革の力を持っていた、いわゆる創造時代の力をすでに失った段階での共同体が、丸山さんたちの理論の根拠にされている。

片方、丸山さんたちが、日本近代化を推進した上からの官僚制、あるいは中央における機能主義、あるいは伊藤博文たちの非常にすぐれた国体思想に対する理解ということを引きあいに出す場合の上からのイメージは、明治前期のすぐれた官僚たちを頭に浮かべてやっている。少なくとも、昭和前期のボンクラ指導者共のことではない。つまり、一人の学者が、ある学説を立てる場合に、社会の頂点と底辺の実態をふまえて、そこから一定のピラミッド型の社会構造を抽象するのは結構であるが、その頂点と底辺との二つの実態を、時期をずらして（質の違ってしまう二つの時期のものを）選んでよいはずはない。たとえば、頂点のそれは勃興期の明治前期のものを選び、底辺のそれは、そうした活況の消え去った大正、昭和前期のものを選んで、それとこれを組み合わせたら、実に奇妙な作為的な社会構造になるのであろうことは、だれの目にも明らかでありましょう。

ところが丸山学派の強みは、それをマックス・ウエーバーたちのいう西欧型近代市民社会の理念を、ある意味では、極限状態まで理想化して、それをモデルにして、きびしく日本社会の病理をえぐってみせる論法にあるのです。西欧では、こんなに徹底した民主主義が、社会の末端一人ひとりにいたるまで、自主あるいは責任の精神として貫かれている。あるいは、共同体的な宗教――キリスト教として生きている。このように非常に理想化した西欧モデルを持ってきて、それと対比して、日本の国民意識の最も停滞した戦前の一時期、大正、昭和初期の農村を引き合いにだすから、これはもう、たまったものではない。手きびしく批判されるわけです。そしてそれだけでは、日本の社会は停滞してばかりいて、ちっとも進歩しないことになりますから、そういう停滞性をプラスのほうに転換させる一つの契機として、上からの機能主義の波及、共同体的な人間関係との幸福な照応というようなことを持ち出してくる。そこに当然、矛盾が生まれます。上からと下からのぶつかりあいのところに、当然緊張関係が生まれます。その緊張関係の中に、いわば知識人のさまざまな苦悩が位置づけられる。そういう巧妙な図式が考え出されたわけです。

これは、丸山政治学の近代社会の把握についての一つの公式に単純化してしまうと、このようにつまらないことになりますが、個々の独立論文にはきわめて説得力があるわけです。そうすると、昭和十年代の、たとえば日本国民が太平洋戦争、第二次世界大戦にひっぱっていかれたときの意識構造や社会構造などを、純粋近代の評価機軸から批判するには非常に有効な理論になったわけです。

創造力の拠点――新しい共同体

　ところが一転して、それではいまわれわれが、ここでとりあげているような、明治維新から憲法の成立に至る時期の明治前期の社会をそういう理論でとらえられるかと言えば、これはほとんどとらえられない。むしろそこで提起されている課題は、この五日市地方の例でもわかるように、共同体が日本の社会を奇形的な発展へひきずるような停滞した力であるどころではなく、むしろ新しい共同体――近代的性格を持った共同体がつくられるかもしれない、という萌芽を示しているからでしょう。

　ですから、「民主主義の草の根」というようなテーマを、私たちが掲げる場合には、その民主主義の根は、何もルソーやスペンサーやミルのそういう外来思想にあるのではなく、まさに私たちの草の根にある。その草の根は、封建社会の中から培われてきた、ほんとうにプリミティブな形の民主的な慣習が、幕末維新の変革期の中で、次第に本格的なものに育ってきた、そういう根っこのところに、実は、日本社会の内発的発展の原因を見出す。そうでなかったら、われわれは根のない近代主義、根のない民主主義というものに甘んじなくてはならないでしょう。

　それから、われわれが政治運動をこの地方に発見した場合に、それもやはり欧米からの刺激による政治運動ではなく、やはり幕末からの民主運動の連続＝伝統の上にたった政治運動であり、またそういう政治運動を生み出したあたらしい「場」、新しい地域の政治運動でなければ、その運動が、真に持続するはずがないし、さらに、その運動の持っている学習熱というか思想性の中から、憲法草案などが創り出されてくるはずがないと思うわけです。

　そして、その「はずがない」と思うことは、一つの仮説ですから、その仮説が実際に、西多摩郡なら西多摩郡における民衆運動の歴史の中で、われわれによって実際に確認される。つまり歴史的に実証できなければ、そういう仮説も、一般に適用可能の理論として有効性を獲得することができないわけです。そのようにして、人間が形成する社会の「場」を考え、その「場」が、民族、国家の問題に一歩ずつ新しい展望を開いていく、そこにはじめて、真の意味での自治あるいは草の根民主主義が創造されるのであり、それ以外の模倣思想あるいは外来思想などから、根本的な変化を期待することは、まずできないと私は考えます。

ですから、この「場」から生まれた五日市学芸講談会というグループが、そのグループの相互討論をつみ上げる過程で、さまざまな文化的な創造力を発揮するのです。中でも、千葉卓三郎によって起草された「憲法草案」がその最高の例といえましょう。最高といっても、この憲法は明らかに、新井勝紘さんの紹介したように、立憲君主制の憲法です。それは決して共和制憲法ではない、君民共治というか、天皇と国民とが共に担っていくというたてまえの憲法である。ですから、天皇の大権はかなり大幅に認められていて、天皇や皇室を中心として、若い日本民族を統一していこうという共通の考え方に立っている。この天皇および皇室を中心として、若い民族を統一していくという考え方は、当時としては進歩的なものであり、封建社会の、徳川時代の分散した幕藩体制を破り、民族の統一をなしとげ、新しい国家形態を模索していく場合には、当時の日本社会においては、こういうもの以外にはよるべきものがなかった。ですから、そういうものを前向きの姿勢で受けとめて、皇室や天皇をも日本社会を民主化し、日本社会を近代化していくための精神的な一つの中心軸として作り直そうという、いままでの宮廷や天皇制は非常に古いものですから、それを近代天皇制的なものに作り直していこうとする観点から、立憲君主制の構想が生まれているわけです。

ですから、君主権を大幅に認めているというのは、何も封建制に逆戻りしている意味ではない。そういう封建制から近代への転換の過渡期において、天皇制を新しい形の統一の中軸に作り直そうという積極的な姿勢をわれわれは見出すわけです。

ですから、その点、新井さんが五日市憲法草案の解説の中で、特に、国民の権利規定に対する比較を、いまの憲法あるいは戦前の大日本帝国憲法と比べてしたと思いますが、その国民の権利規定は、いま言ったような、君主大権の規定と釣り合った形で考えられているわけです。それは、何も五日市の憲法草案だけではありません。われわれが知っている四十種類近い憲法草案をみても、その十中の八までは最初に「日本は万世一系の皇統が帝位を継承する」、あるいは「万世一系」とまでは書かなくても、「日本は睦仁天皇の血統が帝位を継ぐ」そして皇室を中心として国民を統一するということが、各憲法草案のどこかにでてきている。しかもそれを起草したのは民権家なのであります。民権家とは、少なくとも明治専制政府の打倒をめざす反政府分子であったわけです。その人びとがそういうものをつくるのは、やはり当時の歴史の状況を考えることなしには、理解することができないのではないかと思います。

古代の天皇制の場合には、ご存じのように、完全な絶対的な権力をもつ専制君主という形で、君主権が宮中に集中されるという形になっております。それが中世になると、その権力が分散させられます。特に、地方の封建大名というものに分散していき、その封建大名の分散した主権の統合権力として、織田、豊臣の政府、あるいは徳川政権が成立した。これは、専制的な古代の天皇制よりは、はるかに進歩した歴史の形態であるわけです。つまり主権がそれだけ分裂し、統治権が分割されて、その複合権力という形になる。そこには大名諸侯の合議制がすでに持ち込まれてきているわけです。

しかし、それもなおかつ、それぞれの領地へ行けば、やはり一人ひとりの領主の専制支配であったわけですから、そういうものを打ち破る明治維新は、「一君万民」という新しいスローガンをつくりだすことが必要だった。この一君万民というスローガンを受けとめたときの思想は、一君に視点があるのではなく、万民に視点がある。すべての人びとが平等であるというところに重点があった。そして、その平等な人民を、多くの領主的支配者を排した一君のもとに統一しよう、というところに明治的立憲君主制の在野の構想があったんだろうと思います。

ですから、明らかに共和論者であり、天皇の特権を否定していた中江兆民、おなじようにフランス流の急進論者であった植木枝盛たちが、実際の政治論としてはいずれも立憲君主制をとなえていた、ということも、同じような歴史の、当時の段階を考えてやったことであろうと思います。

そういう問題は、日本全国にとって普遍性があるわけです。憲法のそういう性格は、やはり日本の社会なり日本の歴史なりが当時おかれていた状況では、全民族的な一般性、普遍性を持った問題であったわけです。そういうものに、たまたま五日市なら五日市の学芸講談会のグループが、討論を重ねながら生みだしていった成果と、それを基礎にした憲法草案も、やはりぴったりはまっていく。つまり、その土地がどんなに僻地であっても、もしその「場」の提起している問題の必然性を、最も忠実に掘り下げ、汲み上げていったとしたら、必ず当時の日本全体が直面していた共通問題に突き当たっていくだろう。つまり、ある特殊の必然性を、誠実に徹底的に掘り下げることによって、全日本的な普遍性にたどりつくことができる、という例を、この西多摩の憲法草案の起草過程も示していると思うんです。

しかも幸いなことに、いま日本で残っている民衆側がつくった憲法草案三十種類ぐらいのものの中で、この地方のものだけが、起草の具体的な過程を、最初から最後まで具体的に示すことができている。つまり資料的に、はじめから終わりまでの過程がこんなによくわかる例はほかにないわけです。土佐の立志社の憲法にしても、このように具体的に起草過程そのものはわかりません。たとえば、三十何人のだれとだれが月に何回、どのようにしてどういう議題で討論したか。しかもどんな参考書を読んだか。その本にはどういう書き込みがしてあったか、その討論会の要点になったものは何か。憲法をつくるときに参考文献として利用したほかの外国憲法はどういうものか。あるいは国内の憲法案はどういうものを参考にしえたか、その参考にした各種憲法と、できあがった五日市草案とはどのような違いがあるか。その違いの中に、当時の彼らの希望がどのように反映されているか、というようなことが、一つひとつ具体的にわかるのは、まさにこの五日市地方の憲法以外にはないように思われます。

そういう意味で、これはただのおらが国自慢ではない。もっと全体的な日本の歴史の歩み、憲法創造という具体的な課題についての非常に貴重な史料になったわけです。これが発見され、しかもああいう形で、ほとんど手の加えられないまま残された土蔵が保存されたという偶然が、こういう意外な文化財をわれわれに残したことになる。こういう点も、もしこういう偶然がなければ、一切わからないままになってしまったかもしれなかったわけです。そういうところに、郷土史研究の持っている面白さ、尊さがあるんだろうと思います。

そういう形で、かなり普遍的、民族的なものの共通の論点にまでたどりつき得たグループが、ではその後、どうなってしまうか。これは、前回の民権運動挫折、そしてその後、そこまでお互いが結束しあった人たちが、どうしてバラバラになってしまうのか。それがなぜ日本の民衆運動の中に、あるいは民主主義運動の中に、あるいは草の根の自治運動の中に、伝統として残らなかったのか、という重大な問題があります。

これは、単なる五日市地方だけの問題ではありません。日本全国を揺さぶったはずの自由民権運動が急速に挫折し、それが日本の運動の、あるいは思想の伝統として、なぜ根づかなかったのか。あるいは根づかなかったと見るのはわれわれの誤りであって、実は地下水となって流れていたんだけれども、それをその後の人びとが汲みとれなかったのか、というような一般命題とからみあわされて出されてきております。

そういうときに私は、そういう民族的な歴史の大きな問題は、深沢権八とか千葉卓三郎のような青年が早死にしてしまったので駄目になったのだとは思わないし、またある個人が、あるときからそうした運動や思想に興味を失ってしまった、あるいは関心の方向を変えてしまったという、個々人の偶然性だけで、広い民族的な問題を説明することもできない。

「個人」と「地域」

いままで往々にして、歴史は人間がつくるということから始まって、偉人中心史観が非常に多い。帝王の歴史、あるいは英雄の歴史、地方へ行けば、その地方で最もめざましい働きをした指導者の歴史――豪農とか篤農家などの歴史、つまり郷土の偉人の歴史です。しかし、そうはいっても郷土の偉人なり、すぐれた個人なりが民族全体に対してなし得る能力は非常に限定されたものであって、どんなに天才的な人間でも、その時代の持っている矛盾のすべてを自分一人の中に演ずることはできない。

たとえば、トルストイのような世界的天才であっても、当時の帝政ロシアが持っていた主要な矛盾を、自分一人ですべて表現することはできなかったわけです。時代のもっている矛盾のほうが、どんな天才よりも大きい。つまり、一つの時代のもっている全矛盾は、おそらくは何人かの天才たちによって分担されて表現されるものであろうし、あるいはそういう天才のあらわれない場合には、ある集団に担われて表現されるものであろう。だから、個人の歴史をとおして、その民族、あるいはその全時代の歴史を述べることは、方法的にはもともと不可能である。それを無理にやると、どうしても歴史は小説じみてきてしまいます。

よく作家たちが、歴史小説を書くと、どんなに忠実に史実を描いても何となく小説じみて感じられます。なぜそうなるのか。たとえば、司馬遼太郎のようなすぐれた才能をもった作家が書いても、あるいは子母沢寛のようなベテランが書いても、自分の好きな英雄を取り上げて、幕末や維新、あるいは戦国時代を表現することは不可能である。不可能なのに作家は、その人間個人を愛して、その生き方をとおして表現しようとするから、そこに無理が生まれ、拡大解釈が生まれ、何となくウソらしい甘い感じが伴ってしまうのです。

やはり歴史の一つの時代、あるいは民族がその時代にもっていた全矛盾を総体としてとらえようとするなら、その矛盾を担うに最もふさわしい人間グループなり個人を複数で取り上げ、その相互関連でおさえていかなければ、全体性、一般性には至ることができない、と思います。五日市地方の場合でも同様で、この運動の中心となった何人かの個人の生き方だけをどんなに追跡していっても、なぜ運動が挫折したあと、彼らの志が定着しなかったか、なぜそれが日本の伝統にならなかったか、という問題は解けないと思います。そのときわれわれは、そういうものを理解する一つの重要な理論の環として、あるいは媒介物として、「場」の理論、地域の理論をそこに導き入れたいと思います。個人、地域、民族というようなことを言ったのは、地域という問題を理論上もっと重視する必要がある、と考えたからです。別に三多摩のことを特に強調したいから地域を入れたのではなく、新しい何らかの形での歴史の理論、歴史の運動法則というようなものがつかまえられるために、どうしても不可欠な要素として、すぐれた人間、あるいは新しい可能性をもった人間集団、プラスその個人やグループが自分の能力を展開できる

「場」の把握の必要性があるわけです。

そしてその「場」は、勝手に誰かがどこかでつくれる場ではなく、実はその「場」の存立を可能にしている地域こそ、民族の、あるいは伝統の創造や存続の根になっている問題である。日本一千年のあらゆる歴史的、精神的、風土的な伝統の重みが集中して現れているところだと考えるからです。ですから、その一つの地域のもっている歴史の重み、その地域がそのような形でいまあることは、古代、中世以来の、しかもこの東アジアの孤立した島国で培われてきたいろいろな特殊性、あるいはその地方がもってきた、古代、中世以来のさまざまな経験の積み重ねを蓄えた場として、その地域があるわけです。その非常な重みをもった地域というものの中で、人間が新しいものを創りだし、あるいは新しく自己形成をすることは、なかなか容易ではありません。

その場合、なおかつその地域が、古い、たとえば封建的共同体から、明治的な躍動する共同体に展開したとするならば、そこには非常にたくさんの条件が加わったから展開できたのであり、古いものを新しく展開させたその条件は、相当重要視しなければならないだろうと思います。いままで、そういった場の理論、あるいは地域の理論に対する軽視の傾向があったために、なぜその地域において新しい創造が生まれたかという理解、理論は、あまり十分に研究されてこなかったと思います。

私たちが一定の地域をとりあげて、具体的な歴史の展開をある程度追える強みは、この地域の問題を取り上げ、そこから、私たちが歴史の解釈にいままで欠けていたものをいろいろと学べる点にあるんではないかと思うのです。ですから、新しい草案が起草された、あるいは九州の果て、東北の果て、あるいは愛知県、三重県といういままで触れあうことのできない、封建時代においては行き交うこともできない幕藩体制によって分断されていた地方の人びとが、幕府崩壊後わずか十数年にして、まるで旧知の間柄のように、おたがいに志を同じうする者として結び合えた。それは、やはり五日市におけるあのコンミューン化一歩手前のような新しい地域形成、それがある程度成功していたからだといわざるを得ないと思います。

同時にまた、そういうものが急速に解体していく。関西の者が東京へ流れ、東北の者が九州に流浪するとか、あるいはその在地の活動家グループがまた分解しながら、四散してしまうことが急速に行われたとしたら、実はその形成された地域のもつ新しさが、どこかで何かの理由で急激に解体したことなしには、その社会現象はとらえられないだろうと思うわけです。これは、単に自由民権運動が政治運動として全国的に挫折したから、すぐにそうなるものではないし、またすぐれた個人がどこかに行ってしまった、あるいは死んだからといって、すぐにどうなるものでもないと思うんです。やはりそれを解き得る原因は、その地域社会のもっている新しい創造性が何らかの形で急速に消滅したからなのだろう。

それが急速に解体するためには、少なくとも二つの原因が考えられる。一つは内部の原因であり、もう一つは外部からの原因である。その内部の原因というのは何かと言えば、古い封建的共同体が十分な内部変革をとげきれなかったこと。それは、いつ何どきでもまた解体し、逆戻りさせられるような、未熟なあいまいな状況で、時代のあげ潮に乗っていたに過ぎなかった、というような弱点があったからではないだろうか、という反省です。つまり、急速に解体するには、急速に解体しなければならないような内部のもろさ、ひずみがあるはずであり、それは一体何であるのか。そしてそういう地域の弱さ、ひずみ、もろさは、必ずその地域が生みだした新しいタイプの人間のもろさや弱さやひずみに反映しているはずであり、またそういう人間たちのゆがみが、逆に言えばその地域の弱さの原因になっているという相互関係のものであろうと考えられます。

もう一つ、外部からの力というのは、そういった地域が内側から崩れるとしたら、かなり緩やかなテンポで崩れるのが普通であるのに、それが急激に崩れるのは、やはり内部の弱さ、外からの力が何らかの形で激成するような、つまり内部の解体を促進するような外的な力が急に加わったと考えざるを得ない。当時の現実においては、それは何であったろうか。

その外部の力で最も根底的なものは、いつの時代でも経済である。その表現としての政治である。そして、その経済の政策の〝力〟を最も有効に地域に持ち込む手段は制度である。特に地方制度である。そしてその地方制度の押しつけに対して、抵抗が生まれるのは当然であり、その抵抗を支えるのはいつの時代でも民衆運動の力である。ですから、外からの力が何らかの形で地域社会を崩壊させたとするならば、それは根底的には、経済の何らかの変化が地域を揺るがしたにちがいない。しかもその経済の変化、衝撃を、政策や制度の形でその地域に急激にもちこんだがために違いない。またそれを肯じなかった民衆に対し、何らかの強い圧力を加えた政治の力があったために違いない。

そういうことを、論理として一応考えて、それでは、そのそれぞれの要素は具体的に何であったか、と資料検索をしていきます。そうすると、たとえば、自由民権運動が挫折したその時期の、五日市なら五日市における新しい地域社会の崩壊は、かくかくしかじかの内からの力と、外からの力で崩れ去ったのだ、ということが今度は資料によってより納得される形で理解できる。

その場合、一つには、この連続講座で新井君、江井君たちが触れたでしょうが、松方財政という重大な経済の問題があります。これは日本の資本主義を明治政府が、正常な形でなく、非常に激しく、ラジカルに、創出しようとして資本の原始蓄積を強行しようとした財政政策ですが、これが、萌芽段階にあった地域社会を掘りくずす圧倒的な役割を果したものといえましょう。もちろん、それは重税の収奪のようなナマの形ばかりをとるわけではないから、それを持ち込もうとするとき、おそらく地方制度の改正の形を利用してくる。その地方制度は、これまで民権家が有力な武器として使っていた戸長役場、あるいは戸長役場下における村会、あるいは村の自治的な機関である学務委員制や衛生委員の制度、あるいは相互扶助組織や教員組織という一連のものがありますが、そういうものに対する根本的な手直し、官僚統制の形でくるに違いない。

なるほど明治十七年には、戸長の制度が根本から変えられて、いままで民選戸長であったものが、上からの命令によって官選戸長になる。あるいは郡区町村編成法という新しい自治法が制定されて、それによって民権運動が有効な武器としていた地方自治が、逆に国家の地方統治の有効な手段に切りかえられてしまう。つまり地方自治の道具であったものが、地方統治の道具にとり返されてしまう。それへの抵抗に対しては、集会条例の改正、新聞紙条例の改正、教育令の改正等々いろいろな政令を矢つぎばやに出して、これに対する強硬な法的規制をやっていく、というような政策が、外からの力として急激に持ち込まれたのです。

そうすると、そのような外部の急激な力を押し返したり、それにも耐えていままでの結社なり組織なりを守っていくだけの強さを、民衆の側がまだ当時の水準で持っていなかったということが問題になります。その内的な弱さは、千葉卓三郎が五日市から離れるときに書き残していった手紙の中にも断片的に見られるし、深沢や内山安兵衛の往復書簡の中にもあらわれています。これは、なるほど考えてみれば、無理もない。まだ幕府時代から十何年しかたっておりませんから、いくら激しい変革の時代であったといっても、その経験の浅さ、未熟さは争えない。それが、歴史の重い試練をはね返すだけの十分な能力の展開を彼らに許さなかった。とにかくこうして五日市の場合も、外からの力が内部の矛盾の解体を促進し、「場」の喪失を決定的にしたように思います。

その上、歴史的な偶然が重なるわけです。五日市はたまたま、自由党解党後も勧能学校という意識の高い教員グループがあったために、かえって、急進派の蜂起計画の運動員をそこからたくさん送りだすという結果になった。つまり、精力を温存していた地方が、大阪事件などの行動隊をたくさん生み出す結果になってしまう。そして、その大阪事件が、政府の弾圧によってつぶされてしまえば、五日市地方のひずみや弱さを激しくし、内部解体を促すことになっていったのです。

伝統ということ

しかし、一つの地域の結束は、一時期の下降カーブによってそのまま消えてしまうものではありません。これはどこの社会でもそうだと思いますが、歴史はいくつかの山や谷のカーブを描きながら流れていくものだと思います。しかも伝統精神は、そのカーブの高まりにさしかかったときに高揚し、そのカーブが谷間にさしかかったときはほとんど忘れられ、地の底に地下水のように滲み込んだまま済んだようになってしまいます。それが十年たち、五十年たち、百年たって、ふたたびカーブの高まりが、日本の社会の大きな変化の中であらわれてきたときに、五日市地方に一時高揚のきざしの生まれたときがあったそうですが、そのような時期に伝統が掘り起こされる。

そのきっかけをなすのは、おそらく何かの偶然であろうと思います。たまたま、あそこに一軒土蔵があるから、珍しいから開けたという偶然であるかもしれません。しかし、それを掘り起こすことによって、いままで眠っていた地域の歴史なり、その地域の先人たちの実現できなかった志が子孫の代に受け継がれる、その中でより深く、先人たちの志、歩んだ道を追跡したいという研究心から、愛郷心が生まれる。自分の何気なく歩んでいた道や、何気なくながめていた丘に対する人間的な愛情が育ってくる。そういう愛情や、自分の山河、風土に対する関心の高まりが、また先人たちの志をいっそう深く理解する歴史認識につながる。その往復運動の中で、伝統は静かに、後世の人びとの心の中に少しずつ重く、蓄えられていくものであろうと思います。

その少しずつたまっていく伝統的な精神が、今度は新しい人びとの未来をつくるエネルギーに転化するでしょうし、そして未来をつくるときの教訓として、先人がどういう条件の中でどういうミステークのために地域社会を崩壊させたか、あれほどまで高揚した地域社会をどうしてその後五十年も六十年も停滞のまま放り出すことになったか、という理由を悟り、よりベターな方法論で、自分を押しあげることができるようになるでしょう。それがいわゆる地域における自治の浮き沈みではないでしょうか。

そのことが、単に明治だけでなく、さらに江戸時代、あるいはもっと以前――あるとき十何人かの住民がこの土地を開き、そこにはじめて永住の家を据えたとき、その村、その町その土地が、はじめて人間の手で生き始めたとき――まで、自分の歴史認識をさかのぼらせたときに、われわれは単に切り離されたバラバラな勝手な個人ではなく、この風土を選んだ先人たちの長い連環の中の一つの環である、という歴史的な位置をつかむことになるのではないでしょうか。

もし、そういったバラバラな個人であり、非常に孤独な近代人であると同時に、先人から何十代、何百代も伝わった人間の血のつらなりの一存在、一系の流れの中の歴史的一存在であるという自己認識に至らなかったら、民主主義とか歴史の伝統とかいくら言っても、それはすべて根のない空論になろうと思います。あるいは愛国心とか、民族的な自覚といくら言っても、そんなものは無責任な、全くバラバラな個人意識からすれば、ナンセンスなこと、もの好きな人間たちの言うたわごとに終わるだろうと思います。

ですから、明治前期における自治の問題を追求していく場合、結局は戦後の若い世代が持っている故郷喪失感的な問題に一ぺんはぶつかり、それをどの角度から突破して、歴史と個人とがどこで結びつきを恢復し、それをどのようにして民族なり人類なりの連帯にまでひろげて行き得るか、という問題をわれわれ自信が追うことになるのだろうと思います。

ですから、これは東京都立川社会教育会館の、非常に大胆な試みだったと思いますが、こんな実験をした講座は、おそらく日本ではじめてではないか。五日市と聞いても普通の人はどこにあるか知りません。四日市は公害で有名であり、六日市は新潟のスキー場ですが、五日市などと言っても、大分県にあるものやら、山梨県にあるものやらわからないような場所の地味な歴史を、三ヵ月間にわたって連続十回も取り上げ、しかも報告者はみんな無名の研究者である。材料はまだ湯気の立っているような文書群である。そして報告者は報告しながら、同時に資料調査を進めている。あるいは三多摩史料展を講義期間中に準備して並行してやった。

歴史を追究することが、そのままその調査地域の市民運動につながり、こうして皆さん方にアピールすることになる。そして、皆さん方にそれを聞いていただくことによって、一層新しい歴史意識をかき立てられ、さまざまな方法論を教えられ、資料の新しい読み直しも、それによってできるようになる。こういう非常に幸福な往復運動――まさに歴史の素材と、一般市民と、研究者の三者の間で行われる厚い交流――が、講座の過程を通してずっと行われたということは、非常にめずらしい試みであったと思います。

総括的な今日の私の話の中で、特に強調して申し上げたいことは、これは五日市だけの問題ではなく、あくまでも、特殊から普遍に到るためにはどういう道が可能であるかを、一つの具体的な例で考えたかったということです。五日市地方が問題だったのではなく、五日市地方的なるものが問題だった、ということです。この五日市地方的なるものは、実はわれわれの身近にどこにでもあるはずのものでありました。もちろん憲法草案が出てくるというような偶然は、どこにでもあるものではないと思いますが、それに近い問題は、われわれの周辺どこにでもあるのではないでしょうか。

ただ、そのどこにでもある貴重な素材が、民族の歴史の中に、ほんとうの一つの普遍性を持って生かせるか生かせないかは理論の問題でしょう。つまり、歴史をどのように取り上げるか、取り上げるなかでその全体への共通性をどこでつかむか。全体への普遍性は、必ずその地域の特殊性を通じて表現されているはずである。つまりその特殊性は、特殊性だけならば単なる偶然に過ぎない、その地方に存在しているというだけに過ぎない。しかしそれは偶然性だけでなく、必ず全体に関わってゆく必然性を内包しているはずである。

だからわれわれが、自分の周辺にある素材の中から、それを全国化、普遍化、一般化するためには、その偶然的特殊性と同時に必然的特殊性をも見る態度をもっていれば、われわれの郷土史、地方史は、飛躍的に前進することができるのではないか。また、そういう郷土史や地方史の取り上げ方によって、新しい日本に対するわれわれの眼を肥やすことができるのではないだろうか。少なくとも愛郷心――自分の郷土、この自然への愛情、あるいは先人たちへの愛情は、そういった普遍と特殊の両方の眼を持たなければ、われわれの中に伝統として蓄積されることはないのではないか。そのことを、この一連の過程を通して、皆さんにご理解いただけたら――われわれの不十分な報告もお役にたつことになり、大変幸せなことだと思います。これがわれわれの趣旨の一つであります。

市民運動と歴史研究者

それからもう一つは、今度は私の学問的な問題です。私たち専門的な研究者の側から申し上げると、こういった地域の一角を系統的に深く掘り下げる研究は、実は日本の学界が行き詰まっている理論的隘路を打ち破るための不可欠の作業になっております。たとえば、私が取り組んでいる日本の近代史ですが、これには大雑把に言って二つの見方がある。

一つは、先ほどもちょっと紹介したように、近代政治学の方々がしておられる非常にペシミスティック（厭世的）な見方です。つまり、日本というのは、はっきり言えばちょっと度し難い社会である。日本は経済大国とか言ってここまで来たけれども、一皮むいた中身は、矛盾だらけの歴史である。すなわち、民主主義というようなものは、いまだに制度としてしか理解されていない。一人ひとりの市民の主体的な生き方の中にほとんど入っていないし、近代的人間としての誇りなり、自覚も、高度産業社会の大量情報の中で押し流されていって、ますます群化した、自主性を喪失した、流砂のようなもろい存在に変えられている。つまりそれは、近代的責任主体のもつ主体性、近代個人としての確固とした伝統が明治社会以降ほとんどつくられることがなく、いきなり戦後の大量情報社会、大衆消費社会状況の中に、投げ出されたために生じた現象である。つまり、もともと弱かった主体性がますます流砂のように化している。いまの技術社会の中で不可避的にそうさせられている。そして残るものは、空虚なほど莫大な経済的な富と不安と疲労だけである。

そのセルフコントロールの組織としての民主主義は、依然として外的制度のままである。しかも、一人ひとりの人間の生き方の中に残っている精神は、きわめて古い共同体的なものにすぎない。これは丸山真男さん流の昭和前期的な停滞した共同体的精神が依然として根深く残っていて、こういうものがもろもろの日本のおかしな風俗現象の基礎をなしている。よく若い世代は新しい、というようなことを言いますけれども、そういう観点からすれば、やはり同様な限界から抜け出ていない。

そういうことを逐一あげて、近代日本像を非常に暗く見るペシミスティックな見方があります。その最近の代表的な人は、中国文学者の竹内好氏などであろうと思います。日本は戦後ほとんど変わっていないという説です。さらに竹内さんに言わせれば「戦後変わっていないどころか、戦争で負けてもさっぱり変わっていない。依然として停滞している」となる。その根本に、氏の場合は人間、特に日本の民衆の質の問題を見ているわけです。それから、日本の国民がそうですから、政治家も依然として昔の政友会時代以来の政治家がもう半世紀以上も政権を独占しているが、ちっともそれは変わる気配はない。中国に対する日本の姿勢も、日清戦争以来ちっとも変わっていない。もっと悪く言えば、征韓論以来百年間変わっていないんだ、変わったのは、ものがやたらに増え、便利になっただけだ。しかし、ものがふえたと同じくらい、差し引き日本人の魂から失われたもの、精神的に失われた財宝も多い――。

こういう非常に暗い日本像と、もう一つバカに明るい対照的な日本像がある。これは、明治以降の日本の、アジアに対する優越感の上に乗ったものです。アジアの他の諸国はほとんど植民地である。ようやく最近、独立して立ち上がりつつありますが、依然として後進国であることに変わりはない。それに対して日本は、わずか一世紀の間に、驚くほどの速さでヨーロッパの思想、文化、技術、制度を導入し、これをマスターした。いま日本は、地球上から見ると、アジアにおける先進国として例外的な進歩を示している。前途洋々であって、いまにアメリカと同じ国民生活の水準になり、さらにそれを抜いて地上の王国になるかもしれない、などと持ちあげます。その地上の王国たらしめる原因として、日本の民衆の非常な勤勉と、もう一つは無限の生産力、技術の高速度の発展を考える。勤労意欲があって、恐るべき技術の進歩が期待できる。それと経済的管理制度がうまくいっている限り、日本は世界一になり、地上のパラダイスたり得る。

そういうもとをつくった明治社会は、一体何であるか。政治的には天皇制であり、外交的には脱アジア政策であった。そしていわゆる政権は、保守的な政権の長期の安定であった。こういうものを、現代から見て非常に高く評価して、敗戦後ですから天皇制をそのまま生かすようなことはできませんが、天皇制のよかった面を継承しながら、これからも大国としてやっていく。そういうひどく楽観的なバラ色の日本像もここに一つあるわけです。

それに見合う思想あるいは言論も、このごろ非常に活発になってきました。たとえば京都大学の高坂正堯さん、同じ京大人文科学研究所の前所長桑原武夫さん等の一連の人びと、古いところでは、林房雄、中山伊知郎氏らから、新しいところでは石原慎太郎氏に至るまで、ずっとそういう形の愛国者が多いわけです。そういう人たちがかなりの影響力をもって、近代日本像を独特な形で描いております。

そうすると日本は、非常に不思議な国であって、非常にペシミスティックな暗い日本像があるかと思うと、一方バカに明るい日本像がある。この間に、理論的な整合というか、理論的に真正面からの対決があまり見られない。そしてどちらかと言うと、平行線をたどって、二派の相対立するグループをますます細分化していくという状況にあると思うんです。

こういうことは、私に言わせれば、やはり一つは日本近代社会を考える基準を、いつまでも欧米に求めている根深いモダニズムの考え方に原因がある。実はこの両方とも、私はモダニズムであると考えております。国民的な意見の一致点をそこに見出し得ない、しかもどこまで行っても平行線をたどるというのは、西欧社会、しかもその十九世紀的なものを理想化して、それを基準にして日本社会を考え、それを批判していく限り、西欧市民社会に近づいたと言って、ベタぼめするラッキーな議論と、西欧市民社会とはまったく異質なのだと嘆くペシミスティックな議論と、二つに割れるのは当然です。日本の大衆の持っている民俗的なものの考え方、発想からするならば、この両者の意見は、ともに縁なきもの、所詮は統合できない相対立した、相変形したものとしてしか感じられないだろう。

実は、それがわれわれの学問の世界にも強く反映しており、片やマルクス主義史学や丸山政治学のようなもの、片や京都大学人文科学研究所の梅棹忠夫さんたちのような、いわゆる比較史学や近代化論グループの学者がけわしい対立をしたまま、会話の行われない状況が続いてきている。その中間にはさまれた人びとは、ほとんどが実証主義――資料を克明に探し出して、その資料に忠実に歴史を語るだけで、つまり思想はあえて問おうとしない。ですから、どちらがどう争おうと、自分たちはただ資料に忠実に過去をそのまま復原することをやればいいと思っている。そのような状況が、戦後、ずっと続いてきて、最近になってようやく破綻しようとしているわけです。

そういうものを打ち破るために、私たちとしては、まずモダニズムという方法論から離れなければならない。モダニズムという西欧型市民社会を基軸としたものから離れるためには、いきなり国粋主義というようなものに飛びついても仕方がないので、結局モダニズムに一番毒されているグループである明治以降の知識人のものの考え方から離れなければならない。そして、ほんとうは歴史の主体であり、基底の力であった明治以降の民衆のものの考え方の伝統に一度立ち戻って、そこに自分の学問的立場を立て直して、そこから日本の知識人を含めて、モダニズム全体の方法を根本の足場から検討しなおす。知識人とモダニズムとが串刺しになるわけですが、そういうところから、方法論を考え直さない限り、近代化論も停滞性論もいずれもモダニズムの刃《やいば》の両面である、というように捉えていくわけです。

そうしたときに、私たちの言う基底の歴史学、基底の視角ということが、クローズアップされてきます。基底の視角とは、何も労働者、農民、あるいは貧乏人というようなものを大事にして、そこだけの歴史を書くというものではありません。歴史を見る目をどこに置くか、です。丸山さんのように、非常に高い軸の上から投網をかぶせるようにして歴史をつかむのか、あるいは竹内好さんのように、日本の停滞した、変わらないといわれる部落共同体的な状況の中につかって、そこであたりを見廻す。しかもその、あたりを見廻す彼の目はきびしい近代の眼であるのですが、そういう立場をとってゆくのか——。

そうではなく、われわれは知識人が今までやってきたものの考え方、あるいは知識人の思想のつくり方の法則性と、日本の明治以降の大衆のものの考え方の法則性とをはっきり区別する。それがはっきり違うものであることを主張する。これは、私に言わせれば、明治前期の終わりごろ、二つは断絶したまま、ついに今日まで十分な連繫が恢復されていない状態である。つまり、両者は異質な法則性を持って進んできたものだと仮定して、その上で知識人の思想形成の法則性が骨の髄まで西欧的なものの考え方、特に西欧に対する憧憬あるいは劣等感など、それからくるモダニズムで毒されていることを前提にして、それを排除し、むしろ民衆自体が歴史をどう見、ものをどう考え、文化をどうつくってきたか、という基底の法則性の上に立って、その立場から、その視角で、日本の明治時代史、大正史、昭和史を再構成してみたら、どういう歴史像が描けるだろうか。このような作業をやることに、われわれは踏み切ってきたわけです。

そのためには、共同体一つ取り上げてみても、停滞した共同体ばかり見るのではなく、封建的共同体が崩れて外に開かれた、新しい共同体、つまり躍動期の共同体がつくられてゆく過程を見る。それと同時に、それがふたたび停滞期に入り、さらに三度び解体分裂して、何らかの社会関係に変化していく行方まで見届けたい。その変化は、一九六〇年代にはじまり、今急速に進行しているものでしょう。共同体と民衆意識について言えば、明治初期の変革の時期、と、現代の二番目の、それがいっそう大規模に崩れ、変わりつつある六〇年代以降の時期、つまり何らかの形で新しいものが生まれつつある時期の共同体や民衆意識の問題にむしろ研究の焦点を合わせよう。その中に実は、日本の民衆が持っていた一つの可能性が見出されるから。民衆はさまざまな可能性をつくり出したわけですから……。

たとえば五日市でも、前に見たような可能性をたくさんつくりだした。ただ、その可能性は、歴史の現実とはならなかった。たとえば千葉卓三郎の憲法草案は可能性であって、現実とはならなかった。実際に憲法となって、日本の未来に影響力を持たなかった。つまり可能性のまま、土蔵の中に八十余年埋もれてしまった。そのように民衆は、変革期に実にさまざまな可能性を生み出す。しかしその可能性の九九％は埋もれてしまうものである。それは世界のたいがいの民衆の歴史でも同じでしょう。

そうするとわれわれは、その九九％埋もれているものを掘り起こして、その中にわれわれの将来の変革への見通しなり、暗示なり警告なりを引き出すことができる。いままでのモダニズムの歴史ですと、全体一〇〇のうち実現された一だけを問題にして、民衆はいかに愚昧で思想性が低く、精神創造の点で劣っているか。しかもヨーロッパとくらべると、何と停滞し、何と劣等であり、何と狭い料簡であろうか、という嘆きが普通です。それは、可能性という次元で歴史をとらえているのでなく、その現実化した面で、表面上の停滞の歴史をとらえるからです。だから、われわれはむしろ変革期、激動期、変形期、解体期というような、民衆が裸のままで登場し、荒々しい自分の能力を、荒っぽい形ではあっても、むき出しに表現してくる時期（変革期）に研究の重点を置いて、そこからさまざまな可能性を引き出す。そこにはまだ未発の可能性すらあります。十分な能力はあっても、それがはっきりした形をあらわしていないものもある。そういうものまで引き出すことによって、われわれは彼らの歴史創造の傾向性――どのような方向で彼らは歴史創造するものか、これを歴史の法則性という言葉に置き換えるなら、そういう法則性をつかむことができるのではないでしょうか。

そういう傾向性や法則性は、十年や百年で急に変わってしまったり、なくなってしまうものではありません。それは人類の歴史が証明している。だから、明治前期に存在したそういう方向性や傾向性は必ず現代において、歴史の条件さえ適合するならば、それを再現することが可能である、という一つの理論をもって、いわゆる停滞性論に対する基底の視角からの克服、批判をなしたいと考えるわけです。

同時に、西欧社会にいかに日本が近づいたか、あるいはアメリカ社会にいかに日本が近づいたか、によって日本の進歩をはかり、それによって日本に対するまったくバカげた礼賛をする素朴な楽天主義の考え方をも、民衆の視点から批判することができるでしょう。そのように考えているわけです。

そのような方法論に立った場合、実は、今度の西多摩地方においてやったような歴史調査は、非常に重要な一里塚となるわけです。われわれの期待していたとおり、明治の変革期に民衆の未発のままで埋もれた能力は立派なものである。それは非常に高い水準までいっていた。しかし、さまざまの歴史的条件――民衆にとっては非常に不利な、国家権力にとっては非常に幸福な歴史的条件の組み合わせのために、それが急速に挫折した。もし彼らにもう二十年の歳月を貸してやったならば、われわれはもっと牢固とした伝統を自分の手に持つことができたでしょう。残念ながら、彼らの実験した時間は、維新後十数年間に過ぎない。しかも自覚的にその実験に取組み得た時間は、わずか数年間にすぎない。そういう短日月では、一千年にわたる封建制の間に培われた後に引き戻す力、民衆が新しい人間に生まれ変わろうとするのを、後に引き戻そうとする一千年の歴史的強力から、彼らは自分を解き放つことができなかったでしょう。

そういう、いわば同情心《シンパシー》を持つことがこの研究によってできました。それと同時に、それにもかかわらず、このわずかな期間に、彼らがどこまで自身の能力を展開したかに対する信頼、あるいは希望をつかむことができました。これは、これからのわれわれの仕事、基底の視座に立って、モダニズムの歴史観を打ち破っていこうとする仕事の有力な方法的手掛かりになるものと感じているわけです。これは研究者として今の学界の状況と考え合わせ、今度の連続講演の一つの成果と思っているわけです。

ですから話をまとめますと、最初に申し上げたことは、地方史、郷土史をとおして、われわれがどのようにして普遍性に出ていくか。その普遍性を追求していくことなしには、われわれの地域の新しい見直し、人民自身の愛郷心あるいは祖国愛、あるいは民主主義のしっかりした定着なり復興は不可能であろう。そのことは、地域研究あるいは歴史研究が、正しい筋道の上に乗れば、必ず一定の住民運動を引き起こし、その住民運動がさらに研究する者の眼を豊かにし、深め、それによって今まで隠されていた歴史はますます深く豊かに姿をあらわすはずである、ということです。

その往復運動、相互浸透という実践の中で、実はそれに参加した人びとが伝統を静かな形で、重いものとして、自分の深部にたくわえていくことができるであろう。そのことが未来を形成する力にも繋がるという、いわば歴史研究と市民運動のダイナミズムが生まれるはずであると確信します。

もう一つは、いまの理論戦線の中で、こういった研究がわれわれの学問の方法論としてどういう意義を持っているのか。それは、モダニズムに対する根本的な克服の手がかりになり得るものであるということを総括したくて、これまで時間をいただいたわけです。大変ややこしい、また未熟な言葉を使って、お疲れになられたと思いますが、私たちが皆さんに伝えたいと思った趣旨はこういうことでございます。

これで、私の総括講演を終わります。

（一九六九年一〇月二九日　東京都立川社会教育会館に於いて）

第Ⅲ部　五日市憲法草案と嚶鳴社憲法草案の研究

一　五日市憲法草案の研究

新井勝紘

1　自主憲法の今昔

憲法記念日に政府が国民参加の行事を行わなくなってからすでに久しいが、改憲論者は近頃「自主憲法制定国民会議」と名付けて、憲法擁護の集会に対抗する会議を開催するようになった。占領軍による「おしつけられた」日本国憲法を改廃し、日本国民の自発的意志にもとづく自主憲法の制定をはからなければならないとする主張である。また、教科書検定訴訟で言論・出版の自由を訴えている家永三郎氏は「周知のように帝国憲法は、伊藤博文ら数人の官僚の手で秘密裡に起草され、(中略)一般国民にはいちどもその草案を示されず、国民大衆の意見には全く耳をかすことなしに制定されたものので、(中略)これこそ文字どおりの〝おしつけ憲法〟といわなければならない」(憲法問題調査会編『憲法読本』岩波新書、一九六五年)といいきっている。

明治十年代に下から盛りあがった広範な民主主義運動、個人の自由と権利を求め「立憲ノ政体ヲ建テ、、国約ノ憲法ヲ制定シ、拠テ以テ国会ヲ開設」(千葉卓三郎『王道論』)するという要求をかかげた運動は弾圧され、その中から生みだされた三十数種の人民自身の手になる「私擬憲法草案」は、その一篇さえ検討、活用されることもなかった。藩閥専制政府は極秘裡に起草、制定の準備をはじめ、その結果、君権主義思想のきわめて強い憲法を作成した。自主的な民衆憲法を無視した大日本帝国憲法こそが「おしつけ憲法」でなくてなんであろう。

ここでとりあげる民衆憲法——五日市草案はまさに八十六年間も、山深い村の土蔵に埋もれたままになっていたのだ。この民衆憲法は、五日市人民の燃えるような学習運動の展開の結晶として創造された。千葉卓三郎とその仲間たち（深沢権八、内山安兵衛を中心とする）は、学芸講談会や五日市学術討論会を組織し、日夜、学習、討論、演説会をつみかさねて政治思想を吸収し、みずからの手で未熟ながらも二〇四条にわたる「憲法」をつくりだしたのである。その後、それは誰の目にもふれることなく近代百年の歴史の底に眠りつづけてきた。その間、「大日本帝国憲法」という上からおしつけの欽定憲法が、日本の国家の基本法として君臨し、敗戦までの日本の近代史にその威力をもちつづけてきたのであった。

明治前期における真の意味の「自主憲法」および諸構想は、混沌とした変革期の国家のすすむべきさまざまな可能性を明示しているし、さらにそれが日本国憲法の源流となって、現憲法につながる思想を先駆的に包含していた。一方、その中には当時の民衆（とりわけ民権家）の混濁した憲法思想、天皇観、国家観などもふくまれており、日本憲法史上の問題ばかりでなく、民衆の思想状況をみるうえでも重要であろう。ここでは、全く無名の一青年とそのグループの手になる「五日市草案」を分析し考察しながら、これらのことを実証していってみたい。

2　山村での憲法創出の条件

五日市草案の分析のまえに、その起草の前提条件を把握しておく必要がある。千葉卓三郎を中心とする五日市グループが、どんな状況のもとで、どのような経過を経て一つの憲法を結実させる実力を養ってきたのか。このプロセスを解明することは、五日市草案全体にながれる思想、その拠ってたつところの法理論をみきわめる重要な鍵となる。そこで、この草案誕生の母体となったいくつかの因子を検討してみることにする。

まず第一に、明治十二年頃から「学芸講談会」という学習結社を組織し、毎月三回程度の討論会を開き、日常生活に密接するものから、憲法や国会など政治的問題に関する議論を沸騰させ、お互いに切磋琢磨しあってきたことに注意する必要がある。この実績は深沢権八手録の「討論題集」（文書）六十三項目にあらわれている。このうち三十項目余りが「憲法」、「法律」の条文に符合する。「各自ノ智識ヲ交換シ気力ヲ興奮」させるために、「万般ノ学芸上ニ就テ講談演説或ハ討論」会を開き、その徹底的な討議を経た結果が、五日市草案の条文に生かされていることは一目瞭然である。東京嚶鳴社の波多野伝三郎が、明治十四年十二月に五日市へまねかれたさいに、青年達から「私たちは二年前から毎月三回ずつ学術演説会をもってきた」ことを聞いて驚いたことにも、耶蘇教小学校教員が中心となって演説茶話会をひらいていたということにも、明治十三年一月八王子に第十五嚶鳴社が設立され、沼間守一ら嚶鳴社員が活発に啓蒙活動をはじめ、八王子、五日市としばしば演説会をくりひろげていった事実にも、五日市グループの意欲に富んだ学習運動の展開をみることができる。またそこに根をおろし、着実に蓄積されてきた政治思想は、決して軽薄なものではないといえる。

第二に、千葉卓三郎が、当時寄留していた深沢家の文庫蔵の蔵書、および学芸講談会が「会員各自智識ノ進達ヲ計ラン為メ」に備えてある書籍を貪欲に読みこなして得た豊富な知識にも注目したい。深沢家の蔵書目録の分析によると、（色川大吉「明治前期の民権結社と学習運動」『東京経済大学人文自然科学論集』第二一号、一九六九・二)「法律」「政治」関係が全体の三割強にものぼることがわかり、この問題への関心は強く、好学心がみなぎっていたことがわかる。千葉卓三郎所有とわかる「葉卓」印のある蔵書は、数冊とごくわずかしか残っていないが、書き入れがほどこされてあったり、朱点や朱線がひかれて熟読の跡をしめしている。

『校訂増補・性法講義』、『治罪法草案註解』、『仏国・民法契約編第二回講義』以上三点には、「葉卓」印があり、ボアソナードの講義記録から「義務」、「契約」、「人権」、「約束」など人権思想概念や根本的な法関係理論を学びとっている。また欧米諸国の憲法条文については、ラフェリエール著・井上毅訳『王国建国法』(明治八年発行)からプロイセン、ベルギー憲法を、田中耕造訳『欧州各国憲法』(十年)からイスパニア(スペイン)、スイス、ポルトガル、オーストリア、ドイツ、オランダ、デンマーク、イタリア等の憲法の抄訳を、アルベーロ・ベイネー著・渋沢忠次郎訳『仏国憲法講義』からフランス憲法を、ストーリ著・阿部泰蔵訳『米国憲法』からアメリカ憲法をそれぞれ学び、研究したことが推測される。さらにミル、ベンサム、スペンサー、リーバル、トークヴィル、ジ・ブスケ、ルソー、チェンバーなどの法律、政治関係書籍も読破あるいは参照しているといえる。

新聞雑誌の類も、嚶鳴社の沼間守一の『東京横浜毎日新聞』をはじめ、『東京日々新聞』は明治十一年頃より定期購読者となっており、『朝野新聞』は当時、中村正直の同人社(東京)で学んでいた内山安兵衛から送られてきていたらしい。朝野新聞社内、馬耳念仏社からだされた『溺濘叢談《でいねいそうだん》』、共同社『扶桑新誌』、共同社『近事評論』、大阪の愛国社『愛国志林』なども随時購読していたことがわかる。このように千葉卓三郎や深沢権八は書籍、新聞、雑誌から多くのものを学びとっていたのである。

第三に、卓三郎が、憲法を作成するその立法の原則としたものを、ある程度主体的に把握していたことが重要な前提条件となる。では一体かれのつかんだ立法の原則とはなにか。それは最近発見されたかれの備忘録に書き記されている。すなわち「製法ノ本原《オルヂンオブレヂスレイション》」（Origin of Legislation）とは（一）「道理ニ遵フナリ」。（二）「時世ニ適スルナリ」。（三）「風土ヲ察スルナリ」の三点であり、これを根本原理におき、その実現のためにはたえず、「時勢ヲ察シ、時俗ヲ揣《はか》り、民情ヲ視」ることが必須条件であるとしている。

この三原則の論証には、スミス、ベンサム、ベイコン、モンテスキューから公孫鞅《こうそんおう》、淮南子《えなんじ》、慎子《しんし》、文子など、先進西洋諸国からだけではなく中国の哲学者、思想家などのことばが引用されている。

まず風土に従わなければならない理由は、

「公孫鞅曰、聖人之為国也。視俗立法則治、察国事本則宜、不視時俗、不察国本、故其法立而民乱、事劇而功寡」

「管夷吾曰、人主之所以令令則行、禁則止者、必令於民之所好、禍禁於民之所悪也」

「ベイコン曰、凡政令法律ハ風土人心ノ向フ所ヲ察スルニ在ルノミ、若シ風土ニ因ラス人心ヲ察セサルトキハ、必ス紛乱ノ災禍ヲ来スヘシト。」

「モンテスキュー曰、事理ノ当然ニ出テ最モ能ク適中スル政府ト称スヘキハ、其施設スル所ノ規模条理能之ヲ設立スル所ノ人民ノ情性ニ適応スルモノ、外ニアラズト。」

「ブルンチュリー曰、邦国ハ国民ノ身体トナリテ其務ヲナスヘキモノナレバ、各国ノ制度憲法ハ其国民ノ性情ト求需トニ適応スルヲ要スルコト当然ナリト」

の五人の偉人の言葉をひいている。

つまり、時俗を視ず、国本を察しなければ、その法を立てても民は乱れ、事は劇し、功は寡い（公孫鞅）。また、人主の令則を行い、禁則を止むゆえんの者は、必ず民の好むところをして、民の悪《にく》むところを禁ずといい（管夷吾）、政令や法律はその国の風土、人心の向うところを察することを基本とすべきであり、もし風土によらず、人心を察することができないときは必ず「紛乱ノ災禍」をまねくだろう（ベイコン）。また、最もよく事理にかなった政府といえるのは、その国の施設の規模、条理が人民の情性に適応するものである（モンテスキュー）。さらにブルンチュリーをひき、邦国は国民の身体となり其務をすべきであるので、各国の制度憲法はその国民の性情と求需に適応することが必要であると説く。先進欧米諸国の人民が、ながい血と汗の闘いのなかで、絶対君主からかちとった憲法や人権宣言をそのまま我国に移植しても、歴史的風土、民衆の心情（精神状況）を考慮にいれなければ、かえって国民の反発をまねくことになるという意見をとっている。

次に時世に従わなければならない謂に、

「公孫鞅曰、前世不同教、何古之法、帝王不相復、何礼之循、伏羲神農教而不誅、黄帝堯舜誅而不怒、及至文武各当時而立法、因事而制礼、礼法以時而定、制令各順其宜、又曰、聖人之為国也、不法古、不修今、因世而為之世、度俗而為之法、故法不察民之情、而立之、則不成、治宜於時、而行、則不干。」、「淮南子曰、夫殷変夏、周変殷、春秋変周、三代之礼不同、何古之従」

「ブルンチュリー曰、凡ソ国民ノ本性ヲ重ンスル国ノ如キハ、善ク其ノ国民ヲ誘道シテ開明進歩ヲ得セシメ、而シテ其開明進歩ノ度ニ応シテ常ニ其法制ヲ革正スルヲ要スト」

のことばをひき、殷《いん》は夏《か》にかわり、周は殷にかわり、春秋は周にかわる。三代の礼はそれぞれ異ってくる（淮南子）。国民の本性を重んずる国では、その国民を誘導して開明進歩させ、その度合に応じて常に法制を革正することが必要だ（ブルンチュリー）と説く。要するに時世や民情に合致しなくなった法律はたえず改正をすすめるべきであると主張しているのである。

最後に、以上二点を充分考慮し立法化していけば、必ずそれは道理にしたがうものだといい、五賢人の箴言を引用している。

「ドラクルチューー曰ク、時世国処又ハ開化ノ遅速風俗及国ノ先例旧格等ニ因テ、各国ノ政体立法互ニ岐異ナカラサルヲ得スト」

「ビーデルマン曰、几ソ政令制度ヲ設立スルニハ必ス其時勢ト民性トニ、恰当ナル者ヲ撰ハサル可ラズ。然《しか》サレバ其制度実用ニ適セサルノミナラス久シク存続スルコトナシト」

「ベンサム曰、立法者ハ公同《パブリック》ノ幸福《クード》ヲ以テ其目的トセサル可ラス、又一般《ゼネラール》ノ実利《ユチリテー》ヲ把テ其論理ノ基礎トセサル可ラスト」

「スミス曰、法律ハ一国人民ノ便利ト安全トヲ保存スル為ニ須臾《しゅゆ》モ欠可ラサル者也ト」

「慎子曰、大君任法、而不躬為則事断於法、是以然不生、而上下和矣」

「文子曰、先王之制法、因民之性、而為之節文、又曰、法度道術者、所以使君無横断也」

政令制度を設立するには必ず、その時勢と民性とに恰当《こうとう》なるものを選ばなければならず、そうでなければその制度は実用に適しないばかりでなく、久しく存続固定化していくこともない（ビーデルマン）。立法者は公同の幸福をその目的としなければならず、一般の実利をつかんでその論理の基礎としなければならない（ベンサム）。法律というものは、一国人民の便利と安全とを保存するためにあり、わずかの間も無法の時があってはならない（スミス）と、これら諸原理に共感し、最後にかれ自身「法律主要の目的は、外ならず人民の権利を保護し、社会の安寧を維持するなり」と結んでいる。この人権保護と社会の安寧の二命題は、千葉卓三郎においては、〝近代〟西欧の理論と〝前近代〟東洋の理論とが全く対等かつ同一の原理として扱われ、「五日市草案」の根本精神として生かされ、法文化されている。

以上のべてきたように（一）学芸講談会を中心とする討論活動、（二）書籍、新聞、雑誌を通じての学習、研究活動、（三）以上の討論、学習から得られたさまざまな知識を再構成し、自己の論理をうちたてるための思想営為という三つの背景があったところに、国会期成同盟第二回大会（明治十三年十一月十日）の「来る大会（十四年十月）には各組憲法見込案を持参研究す可し」（合議書第四条）のアッピールがとどき、憲法起草の気運が盛りあがってきたものと思われる。

翌十一月五日神奈川県府中駅高安寺では武相懇親会がひらかれ、五日市からは県会議員土屋勘兵衛（学芸講談会会員）が出席し、深沢権八からの依頼で当日出席していた嚶鳴社社員に、「嚶鳴社草案」入手の懇請をしている。この草案は十二月中旬には権八や卓三郎の手に届いたと考えられる。このようにして草案起草の条件は十三年度中にすべて整えられたのである。

3　嚶鳴社草案との関連

五日市草案は各条文に条数は記してないが、かぞえてみると、その全文は二〇四ヵ条に及んでいる。これを他の現在判明しているすべての憲法草案と比較してみると、次のように表示できる。表1をみると、五日市草案は二〇一ヵ条以上の二草案＝植木枝盛の二草案に匹敵するものであり、異例の条数をもつものであることがわかる。ついで多いのが一九二条をもつ立志社案、西周案（一七三条）、筑前共愛会案（一三八条）、嚶鳴社案（一〇九条）、京都府民有志案（一〇七条）などで、あとの大部分は一〇〇条以下であった。ちなみに大日本帝国憲法は七六ヵ条、現在の日本国憲法は一〇三条である。

次に五日市草案と嚶鳴社案の条数や篇のとり方を比較してみる。

表2にあらわれているように、嚶鳴社案の各篇とそれに該当する五日市草案の各篇との差は、まちまちであり、とくに五日市草案では第二篇公法（国民ノ権利）、第三篇立法権、第五篇司法権の条数が圧倒的に多く、とくに「国民ノ権利」と「国会」について規定した部分は、全条文の半分以上をしめ、その内容も表3に示したように嚶鳴社草案にはみられない独自の法文が大半をしめ、この新草案の白眉をなしもっとも力点がおかれているのに注意したいのである。また司法権についても、嚶鳴社草案にその該

表1　憲法草案条数比較

条数＼種	全文判明				一部不明	全文不明
種	三三				八	四
条数	一〇〇ヵ条以下	一〇一～二〇〇	二〇一ヵ条	不明		
種	二〇	一〇	二	一		

表2　五日市草案と嚶鳴社草案の篇別比較

五日市草案		嚶鳴社案		差
第一篇　国帝	四一条	皇帝	二九条（二条欠）	＋一二
第二篇　公法（国民ノ権理）	三六条	国民ノ権利	一〇	＋二六
第三篇　立法権	七九条	国会、下院、上院、国会ノ権利、開閉、等	四九	＋三〇
第四篇　行政権	一三条	行政権	一三	〇
第五篇　司法権	三五条	司法権	八	＋二七
計	二〇四条	計	一〇九条	＋九五

表3　嚶鳴社草案との内容上の比較

五日市草案（篇）	（章）	全く同文	一部分修正	大幅修正補充	嚶鳴社草案には該当条文なし	計
国帝	帝位相続	一	七	○	二	一○
	摂政官	○	五	一	一	七
	国帝権理《ママ》	○	二	一一	一一	二四
公法	国民ノ権理《ママ》	○	○	一一	二五	三六
立法権	民撰議院	○	九	五	五	一九
	元老議院	○	一	五	五	一一
	国会権任《ママ》	一	三	五	二三	三二
	国会開閉	○	六	二	一	九
	国憲改正	二	六	○	○	八
行政権		七	四	二	○	一三
司法権		○	○	七	二八	三五
計		一一	四三	四九	一○一	二○四

当する条文をもたないユニークな規定が二十八条もあり、この篇にも卓三郎の苦心がうかがわれる。五日市草案と嚶鳴社草案との全体的関係を、表3によって見ると次のようにいうことができよう。総数二○四条のうち、全く同文のものと一部分修正をくわえたものは五十四条あり、全体の四分の一の割合しかないことから、五日市草案は嚶鳴社草案をベースとしてはいるが、模倣部分は少なく、全体としては嚶鳴社草案を大きく凌駕していると評価できる。

4　五日市草案を貫流する精神

ここでは五日市草案の特徴や問題点を、先の三つの前提条件と絡みあわせながら、篇・章にそってあげていってみることにする。各章とも最初に、嚶鳴社草案との内容上の比較条数をだした。

（一）　帝位相続

総数十、うち全く同文一、一部分修正七、該当条文なし二

君主の名称は嚶鳴社草案にもつかわれ、他の私擬憲法草案のなかでももっとも多い「皇帝」をすべて「国帝」になおしている。さらに嚶鳴社草案にみえる「皇」の文字は極力ほかのことばにいいなおしている。たとえば「今上皇帝」を「今上帝」、「皇裔」を「子裔」に、「今上皇帝ノ皇位」を「日本国ノ帝位」に修正している。国帝の称号とその地位・権能には密接な関係があることをおもえば、なにか重要な意味がこめられているのかもしれない。

帝位継承順序で、嚶鳴社草案の帝位相続第七条「以上承継ノ順序ハ総テ長ハ幼ニ先ダチ、嫡ハ庶ニ先ダチ、卑族ハ尊族ニ先ダツ」として卑族と尊族を誤りしるしたところがあるが、五日市草案でもあらためもしないで誤りのまま採用している。このように充分な配慮にも欠け、嚶鳴社草案と略同一であるのは、草案作成の過程で、この帝位相続の第一章があまり重要視されなかったことが考えられる。

だが最後の二条には注意する必要がある。「帝室及皇族ノ歳費ハ国庫ヨリ相当ニ之ヲ供奉ス可シ」、「皇族ハ三世ニシテ止ム四世以下ハ姓ヲ賜フテ人臣ニ列ス」は嚶鳴社草案にその範はないが、福地源一郎の意見を参照したことが考えられないか。というのは、千葉が五日市の隣村大久野東小学校にいた明治十一年頃より、かれが定期購読していた「東京日々新聞」の十四年三月三十日より四月十六日までの

間に掲載された、主筆福地源一郎（桜痴）の「国憲意見」（憲法草案の形態をとっている）に、その手本らしいものがみられるからである。このことは注目に値する。つまり、「国憲意見」の「帝室ハ中スニ及バズ皇族ノ歳費ハ必ラズ相当ニ国庫ヨリ之ヲ供奉スヘキコト」と、「皇族ハ三世ニシテ云々、」の二条とほぼ同文なのである。さらにこの二条が第一章の末尾に、あとからつけ加えられたかのような形で添えられてあり、また「帝室」という五日市草案の他の部分では使用していない、例外的な語法が認められる。こういう点を考えあわすと、五日市草案作成の最終段階で、嚶鳴社草案とともに、この東京日々案が参照されたということも推測できる。他の章にも「国憲意見」をまねたのではないかと推定できる箇所がいくつかあることからしても、その可能性は充分あるものと思える。だが、時期のズレもあり断定はできない（時期の点でいえば、福地は十二年頃から「東京日々新聞」の論説で、千葉の参照しうるような憲法構想〝人権ノ辨〟、〝国約憲法会議ヲ開クノ議〟などをしばしば公表しているので、千葉が早くにこの見解をマークしていたということも考えられる）。

（二）　摂政官

総数七、一部分修正五、大幅修正・補充一、該当条文なし一

嚶鳴社草案の「摂政」を「摂政官」といいなおしているのは、「摂政」もたんなる官吏にすぎないという意味をもたせているのかもしれない（先行する私擬憲法に摂政官といったものはない）。また国帝の成年年令も嚶鳴社草案の十五歳説をとらずに満十八歳と規定しているが、成年の国帝がみずからその政治を行うことができない揚合に、国帝の相続者は十五歳でも摂政官に任ぜられる（嚶鳴社草案と同文）ことと年令において矛盾を呈している。

(三)　国帝の権利

総数二十四、うち一部分修正二、大幅修正・補充十一、該当条文なし十一

「国帝ノ身体ハ神聖ニシテ侵ス可ラス、又責任トスル所ナシ」という条文は、大多数の私擬憲法に通ずる共通分母といえるものである。「万機ノ政治ニ関シ国民ニ対シテ大臣ソノ責ニ任ズヘキ」という福地の「国憲意見」では、この法文について次のように説明している。つまり、こんにち制度法律はすべて勅命をもって布告され、もし執政大臣がその責を国民に対して負わなければ、責任はひとり国帝に集まり、ひいては「其激迫スルニ際シテハ帝統神種天皇神聖ノ大義モ、国民コレヲ顧ルノ遑《いとま》ナキニ至ランモ計リ難シ」と憂慮し、それは結局、「皇統ヲ不窮ニ継承シ奉ルニ万全ノ計ナリ」ということはできない。だから、「君民同治ノ政体ヲ建ルニ当リテハ国民ニ対シテハ大臣都《すべ》テ政治ノ責ニ任ズベシ」として、聖天子が人望あるものを大臣に任命し、人心が離反した大臣はしりぞけていくようにしていくことが、国民にとって「政治ノ得喪ニ責任ノ人アルヲ知リ、帝位ハ国民ノ休戚ニ怨府タルコトナク、万世一系ノ帝統ハ天壌ト倶ニ不窮ニ継承セラレ給ハンコト疑ヲ容レザル也」と解説している。

同様の問題について、千葉はその主著『王道論』においてフランスのルイ十四世の「政府ハ即チ我レ、我ハ即チ政府ナリ」（〝朕は国家なり〞）のことばをひき、さらに無限の主権を専弄し、ついに「刑壇ニ駆セ」られ、「激烈残毒ナル顚覆ノ政変ヲ惹起」させたルイ十六世の例をひいて、「皇建其有極民ヲシテ其有極ヲ作サシムル者ハ啻《た》タ特《ひと》リ民庶ノ為メナルノミナラス、其皇家ヲシテ万世ニ主タルノ皇極ヲ維持セシムル所以ンナリ。（中略）皇極ヲ建ルハ民極ヲ作スニ在リ民極ヲ作スハ民庶ノ権利ヲ重ンシ之ヲ卑視セサルニ始ル皇極民極併ヒ行ハレテ相悖戾《はいれい》セサルヲ得ハ是ニ於テ乎王道ノ顕彰ヲ見ル可キナリ」と主張している。「皇家ヲシテ万世ニ主タル」云々という点では、福地との共通性を認めることができるが、

問題を展開してゆくその論理と法の精神において、独自なものがあることを見逃すことができない。

軍隊については、海陸軍を総督する権を有し、武官を廃除し、軍隊を整備、派遣することができるとはしているものの、「国憲ニ悖戻スル所業ヲ助ケシムル」ことはできないとし、また不戦時に臨時に軍隊を備えるときは元老院、民撰議院の両院の承諾が必要であると規定し、違憲の軍事政策を事実上制限している。また外国軍隊、軍兵の寄港ならびに上陸は国会で允否《いんぴ》し、その承諾がなければならないとしているのは重要である。なお軍兵は、植木枝盛草案にみられる志願兵制度をとらず、「何人ニ論ナク法式ノ徴募ニ膺《あた》リ、兵器ヲ擁シテ海陸ノ軍伍ニ入リ日本国ノ為ニ防護ス可シ」と徴兵制を定めている。ただその軍隊も自国の防衛の目的にのみ認められている感が強い。

国帝の特権として注意すべきは（一）「鋳銭権」（二）「外国トノ条約締結権」である。「タクロン・チーバー氏法律格言」で「国王ニハ特権ヲ与フルコト勿レ」、「貨幣ヲ造ルノ権ハ国民ノ権ニ由ル決シテ他ニ移ス可ラス」と徹底した国民主権の構想をうちだしている姿勢は「五日市草案」にはみられない。この点にかんしては、この私擬憲法を「千葉卓三郎草」と記されているのに、わざわざ「五日市草案」と冠した理由とも関連し、この五日市草案の個々の条文は、千葉卓三郎個人のもつ法原理、政治思想がそのままストレートに表現されたのではなく、五日市学芸講談会グループの論議、たとえば「条約締結権ヲ君主ニ専任スルノ利害」（深沢権八手録「討論題集」）についての討議を経たその結果とみることができ、タクロン・チーバー氏理論と相いれない部分があるのである。

だがこの「鋳銭」、「条約締結」に関する特権は、国会の権利の章「国会ハ外国トノ条約ヲ議定ス」という条文とどう拮抗するのだろうか。基本的には矛盾する条文が、このように一緒になって混在したりし、立法技術上の疎漏が認められる。ただ、この条文の但し書きに注意する必要がある。嚶鳴社草案にもみられる「国財ヲ費シ若クハ国彊所属地ノ局部ヲ譲与変改スルノ条約及其修正ハ国会ノ承諾ヲ得ルニ非《あらざ》レハ其効力ヲ有セス」と規定したうえに「国家ノ鞏保《きょうほ》ト国民ニ密附ノ関係（通商貿易ノ条約）ヲナスコトニ基」づくものに対しても国会の承諾が必要なことを説いている。

この問題について千葉個人は以前から、かなり神経をとがらせていた。かれの演説草稿のなかに明治八年五月七日のロシアとの間で結ばれた樺太・千島交換条約のことにふれ、「夫レ国土ハ政府ノ特有ナル者ニアラズ、即必国家ノ共有ニアラズンバアラザルナリ。然《しか》リ而シテ我政府ハ俄斯亜《ロシア》ニ対シ樺太ヲ千島ト交換スルノ際ニ方《あた》リ、之ヲ処スルノ道ヲ以テ一モ斯民《しみん》ニ問ハサル者ハ何ゾ。而シテ既ニ交換成ルノ後ニ至リ纔《わずか》ニ之ヲ告シ亦甚タ事ノ専ナル者ニアラズヤ」といい、また台湾征討の際も「一モ之ヲ斯民ニ問ハサルノミナラズ且之ヲ告ケ」なかったことを糺弾し、「該《がい》兵該《がい》財素《も》ト誰ニ出シヤ、是皆我兄弟ノ汗血ニ出ル者ニアラズシテ何哉《ゾヤ》」と論及しており、こうしたかれの自論が憲法に生かされていったものというべきであろう。

立法権と国帝との関係については、「国帝ハ国会ヨリ上奏シタル起議ヲ允否ス」「総テ立法全権ニ属スル所ノ職務ニ就キ最終ノ裁決ヲ為シ之ニ法律ノ力ヲ与ヘテ公布ス可シ」と立法の最終裁決者として国帝に不裁可権を与えている条文がみられ、国帝がこれを過度に行使すれば、五日市草案の全体を貫く君民共治の立場を崩すことにもなる。

（四）公法——国民の権利

総数三十六、大幅修正補充十一、該当条文なし二十五

この章は条文の内容比較からみて、嚶鳴社草案への依存度はかなり薄い。それなりに他の草案にはみ

られない独自の案がしめされ、千葉がもっとも力を注いだところといってよい。全体として嚶鳴社草案の同じ章より二十六条も多く、司法権の条文と相関関係をもたせた重要な規定があげられている。

まず日本国民を定義し（筑前共愛会案、植木案、立志案にみられるだけ）、次に「日本国民ハ各自ノ権利自由ヲ達ス可シ、他ヨリ妨害ス可ラス、且国法之ヲ保護ス可シ」と基本的人権の不可侵性と国法による保護という大前提条件をかかげているが、これはまさしく、今の日本国憲法第十一条「国民は、すべての基本的人権の享有を妨げられない。」と一致するものであり、日本国憲法の源流といえよう。五日市草案にもりこまれた自由・権利の項目は、

① 国政に参与する権利
② 日本全国同一の法典を準用し同一の保護をうける権利
③ 身体を保固する権利
④ 生命を保固する権利
⑤ 財産を保固する権利
⑥ 名誉を保固する権利
⑦ 予め検閲をうけることのない思想・言論の自由
⑧ 著述出版の自由
⑨ 講談討論演説の自由
⑩ 結社の自由
⑪ 奏呈・請願・上書・建白の自由

⑫文武官僚になれる権利
⑬信教の自由
⑭信書の秘密をおかされない権利
⑮法律に定めた時機と規定によらなければ拘引・召喚・囚捕・禁獄されない権利
⑯居住の自由
⑰住居不可侵の権利
⑱いかなる場合でも財産は没収されない権利
⑲公規による公用でも正当なる賠償をえなければ、財産を買上げられない権利
⑳国会で決定し国帝の許可がない租税は賦課されない権利
㉑当該の裁判官、裁判所でなければ、糺治裁審されない権利（臨時の裁判所では裁かれない）
㉒一度処断をうけた事件については再び糺弾をうけることがない権利（一事不再理の原則）
㉓裁判官自署の文書で理由と劾告者と証人の名前を告知しないで拿捕されることがない権利
㉔拿捕されたら、二十四時間以内に裁判官の前に出される権利
㉕裁判官より其理由を記した宣告状なくしては禁錮されない権利
㉖裁判の宣告は三日間以内に得られる権利
㉘保釈をうける権利
㉙正当な裁判官より阻隔されない権利
㉚国事犯のために死刑にされない権利
㉛違法な命令、拿捕に対して損害賠償をうける権利

㉜教授および学問の自由

と、まさに多種多様である。これらを私擬憲法草案中、もっとも民主主義思想が徹底しているといわれる立志社の植木枝盛草案と比較すれば、

(a) 拷問を加えられない権利
(b) 生命を奪われない権利（死刑廃止）
(c) 日本国を辞する権利
(d) 兵士の宿泊を拒絶する権利
(e) 政府国憲に違背するときは、これに従わなくてもよい権利（抵抗権）
(f) 政府官吏圧制をなすときはこれを排斥し、兵器をもって抗する権利
(g) 国憲に背き人民の自由権利を残害するときは覆滅し、新政府をたてる権利（革命権）

など植木枝盛草案にみられる卓越した抵抗権、革命権という徹底した人民主権の条文を欠いてはいるが、その反面、人権保護に関して、国民の権利の章と司法権の章で、裏表《うらおもて》二重に条文規定する周到な配慮は、植木草案をはじめ他の私擬憲法草案にはみられない特筆すべきものといえる。

また、植木草案の死刑廃止規定でも、五日市草案では「国事犯ノ為ニ死刑ヲ宣告サル、コトナカル可シ」（国民の権利）、「国事犯ノ為ニ死刑ヲ宣告ス可ラス、又其罪ノ事実ハ陪審官之ヲ定ム可シ」（司法権）と「国事犯ノ為ニ」という条件つきであるが、先行する私擬憲法草案のなかでは唯一であり、先駆的規

定といえる。この規定を憲法に条文化し得たのは、千葉自身が教員の身でありながら、政治活動に挺身し、各地で開かれる政談演説会などに東奔西走し、たえず集会条例違反の危険に身をさらしていた活動家であったからに他ならない。（集会条例第七条「政治に関する事項を講談論議する集会に陸海軍人常備予備後備の名籍にある者、警察官、官立公立私立学校の教員生徒、農業工芸の見習生は之に臨会し又は其社に加入することを得ず」）

また、かれの備忘録には、「集会条例中学術会ニ関スル箇条抜書」が記され、その後も国事犯にたいしてはつねに強い関心がよせられていたようだ。（「国事犯人統計」［明治十六年三月］△終身刑四十三名、△十年刑六十一名、△七年刑六十九名、△五年以下百四十余名。及び福島県大獄高等法院判決などの覚えが備忘録にみられる）

現在、戦火にあえぐ東南アジア諸国で、「国事犯」という名のもとで、多くの国民の眼前でたやすく路上極刑が執行されている現状を見るとき、私たちは八十余年前の一日本人の強い危惧と悲願とを想起しないではいられない。

この五日市草案の三十二項目にわたる国民の権利は、明治憲法の重圧から解放されて、我々が手にした日本国憲法と比較対照しても、男女同等の権利、勤労の権利と義務、勤労者の団結権等を除けば、一条ごとの対照表ができるほど遜色がない。

ただ、ここで問題となるのは、国民の自由と権利が、この草案では「法律ヲ遵守スルニ於テハ」とか、「法律ニ定メタル時機并ニ程式ニ循拠シテ」という法律の留保がつけられている点である。つまり法の下での自由であり、権利であり、法律によって自由権が制限され、無制約的保障（植木草案や日本国憲法に通ずる）が明記されていないと認められる点である。だがこれは、大日本帝国憲法でいう「法律命令ニ定ムル所ノ」とか「法律ノ範囲内ニ於テ」という条件とは、全く意味あいが異なる。千葉のいう「法律」とは、「風土人心ノ向フ所ヲ察」するものであり、「国民ノ性情ト求需トニ適応スル」ことを本質とする認識から発した〝法の精神〟のことなのである。

げんに、五日市草案のなかには、

「国会ハ政府ニ於テ若シ憲法、或ハ宗教、或ハ道徳、或ハ信教自由、或ハ各人ノ自由、或ハ法律上ニ於テ諸民平等ノ遵奉、財産所有権、或ハ原則ニ違背シ、或ハ邦国ノ防禦ヲ傷害スルカ如キコトアレハ、勉メテ之レカ反対説ヲ主張シ之カ根元ニ遡リ、其公布ヲ拒絶スルノ権ヲ有ス」（立法権）

という根本規定がある。これは法文としては未熟なものであるが、この草案の核心をなし、まさにかれの〝法の精神〟を表現している。これは本来、憲法の緒言、前文にかかげるような憲法思想の収斂なのである。

政府が、法律上において憲法に定められた原則に違背し、国民の自由権利をおかすようなことがあれば、国会はつとめてこれに反対し、その根元にまで遡ってその違憲立法公布を拒絶することができるというのだ。国会は国民意志の代表機関であるのだから、ここに千葉の主権在民思想が具現されている。

これは、植木枝盛が「日本ノ国家ハ日本各人ノ自由権利ヲ殺減スル規則ヲ作リテ之ヲ行フヲ得ズ」という総則を草案中にかかげ、自由権利の殺減立法禁止を明文化していることと、その精神は同じものであろう。

千葉は、国会もひらかず憲法もたてない藩閥専制政府にたいして、「徒ニ新聞条例、集会条例等ノ如キヲ発行シ、妄ニ言論ノ自由ヲ鉗束シ、国民権利ヲ圧蹙《あっしゅく》スル者アルハ何ゾ」と指摘し、「我政府顕然トシテ表ニ最至小ノ自由（穢《え》多《た》非《ひ》人《にん》の呼称廃止、僧尼に肉食妻帯蓄髪を許可、華・士族・平民の通婚許可、学校設立、地方政治の議事権を町村府県会に附すこと——地方自治の確立）ヲ保渉スルニ汲々タルヲ飾リ、而シテ隠然トシテ裡ニ最モ至大ノ自由ヲ奪フ者アルニ非ズシテ何ゾ、噫悪斯民ヲ欺クモ亦豈甚シカラズヤ」と鋭い批判をあびせている。

　また、千葉が肺結核と胃病をいやすために、草津温泉に療養湯治している間（明治十五年六月）、集会条例追加改正の改悪がなされた。それは、千葉によれば、専制政府が、いまや全国各地にその底辺をひろげ、連帯気運の盛りあがってきた自由民権運動に、その足もとをすくわれるような危機感に駆られ公布したもので「予メ御互カ洞察致シ居リシ通リニ、浅智狭量ナル賢明明治大政府ハ、本月一日集会条例ノ改正ヲ布告シテ、懇親会ヤ学術会ヘマテモ何カラカニマテ彼レノ此レノト」手をだし、くちばしをいれ、「浅智狭量ハ自カラ自分ノ命ヲシテ死ニ陥ラシムル」にちがいないと警告している。さらに千葉は「一層厳重網密ナル出版条例や新聞条例ノ如キモ、浅智狭量政府ノ命数ヲ短縮シ脈度ヲ減却スルニ」至るだろうとのべ、「可哀ソーナ浅智狭量政府」を徹底批判し、その政策の誤りを追及し、新聞紙条例、出版条例、集会条例など表現の自由を抑制するために次々とうちだされる弾圧治安立法の廃止を叫んでいる。

　現実に自由党員堀口昇が十五年二月、群馬県緑野郡中島村（現在藤岡市）で政談を論じたさいに、「政府は又著書、出版、言論、集会の自由を許し、人民をして充分なる準備を為さしめざるべからずとの趣旨を段々に論進し、新旧二刑法を対照して新刑法中新聞記者を処する者二三は却て旧法より厳なるものあるに論及し〝政府は悪人の肩を持つことなき筈だからして〟の一句に至り、「筈だ」の所に至るや否や臨監警部山村貫一郎氏は大音声に余が姓名を呼び、只今の演説は集会条例第六条に抵触するを以て中止解散を命」ぜられ、一年間群馬県において講談諭議禁止の刑をうけるほどのひどい状況を呈していた。（江井秀雄「自由民権家の演説紀行と演説筆記②」『東京経済大学人文自然科学論集』第二二号所収、一九六九・一〇）

（五）立法権――民撰議院

総数十九、部分修正九、大幅修正補充五、該当条文なし五

五日市草案では、民撰議院は直接投籤法で単撰される議員で構成し、選挙区は二十万人につき一名の定員を定めている。東京日々案の二十五万人に一名の割合より多いが、元老院案十五万人、永田一二（推定）の案十万人、筑前共愛会案五万人の選挙区と比較するとかなり大きな選挙区を想定している。明治十五年人口三千六百三十五万人で、二十万人に一人といえば総数百八十一人となる。その任期は三ヵ年とし、二ヵ年毎に半数改選を行う。

被選挙人の条件については、満三十歳以上の男子で、定額の財産をもち、さらにその私有地よりの歳入あることが証明でき、直税をおさめ、文武の常識のある日本国民（神官、僧侶、教導職、耶蘇教宣教師を除く）でなければならないとする大幅な制限がついている。また撰挙人資格は、女性、住居をもたない奴僕雇傭の者、政府の助成金をうけている者などに選挙権を与えていない点が、とくに目立つが、この撰挙人条件については一定額の財産所有者、直税納入者という制約がないことを酌量すれば、（私擬憲法の大部分にはこの財産制限がある）比較的普通選挙にちかいものといえよう。学芸講談会の議題として「女戸主ニ政権ヲ与フルノ利害」をとりあげたことは、婦人参政権を民衆レベルで討議した先駆的な例として、すばらしい事件といわざるをえない。

民撰議院は財政（租税・国債）に関しての法案起草の特権をもち、「諸租税ノ賦課ヲ許諾スルコトハ先ツ民撰議院ニ於テ之ヲ取扱ヒ、元老院ハ唯其事アル毎ニ民撰議院ノ議決案ヲ覆議シテ之ヲ決定スルカ、若クハ抛棄スルカノ外ニ出テス、決シテ之ヲ変改スルコトヲ得可ラス」（元老議院）と規定し、生活に密接な影響をおよぼす租税については、自らの選んだ代表よりなる民撰議院に託している。この点については、「贅沢品ニ重税ヲ賦課スルノ利害」、「増租ノ利害」、「海関税ヲ増シテ紙幣銷却《しょうきゃく》ノ元資ニ充ツルノ利害」、「訴訟者ニ課税スルノ可否」等、具体的な問題について学芸講談会で討議済みである。

また、政事上に非違のある官吏を上院に提喚弾劾する特権、民撰議院は、また行政官および国帝からの起議を討論、改竄《かいざん》する権を有する。

（六）　立法権――元老議院

総数十一、大幅修正補充六、該当条文なし五

嚶鳴社草案の上院議員にあたるものは、元老院議官に、定員五十名は四十名に、任期十年を終身に修正している。元老院議官は国帝の特権で任ぜられるのであるが、その資格は嚶鳴社草案とは若干ことなり、五日市草案の特徴をあらわしている。そこで、そのニュアンスの違いを理解するために、比較対照してみる（表4）。

資格順位第一を比較しただけでもわかるように、五日市草案では民撰議員のなかから選挙によって選ばれた議長をあげているのにたいし、嚶鳴社草案では皇族・華族をトップにもってきている（五日市草案では六番目）。さらに五日市草案では、執政官、参議官、軍人、大使、公使、裁判官、検事、功労者など立法、行政、司法の各府、その他なるべく多くの階層から任命することをねらいとしていることがわ

表4　両案のニュアンスの違い

嚶鳴社草案	五日市草案
（資格順位）	（資格順位）
一　皇族華族	一　民撰議院ノ議長
二　国家ニ大功労アリシ者	二　民撰議員ニ撰ハレタルコト三回ニ及ヘル者
三　三等官以上ニ任セラレシ者	三　執政官諸省卿
四　地方長官	四　参議官
五　三度以上下院ノ議員ニ撰ハレシ者	五　三等官以上ニ任セラレシ者
	六　日本国ノ皇族・華族
	七　海陸軍ノ大中少将
	八　特命全権大使及公使
	九　大審院上等裁判所ノ議長及裁判官又其大検事
	十　地方長官
	十一　勲功アル者及材徳輿望アル者

かり、一部の特権的階級だけからなる構成を排する姿勢がうかがわれる。

さらに、民撰議院、元老議院両院を通じて、その議員、議官としての身分上の保護を明確に法文化して、議事運営に支障のないようにし、その独立した権限をもたせていることは特徴的である。

（七）　立法権——国会の職権

総数三十二、同文一、部分修正三、大幅修正補充五、該当条文なし二十三

「国家永続ノ秩序ヲ確定国家ノ憲法ヲ議定シ、之ヲ添刪更改シ千載不抜ノ三大制度ヲ興廃スル事ヲ司

ル」と最初にかかげ、政治機構の最高機関として行政・司法にたいする優位性を明示している。「国会ハ総《すべ》テ日本国民ヲ代理スルモノ」であり、「国帝ノ制可ヲ須《ま》ツノ外総テ法律ヲ起草シ、之ヲ制定スルノ立法権」をもち、その議決で「憲法ノ缺典《ママ》ヲ補充」し、「総テ憲法ニ違背ノ所業」を矯正して、「新法律及憲法変更ノ発議」をすることができる。この場合もさきにみた「製法の本原」の三原則は適用される。さらに行政全局を監督したり、国帝や摂政官にたいして「国憲及法律ヲ遵守スルノ宣誓詞ヲ宣ヘ」させる権利もあわせもっている。

また国会は国民にたいして、その議事を公行し、公衆の傍聴を許可し、制定した法律の主旨を釈明したりしなければならない義務をもっている。制定すべき法律をこまかく列挙してあるのは他に例をみない。「医薬ノ法律及伝染病家畜疫疾防護」に関する法律を定めることまでふれているのは、毎年伝染病で数万人から十数万人の死者をだすという当時の衛生行政の貧弱な実態を鋭く直視していたからにちがいない。

千葉の草津療養旅行からの紀行文には、埼玉県の浦和、群馬県の前橋を通過して「両県共衛生警察至テ行届カズト認ム。（何トナレバドブノ水ヲ市中道路ヘ撒布《マキ》スルヲ誰何セズ。密淫売《ダルマ》ノ多キ其一斑ナリ）」とかれの潔癖さを表わしているところがみられ、人民の衛生問題に関心が深いことをしめしている。五日市ではその後「協立衛生義会」（創立員三十五名）という特異な結社が深沢権八ら生残りの学芸講談会有志らによって組織され、住民の衛生と厚生にたいして意欲的な働きかけがなされたことは注目に価しよう。

（八）立法権――国会の開閉

総数九、部分修正六、大幅修正補充二、該当条文なし一

ここでは、国会に自動集会権があるかどうかが問題であるが、国帝崩御の場合にかんしてのみ、自動集会権が認められている。そのほかはすべて勅命をもってひらかれる。また「各議院ノ集会ハ同時ニス可シ云々」の規定は、民撰議院閉会時に、国帝の任命だけでなる元老院の議決だけで法律を定めてしまう独走を考慮したものだろう。

（九）立法権――国憲の改正

総数八、同文二、部分修正六

右の内訳にもあらわれているように、嚶鳴社草案と略同一である。学芸講談会では「憲法改正ハ特別委員ヲ要スルノ可否」で討論したことがある。特別会議の構成は、元老院議員（ここでは「元老院議官」という名称を使用せず、用語の不統一がみられる）と、国憲改正のために特に選挙された人民の代表議員によってなり、それぞれ三分の二以上の議決を経て国帝の允可をえれば、憲法改正することができるだんどりになっている。憲法でない法律は両議院とも出席の過半数で決定されることと比較すれば、憲法改正の重要さを示していよう。

（十）行政権

総数十三、同文七、部分修正四、大幅修正補充二

基本的にイギリス流の議院内閣制をとっている。

嚶鳴社草案とあきらかにことなるのは、諸省長官の序次で、五日市草案では嚶鳴社草案の九卿に、教部卿、文部卿、農商務卿の三卿を補充した。農商務省が設置されたのは明治十四年四月七日だから、表

面的に見れば五日市草案成立月日もこれ以後であると考えられないこともないが、農商務の語句はそれ以前にもあり、これだけではにわかに断定しがたい。ついでに記せば他にプラスされた教部省は明治五年四月に、文部省は四年九月には設けられている。

(十一)　司法権

総数三十五、大幅修正七、該当条文なし二十八

司法権に三十五条もの規定をかかげたものはなく、他の私擬憲法草案のなかでも最も多い。立志社草案三十二条を別にすれば、大部分が十条前後である。千葉の法知識の豊富さが、詳細な規定をうみだしたのだろうが、憲法の要《かなめ》ともいうべき国民の権利の章の条文と符合するものが八条もあり、その力点のおき方が察せられる。国民の権利では、その基本的権利は国家権力に侵害されることはないと「受身」的文体で記されているが、司法権の篇では、法律によらない限りは、決して侵害してはならないと禁止的能動文のいいかたがとられている。二重規定とか裏規定と私がいったゆえんである。つまり、国民の権利規定の保証として、司法権で再び条文化し、この権利の不可侵性をいっそう積極的に強調するのである。たとえば司法権の「凡ソ著述出板《ママ》ノ犯罪ノ軽重ヲ定ムルハ、法律ニ定メタル特例ノ外ハ陪審官之ヲ行フ」、「法律ニ定メタル場合ヲ除クノ外ハ、何人ヲ論セス拿捕《だほ》ノ理由ヲ掲示スル判司ノ命令ニ由ルニ非レバ囚捕ス可ラス」、「何人ヲ論セス……家主ノ意志ニ違ヒテ家屋ニ侵入スルコトヲ得ス」などの規定は、国民の権利にそれぞれ照合する条文になっている。なお、こうした二重に規定する方法をとっている憲法草案は他にはない。

また、この草案は「司法権ハ不覊独立ニシテ」との規定を司法権の章の最初にかかげ、三権分立主義

をたてまえとしている。

さらに、国事犯や重罪をおかした犯罪の訴訟については、陪審（専門の裁判官のほかに、一般国民から選定される）が担当するとして、官僚裁判官だけの独断を防ぐことをネライとしている。その上、一般に刑事被疑者、被告人の権利保障が、じつに周到で、人間の権利を最大限にみとめており、五日市草案の特色がここに遺憾なく発揮されている。

5　草案起草者の悲願

五日市草案全体を素描すれば、明治十年代の最大公約数的憲法構想――イギリス流の議院内閣制、アメリカ流の三権分立主義の政治機構のもとで君民共治の実をあげようという意味の「立憲制」を標榜している。

しかし、その立法の精神は、たんに欧米からの模倣ではなく、その〝近代〟西欧、ルソーやミル、ベンサム、スペンサーなどの立憲主義と同一の原理として、二千年も前にさかのぼる古代中国、〝前近代〟東洋の伝統的原理――人民本位――に依拠しているという特徴がある。

そのひとつは、古代中国の戦国時代という、それまでの伝統的秩序は破られて、政権が、もはや一、二の権力者だけの意志によっては自由にできず、広範な民衆の支持が必要なそういう時点からうまれてきた諸子百家の思想――法思想の先駆者ともいえる公孫鞅《こうそんおう》や慎子（法家）・文子（道家）――で、諸国の国家統治のための原理であった。そこにながれるものは、法に最大の権限を与える、法律を基本とする政治形態であり、現実主義的な政治思想といえる。

また、『王道論』のなかで、かれが立脚している〝四書五経〟の儒家思想も認めなければならない。

「皇、其有極ヲ建テ、民、其民極ヲ作シ、皇極民極倶ニ建作セラレテ而シテ始テ王道タル」ことができ、国憲の制定とは「有極ヲ皇民ニ建作スル」ものであるという認識は、憲法起草の根本的理念として基軸をなしている。

千葉はそこから「風土」・「時世」・「道理」にかない、「令於民之所好、而禁於民之所悪」（管夷吾）という、「民情」を充分に考慮する〝法の精神〟を参酌し、かれ自身が歩んできた明治維新前後、数十年間の日本人民の反封建闘争の原体験から、独自の法思想を構築し、それを憲法起草に昇華させたのである。ここにかれの卓越性をみとめることができる。

さらに、その一条一条の法文上の問題は、学芸講談会や学術討論会の学習結社を通じて、大豪農・豪商・戸長・教員・医者・神官・僧侶・零細農民・林業労働者など五日市人民の土着的、生活的基盤にまでおろされ、そこで徹底的に論議されてでてきた解答でもある。

だからこそ、五日市草案は法文間に見られる前後撞着、立法技術上の疎漏などを超越して、当時の国民的課題と国民の主体的条件に合致したものといえる。ここで、千葉自身の矛盾や五日市グループの思考の混濁は、そのまま法文化されてしまったのではないかとも考えられるが、それがかえって完全無欠の草案にはみられない試行錯誤の経過をしめし、日本憲法史上はもちろん、民衆の思想形成過程をさぐるうえにも、みのがすことのできない貴重な問題を提示し得たのである。また、そこにみられるさまざまな先駆的示唆は、未発のまま戦後の平和憲法への源流となって歴史の地下を伏流していたのである。

二　嚶鳴社憲法草案の研究

江井秀雄

1　「嚶鳴社」草案の発見と深沢文書

小生は一九六八（昭和四十三）年七月、長年の念願であった東京都西多摩郡五日市町深沢（現あきる野市）の豪農であり、また、同地方民権運動最大の指導者でもあった深沢権八の土蔵が開けられるとの朗報に小躍りして喜んだ。色川大吉教授を中心とする三多摩民権運動研究グループにとって長年にわたる夢であったからである。同じ五日市町の大豪農内山安兵衛の土蔵調査によって大きな成果をあげていた色川研究室では、深沢の蔵さえ開けば西多摩郡民権運動の核心に触れられると信じて数年、その念願はようやく現実となったのであった。

世はまさに「明治百年」で湧いていた一九六八年八月二十七日、第一回史料調査を開始した。そして、そこにおいて江戸後期の史料を始めとして明治前期の山村経済や村政、林業、民権運動などの実態を解き明かすにたりる重要な文書数千点を発掘したのであった。

このような膨大な史料の山の中で一冊の、表紙もなにもない、ただ一頁目に、かすんだように深沢印が押されたわずか二十数頁の小さな印刷物に、注意が注がれたのは第一回調査も一段落した十月の始めであった。それは第一篇　皇帝で始まる起草者不明の「私擬憲法草案」であった。なにげなく手にしたこの一冊の憲法草案がよもや幻の憲法草案と学界で呼ばれていた「嚶鳴社」草案であろうとは気の付くはずもなく、おそらく現在判明している民間私擬草案五十数種類の内の一つぐらいであろうと簡単に考えていた小生は、この小印刷物に対してあまり期待をしていなかったのである。それはちょうど今回の調査で同時に発見された「日本帝国憲法」（五日市草案）が、当時の著名な民権家によって起草された草案の模写であろうと、大した期待をしていなかったのと同じようなものであったからであろう。

しかし、数日して色川教授より千葉卓三郎の起草とみられる憲法草案（五日市草案）は、かなり独創性のあるすばらしい草案であり、また、起草された段階も内容の点から考察すると明治十三年（一八八〇）末から十四年始めにかけて完成されたものらしいと聞かされた。そこで、もしかしたらと思い、急遽この小さな印刷物の憲法草案の条文を、各私擬憲法草案の条文に照合し始めたのである。そうすると、これが意外なことに共存同衆案「私擬憲法意見」に非常に近い内容の草案であることを認めるにいたった。しかも、この小印刷物の憲法草案は、共存同衆案として発表されている草案と条文においてはかなり重要な相違を発見することができる。また、千葉卓三郎草案に相当の影響を与えていることがはっきりしている。だが、共存同衆案が一般に発表されたのは、明治十四年（一八八一）六月であり、千葉卓三郎草案はそれ以前に完成したのであるから共存同衆案を参照するのはおかしい、など、いくつかの重要な疑問点に達するにいたった。

そして、これらの疑問点をどう解決するか考えていた小生は、この瞬間つぎのような大きな問題を思い出したのである。

それは、稲田正次氏が早くから学界に問題を提起され、また、自らの手で長い年月をかけて実証されてきた「嚶鳴社」草案＝共存同衆「私擬憲法意見」の稲田説を切りくずすことのできる「嚶鳴社」草案の現物がこの草案ではないのか、ということであった。そこで、この小印刷物の憲法草案を徹底的に分析すると同時に、また、他史料との照合、などに全力を注いだ。その結果いくつかの重要な確証をつかむにいたり、また、かなり大胆ではあったが一つの推論を見い出すにいたった。

そして昭和四十四（一九六九）年一月『東京経大学会誌』第六一号において「嚶鳴社憲法草案についての考証」という小論を書き、簡単にその考証過程と稲田説への一部反論を述べておいたのであるが、その後稲田氏による「相愛社憲法草案」の発見や、また、基本資料の再調査の結果、先の小論に若干の補筆を加える必要が生じた。そこで、本稿においては、さらに新しい推論を加えて小生の追求してきた過程を通して、再度今回発見の憲法草案が「嚶鳴社」草案であるとの実証と、合わせて稲田氏が推定された「共存同衆案は実は嚶鳴社草案ではなかったか」との説に反論しつつ、本論を展開してみたいと考えている。

2　「嚶鳴社」草案と共存同衆「私擬憲法意見」の条文比較

稲田氏の問題提起

東京教育大学（現筑波大学）の稲田正次氏は過去数度にわたる推察の結果、（注1）共存同衆案「私擬憲法意見」は嚶鳴社案と同草案であろうとの推論に達せられていた。しかし、小生はこの推論に一部納得することができず、自ら考察を重ねてきたのであるが、このたび深沢権八の土蔵から発見された新史料の分析によって、推定がほぼ誤りないことを確認する段階にいたった。

そこで小論では、家永三郎氏も『明治前期の憲法構想』「各論――各憲法草案の個別的解説」の「嚶

表1　各編、款における「共存同衆」案、「嚶鳴社」案の条数比較

	帝位相続	女帝ノ配偶	摂政	皇帝ノ権利	国会	下院	上院	国会ノ権利	国会ノ開閉	国憲ノ改正	国民ノ権利	行政官	司法権	合計
深沢蔵・憲法草案・推定「嚶鳴社」草案	八条	／	六条	十三条	七条	十五条	七条	五条	七条	八条	十条	十三条	八条	一〇七条
共存同衆「私擬憲法意見」	七条	二条	八条	十六条	七条	十五条	七条	五条	七条	八条	十条	十三条	／	一〇五条

鳴社の憲法草案」の解説において「稲田正次氏は、この嚶鳴社案なるものは実は共存同衆案であって、共存同衆案として伝えられているものが嚶鳴社案であろうと推定しているが、必ずしもそのように断定できるかどうか疑問もある。両案がほとんど同内容であるとすれば、それは嚶鳴社・共存同衆の憲法起草者に金子をはじめ共通者が何人かいて、その結果両方で同じような案を作ったと考える余地もあり、しばらくここでは従来の所伝にそのまま従っておく」（傍点筆者）と、共存同衆案は嚶鳴社案と別個な草案ではないかと疑問を提起していられるが、小生なりにその根拠を具体的に述べ、稲田説への反論を行ってみたい。また、終章においては、深沢権八がこの「嚶鳴社」草案を入手した年、そして五日市での憲法草案起草過程の検討などもあわせて考察する。それでは本論に入る前にまず、深沢蔵「嚶鳴社」草案と推定される小印刷物憲法草案と共存同衆案「私擬憲法意見」（以下煩雑を避けるため単に「草案」「意見」と略称する）の条文の比較対称を行っていってみたい。

　一八八一（明治十四）年六月に出版された片山菊次郎編（奥付には片山菊治郎とある）『私擬国憲類纂』（注2）に記載された「意見」と新史料「草案」には帝位相続、摂政、皇帝ノ権利などかなり重要な部分の相違

が見られるが、その他は「意見」に司法権の第一条から第八条の条項がないことを除くと、一部の用語変更はあっても全体としては、ほぼ同種の草案であるということができる。その点をまず大観的に承認し、つぎに相違する部分を指摘してみよう。

そこで条数比較表を参照されたい（表1）。

これは「意見」と「草案」の各款における条数を比較したものである。帝位相続、女帝ノ配偶、摂政、皇帝ノ権利の四款は両案にかなりの相違が見られ、条数も司法権を除いて六条「意見」が多くなっており、全体では「意見」一〇五条、「草案」一〇七条で、「意見」にない司法権八条を加えても両案の差が二条しかなく、第一編皇帝の部分にかなり補筆されたことがわかろう。そこで両案に相違ある部分の条文を別けて検討してみよう。

「私擬憲法意見」「嚶鳴社」草案の比較

○共存同衆「私擬憲法意見」	○深沢蔵推定「嚶鳴社」草案
皇　帝	第一篇　皇　帝
帝位相続	第一欵　帝位相続
第二条　今上皇帝ノ皇位ハ嫡皇子及ヒ其統ニ世伝シ其統ナキ時ハ嫡衆子及ヒ其統ニ世伝シ其統ナキ時ハ庶皇子及ヒ其統ニ世伝ス	第二条　今上皇帝ノ皇位ハ嫡皇子及ヒ其男統ニ世伝シ其男統ナキ時ハ嫡衆子及ヒ其男統ニ世伝シ其男統ナキ時ハ庶皇子及ヒ其男統ニ世伝ス
以上ノ統ナキ時ハ嫡庶皇女及ヒ其統ニ世伝ス	（この条欠）
第三条　若シ嫡皇子孫庶皇子孫及ヒ其統ナキ時ハ皇帝ノ兄弟姉妹及ヒ其統ニ世伝ス	第三条　若シ嫡皇子孫庶皇子孫及ヒ其男統ナキ時ハ皇帝ノ兄弟及ヒ其男統ニ世伝ス

第四条　皇帝ノ嫡庶子孫兄弟姉妹及ヒ其統ナキ時ハ皇帝ノ伯叔父母(注) 皇帝ニ帝位ヲ伝ヘタル父若クハ母ノ兄弟姉妹ヲ云フ 及ヒ其統ニ世伝ス

第五条　皇帝ノ嫡庶子孫兄弟姉妹伯叔父母及ヒ其統ナキ時ハ皇族中当世ノ皇帝ニ最近ノ血縁アル者ヲシテ帝位ヲ襲受セシム

(この条欠)

第六条　以上承継ノ順序ハ総テ男ハ女ニ先ダチ長ハ幼ニ先ダチ嫡ハ庶ニ先ダツ

(この但し書きは第九条と同文)

第七条　特殊ノ時機ニ逢ヒ帝位相続ノ順次ヲ超ヘテ次ノ相続者ニ伝フルヲ必要トスルトキハ皇帝ハ其方案ヲ国会ニ出シ議員三分二以上ノ可決アルヲ要ス

女帝ノ配偶

第八条　女帝ハ皇族中ヨリ配偶ヲ擇ムコトヲ得

但即位ノ前ニ皇族ニアラサル者ニ配シタル場合ハ此限ニアラス

摂　政

第十条　皇帝ハ満十八歳ニ至ラザレハ未成年トス

第十一条　皇帝未成年ノ間ハ摂政官ヲ置クヘシ

第十三条　摂政官ハ皇帝若クハ内閣宰相之ヲ皇族近親ノ中ヨリ指名シ国会三分二以上ノ可決ヲ得ルコトヲ要ス

第四条　皇帝ノ嫡庶子孫兄弟及ヒ其男統ナキ時ハ皇帝ノ伯叔父(注) 皇帝ニ皇位ヲ伝ヘタル父ノ兄弟ヲ云フ 及ヒ其男統ニ世伝ス

第五条　皇帝ノ嫡庶子孫兄弟伯叔父及ヒ其男統ナキ時ハ皇族中当世ノ皇帝ニ最近ノ血縁アル男及ヒ其男統ヲシテ帝位ヲ襲受セシム

第六条　皇族中男無キ時ハ皇族中当世ノ皇帝ニ最近ノ女ヲシテ帝位ヲ襲受セシム

但女帝ノ配偶ハ帝権ニ干与スルコトヲ得ズ

第七条　以上承継ノ順序ハ総テ長ハ幼ニ先ダチ嫡ハ庶ニ先ダチ卑族《ママ》ハ尊族《ママ》ニ先ダツ

第八条　特殊ノ時機ニ逢ヒ帝位相続ノ順次ヲ超ヘテ次ノ相続者ヲ定ムルコトヲ必要トスルトキハ皇帝其方案ヲ国会ニ出シ議員三分二以上ノ可決アルヲ要ス

(この欵欠)

(この条欠)

第二欵　摂　政

第九条　皇帝ハ満十五歳ヲ以テ成年トス

第十条　皇帝成年ニ至ラザル間ハ摂政官ヲ置クベシ

第十二条　摂政官ハ皇帝若クハ太政大臣之ヲ皇族近親ノ中ヨリ指名シ国会三分二以上ノ可決ヲ得ルコトヲ要ス

第十四条　成年ノ皇帝政ヲ親ラスル能ハサル場合ニ於テ皇帝ノ相続者既ニ満十八年ニ至ルトキハ摂政官ニ任ス
此場合ニ於テハ皇帝若クハ内閣宰相ヨリ国会ニ通知スルニ止リテ其議ニ附スルヲ要セス

第十五条　嗣帝未成年ノ場合ニ於テ皇帝親ヲ嗣帝ノ為メニ豫メ摂政官ヲ指定シテ之ヲ国会ノ決議ニ附スルヲ得

第十七条　摂政官ノ年齢《ママ》ハ宮内省ノ年額ヨリ支給ス

皇帝ノ権利

第十九条　皇帝ハ立法行政司法ノ権ヲ総統ス

第二十条　皇帝ハ定期若クハ臨時ニ国会ヲ召集シテ之ヲ開キ之ヲ閉シ若クハ之ヲ解散スルノ権アリ
但国会ヲ解散スルノ後三ケ月内ニ新タナル国会ヲ召集セサル可ラズ

第廿一条　皇帝ハ議案ヲ国会ニ付シ之ヲ允可シ若クハ之ヲ拒否スルノ権アリ但歳入予算表ノ外租税ニ関スル議案ヲ国会ニ附スルノ権ナシ

第二十二条　皇帝ハ法律ノ施行ヲ停止スルコトヲ得ズ

第二十三条　皇帝ハ宰相及ヒ諸省ノ長次官地方長官海陸軍ノ将官并ニ裁判官ヲ任免ス
但終身官ハ法律ニ定メタル場合ノ外ハ之ヲ免スルコトヲ得ス

国憲ノ改正

第十三条　成年ノ皇帝政ヲ親ラスル能ハザル場合ニ於テ皇帝ノ相続者既ニ満十五歳ニ至ルトキハ摂政官ニ任ズ
此場合ニ於テハ皇帝若クハ太政大臣ヨリ国会ニ通知スルニ止リテ其議ニ附スルヲ要セズ

（この条欠）

（この条欠）

第三欸　皇帝ノ権利

第十六条　皇帝ハ立法行政司法ノ三部ヲ総轄ス

（この条欠）

（この条欠）

（この条欠）

第十九条　皇帝ハ何等以上ノ官及ヒ裁判官ヲ任免ス
（この但し書きは同文）

国憲ノ改正

主なる相違点

以上第一篇、第一欵帝位相続では「草案」は男子が帝位継承の順序で優先し、男子なく、止むを得ぬときは女帝の擁立も有り得るとされ、元老院の規定と類似しているのに対し、「意見」では女子を継承の順位の中に入れている点など、イギリスの制度などを参考としていることがうかがわれる。

つぎに摂政の条文を見ると、「草案」では皇帝の成年年齢を満十五歳とする日本古来の元服の年、あるいは明治天皇即位時の年齢を採用しているのに対し、「意見」では満十八歳と規定している点大いに注目されよう。ちなみに皇帝の成年年齢を他の草案に徴して見るならば、現在判明している全草案中、(注3)満十四歳を採用しているのは沢辺正修起草（推定）の「大日本国憲法」。満十七歳は筑前共愛会の「大日本国憲法大略見込書」、「大日本帝国憲法概略見込書」立志社の「日本憲法見込案」。満二十歳は菊地虎太郎他の「大日本帝国憲法」であり、満十五歳を採用しているのは本案しかなく、他はほとんど満十八歳をもって成年とするイギリス流によっている点、十五歳成年説は特徴があろう。また、「草案」では摂政官の指名は、皇帝若くは太政大臣が皇族近親の中より選出するのに対し、「意見」では皇帝若くは内閣宰相とイギリス流に規定している。皇帝ノ権利の条文では、「草案」に対して「意見」はかなり大幅に修正されたことがうかがわれる。条数も「意見」十六条に対し、「草案」十三条と増えており、さらに「草案」では第十七条、十八条の二条が空白になっている。これはあきらかに二条が未完成であり、手直しされるはずであったのがなにかの事情でもって、空条のまま印刷されてしまったのであろうことが推測される。このほかに条文そのものの修正されたものとしては、「草案」第十九条が「意見」第二十三条に見られるように条文内容が具体的になったくらいで、皇位継承順位の表の中に見られる「嫡庶子」が「嫡衆子」、「嫡曾孫女」が「庶曾孫女」、と一字訂正された程度の違いがあるだけで他は全くの同文である。

3　稲田説への反論

稲田説

稲田氏は『明治憲法成立史』において両案について次のようにいわれている。

一、「植木枝盛自筆のノートの「嚶鳴社」草案と「私擬国憲類纂」所載の共存同衆「私擬憲法意見」の目次を比較して、「両者は殆んど符合しており、異なっている点は、嚶鳴社案には『私擬憲法意見』に見える『女帝ノ配偶』と『皇帝ノ権利』の款が欠けていることと、『私擬憲法意見』に見えない『司法権』の編があることと、「私擬憲法意見」に欠けている第何編第何款が付けられている。そして『女帝ノ配偶』は僅か二ケ条であるので、嚶鳴社案では一の款として区分するのをやめたのかもしれない。『皇帝ノ権利』は嚶鳴社案では不可欠のもので当然あったものを恐らくこれは植木がウッカリして目次で脱落させて了まったかと思う。『私擬憲法意見』が第何編第何款と整理されておらず、司法権が欠けているのは、恐らくはこの案が未完成であったことを示すのではあるまいか。要するに、両案は内容は略同じであるが、ただ嚶鳴社案の方が完成された案であったに相違ないと思われる。両案が全く別個な案であったと考えることは困難である」と。(注4)

二、『嚶鳴雑誌』第一号（明治一二年一月二五日）所載の吉田次郎の『嚶鳴社ノ沿革』の中に記載される記事と、(注5)金子堅太郎自身の回顧が略一致し、(注6)「金子は共存同衆にも入っていたが、この同じ回顧録の中で共存同衆は小野梓、馬場辰猪、三好退蔵、岩崎小二郎、菊地大麓及び私などが会員であって、ここでも憲法を頻りに研究していたといっているけれども、草案を起草したとは言っていない。

故に金子が参加起草したと見られる『私擬憲法意見』なるものは嚶鳴社グループの起草にかかるものであることは略明らかであると思う(注7)」

「河津（祐之）、金子（堅太郎）、島田（三郎）らは当時元老院在職中で憲法草案を世間に公表するについて憚かるところがあったのではなかったかと思う。こうした事情も手伝い出所がはっきりしないままに流布されたのだろう。殊に金子、島田は共存同衆に関係していたので誤り伝えられたのではないか。」

「この草案の作成時期は恐らくは明治十四年よりは前で明治十三年中ではなかったかと思う(注8)」

さらに六年後に公刊された稲田氏の『明治国家成立の政治過程』では次のように補説されている。

内藤魯一が注記の投書を書いた(注9)当時、「すでに片上編本は刊行されており、従っていわゆる共存同衆案を参照することができたにかかわらず、内藤は上述の通り私擬憲法案として嚶鳴社案の外には、交詢社案と日報社案だけを取り上げているのは、嚶鳴社案といわゆる共存同衆案が略々同一内容のものであったからではあるまいか。」

と推定され、その結果「共存同衆案として伝えられているものは、実は嚶鳴社案であったに違いないと思う」といわれている。

植木案目次と「意見」「草案」目次の比較

小生はこの推論に対していくつかの反論根拠を見い出すことができる。はじめに、植木ノートに記載されている「嚶鳴社」案目次は、「意見」にみえる「女帝ノ配偶」と「皇帝ノ権利」の款を欠いていること。第何編第何款が整理されている点である。

稲田氏のいわれるように植木は「嚶鳴社」案に不可欠であった「皇帝ノ権利」をウッカリして目次で脱落させてしまったと述べているが、意図的かもしれない。しかし「女帝ノ配偶」や「司法権」の欠如に対する論証には賛成できない。そこで両案をはっきりと別個な草案と考えるならばどうであろう。つぎの「草案」、「意見」、植木ノート記載の「嚶鳴社」案の目次の比較をみてみよう。

深沢蔵草案目次（「草案」）

第一篇　皇帝
　第一款　帝位相続
　第二款　摂政
　第三款　皇帝ノ権利
国会
　下院
　上院
　国会ノ権利
　国会ノ開閉
国憲ノ改正
国民ノ権利
行政官
司法権

共存同衆目次（「意見」）

皇帝
　第一款　帝位相続
　　女帝配偶
　摂政
　皇帝ノ権利
国会
　下院
　上院
　国会ノ権利
　国会ノ開閉
国憲ノ改正
国民ノ権利
行政官

植木ノートによる嚶鳴社案目次

第一篇　皇帝
　第一款　帝位相続
　第二款　摂政
第二篇　国会
　○下院
　○上院
　第一　国会ノ権利
　第二　国会ノ開閉
第三篇　国憲ノ改正
第四篇　国民ノ権利
第五篇　行政官
第六篇　司法権

一見して「草案」と「意見」の相違が確認でき、なおかつ「草案」と植木ノート「嚶鳴社」案の酷似性を強調できよう。

ただ植木ノートでは篇款が整理されている点に疑問が残るが、これは「草案」に篇款が第一篇と第一、二、三款までしか付記されておらず、「意見」においてはこの篇款も、第一款があるだけで、他は取り去られている。（注10）その点を見ても、植木がこの一部未整理であった「草案」の篇款に補修を行ない、完成させたとも考えられるし、そう考えるならば、この点についての疑問点も氷解するであろう。

またさらにこれを確証付ける史料として熊本相愛社に送った矢野駿雄憲法草案（推定）をあげることができる。

矢野駿雄案の考証と「草案」の関係

明治十四年熊本相愛社においては憲法草案の起草が企てられていたが、良いアイデアが浮ばず、当時東京にいた自由党員矢野駿雄（注11）に憲法起草に参考となるような私擬憲法草案を送ってくれるよう依頼したことが、『松山守善自叙伝』に見られる。（注12）

だが矢野の寄贈した憲法草案とそれを手本に起草されたといわれる相愛社草案が判明していなかったため、その内容を知るに至らなかったが、昭和四十二年熊本近代史研究会員水野公寿氏によって矢野駿雄（推定）憲法草案と相愛社草案の一部が発見された。（注13）

その後水野氏の研究（注14）を基に家永三郎氏が指摘された部分で、（注15）矢野案は嚶鳴社案＝共存同衆案とされている「私擬憲法意見」を手本とし、その一部を改訂して起草したものであるといわれているのは周知のことであるが、皇帝の成年を十五歳（「意見」では十八歳）としている点などかなり重要な相違も認められるという。

そこで矢野の憲法草案と推定されている『東肥新報』明治十四年七月五日・九日号に掲載された全文を検討してみる。

憲法草案

第六条　皇族中男ナキトキハ皇族中當世ノ皇帝ニ最近ノ女ヲシテ帝位ヲ襲受セシム

第七条　以上承継ノ順序ハ総テ長ハ幼ニ先ダチ尊族ハ卑族ニ先ダツ

第八条　特殊ノ時機ニ逢ヒ帝位相続ノ順次ヲ超ヘテ次ノ相続者ヲ定ムルコトヲ必要トスルトキハ皇帝其方案ヲ国会ニ出シ議員三分二以上可決アルヲ要ス

第二款　摂　政

第九条　皇帝ハ満十五歳ヲ以テ成年トス

第十条　皇帝成年ニ至ラサル間ハ摂政官ヲ置クヘシ

第十一条　成年ノ皇帝ト雖トモ政ヲ親ラスル能ハサル事故アリテ国会其事実ヲ認メタル時ハ其事故ノ存スル間亦摂政ヲ置ヘシ

第十二条　摂政官ハ皇帝若クハ太政大臣之レヲ皇族近親ノ中ヨリ指名シ国会三分二以上ノ可決ヲ得ルコトヲ要ス

第十三条　成年ノ皇帝政ヲ親ラスル能ハサル場合ニ於テ皇帝ノ相続者既ニ満十五歳ニ至ルトキハ摂政官ニ任ス、此場合ニ於テハ皇帝若クハ太政大臣ヨリ国会ニ通知スルニ止リテ其議ニ附スルヲ要セス

第十四条　摂政官ハ其在官ノ間名爵及ヒ儀仗ニ関スルノ外皇帝ノ権利（ヲ脱）受用ス

第三款　皇帝ノ権利

第十五条　皇帝ハ神聖ニシテ責任ナシ

第十六条　皇帝ハ立法行政司法ノ三部ヲ総轄ス

第十七条　皇帝ハ何等以上ノ官及裁判官ヲ任免ス

但終身官ハ法律ニ定メタル場合ノ外ハ之ヲ免スルコトヲ得ス

第十八条　皇帝ハ陸海軍ヲ総督ス

第十九条　皇帝ハ戦ヲ宣シ和ヲ講ス

但即時ニ之ヲ国会ニ通知スヘシ

第二十条　皇帝ハ外国派遣ノ使節諸公使及ヒ領事ヲ任免ス

第二十一条　皇帝ハ外国ト諸般ノ条約（ヲ脱）為ス

但国財ヲ費シ若クハ国疆ヲ変改スルノ條約ハ国会ノ承諾ヲ得ルニ非ザレバ其効力ヲ有セズ

第二十二条　皇帝ハ通貨ヲ製造シ改造ス

まず矢野案と「草案」を全体として比較してみると、「草案」の第二款摂政の第十九条を、欠如している第十七条の条に移動させ、第十六条に接合させて、二条空白となっていたところを補正しているのと、第七条の「卑族ハ尊族ニ先ダツ」の誤りを訂正しているだけで、その他全くの同一条文であることに気付くであろう。さらに最近になって稲田氏は、国会図書館憲政資料室所蔵、佐々友房文書中の「憲法草案」が相愛社起草・私擬憲法草案であろうと推定され、その実証を『東京理科大学紀要（教養篇）』

第二十号（一九六九年）においてなされた。そこで小生もこれを利用して、矢野草案＝嚶鳴社草案であるとの実証を行ってみたい。

稲田氏の上述の論文「相愛社憲法草案の原案（以下「原案」と呼ぶのはすべてこの草案のことである）とその修正案（同じく「修正案」と呼ぶ）が掲載されていて、「原案」の方は矢野起草のもの、「修正案」はその原案を検討して相愛社で起草した相愛社草案の一つではないかといわれている。しかし問題としてのこるのは、家永編『明治前期の憲法構想』に収録されている推定矢野案（『東肥新報』所載「憲法草案」以下「矢野案」と略称）と相愛社憲法草案であるが、これも「矢野案」と「原案」の条文がほとんど同一または小異であり、「矢野案」の第六条から第二十二条までかかげられている部分の第六条から第十四条までは「原案」と条数も符合している点などを見て結局東肥新報所載「憲法草案」（「矢野案」）は上掲『憲法草案』（「原案」）をいくらか修正したものらしく、両者共矢野起草の系統の案というべきであろう、と述べられている。

だが、小生は「矢野案」が「草案」と全く同一草案であると推論する関係上、「原案」はやはり「矢野案」の修正案と見た方が良いと思う。しかし、ここで問題となるのはそのようなことではなく、「矢野案」つまり「草案」の修正され、明らかに参照された草案が「原案」であるということである。これには皇帝成年年齢を満十五歳としており、また、継承順位も男子が優先となっている点など、「草案」を参照して起草されたものであることは疑いない。すると松山守善らによって参考となりうる憲法草案の依頼を受けた矢野駿雄は「草案」＝嚶鳴社草案を熊本相愛社に送ったのであり、『東肥新報』明治十四年七月五日・九日に掲載された「矢野案」と推定されたものは「草案」であった訳である。そうしてこの「矢野案」を基にして相愛社では討議し憲法を起草したのであろうことがここに立証されるのではないだろうか。

「嚶鳴社」案の起草過程と金子堅太郎の回顧録

つぎに稲田氏は金子堅太郎の回顧録中（注6参照）「共存同衆では憲法を頻りに研究はしたが草案を起草したとはいっていない。故に金子が参加起草したと見られる『私擬憲法意見』は嚶鳴社グループにかかるものである」といわれている。たしかに金子は嚶鳴社において草案を起草したことを、いくつかの回顧録中に述べているので、その点まで疑うことはできないであろう。しかし、稲田氏のいわれるように、すぐに嚶鳴社グループの起草した草案が「私擬憲法意見」だと断定するのは早計ではないだろうか。そこで以下、私見を述べてみたいと思う。（補注参照）

『嚶鳴雑誌』第一号は明治十二年十月二十五日の刊行であるから、吉田次郎が同誌に記載している「日本帝国国憲ノ草案ヲ擬撰シテ之レヲ私擬セント是実ニ一大偉業ナリ」云々は遅くとも十二年十月以前の事実を述べているものと思われる。すると「嚶鳴社」草案は同雑誌が発行された時点には形成途上にあったであろうことを、この文面から推測することができる。そしてその後、起草は進み、十二年末には完成したであろうと思われる。それはつぎの事由を考究することによって立証できるのではないだろうか。

明治十二年五月、太政官政府は、官吏が職務に関係ない政談演説を行うことを禁ずるという布達を出した。共存同衆の小野梓などはこのことを日記の明治十二年五月十一日の条に「午後白蓮会に列す。聞く、政府は官吏の講談するを禁すと。是れ鼠輩が予の世間に勢を得るを畏れ、この姑息の処置を為す。蓋し是れ亡滅の基なる乎。吁々惜むべし。予輩すら畏ろしくては最早もてかぬるべし。惟ふにこれは井上氏のこそくりなるべし。明日出仕明了にすべし。勢によつては辞官すべし。」と記し、憤激している。この太政官布達は嚶鳴社にたいしても大きな痛手となった。それは同社員の三分の一が、当時政府の官吏であったからである。

これは憲法を起草していたメンバーの中の河津祐之、島田三郎らは、そのころ元老院在職中であり、この通達によりかれらが起草していた憲法草案を一般に公表する機会を失ったろうことは想像に難くない。

また、金子堅太郎にしても同じことであった。金子は明治十二年春ごろ嚶鳴社に入社している、そこで知り合った河津、沼間の紹介で、明治十二年末、金子の才能を知らしめるため、当時元老院議官であった河野敏鎌、柳原前光に面会の機会を得た。そして翌十三年一月二十六日付をもって元老院第二課に出仕、ただちに法律規則の取調べに当たることを命ぜられている。(注16)

金子にとっては長年の願望であった官吏への道が開かれたことでもあり、このチャンスを妨げるなにものも、身辺からとりのぞきたかったのではないかと推定される。とすると、河津、島田らが公表を憚っていた憲法草案の起草者の一員として、金子がその頒布に強く反対したとも思われる。こう考えてくると、金子が、〝共存同衆でも研究していたが起草はされていない〟ととれる発言を(注17)『明治憲政経済史論』において行っているのだから、かれ個人の共存同衆における憲法起草の準備作業も、とりやめられるようになったであろう。

現に一応できあがっていたと考えられる「嚶鳴社」草案も、部分の修正・補足が行われていない事実が認められるからである。

以上のようにみるならば、金子は回顧録中において「研究は行なったが、起草はしなかった」というのは当然であり、稲田氏が、金子が起草しないといっているから「嚶鳴社」案は共存同衆案と同じものだとは一概に云えないであろう。（拙稿「嚶鳴社研究」4・5『和光大学人文学部紀要』第24・25号参照）

以上のように、稲田説に対して反論根拠を提示しつつ、自らの考察を進めてきたが、最後に五日市の深沢家より発見した史料を基にして、また、いままで論証を進めてきた経過などを見ながら、五日市に「嚶鳴社」草案とおもわれる憲法草案が存在した理由、さらに「嚶鳴社」草案と共存同衆「私擬憲法意見」の成立年代、などを推定してみたい。

4　「五日市草案」と「嚶鳴社」草案の関係

五日市民権家の「嚶鳴社」草案入手の経過

植木枝盛が「嚶鳴社」草案を入手したときのことを稲田氏は『明治憲法成立史』上巻において、「十三年十一月中旬から十二月下旬にかけて滞京し、国会期成同盟や自由党組織の会合に出席していた頃、関係者より入手したのではないか」（植木日記「十二月十二日。午後浅草井生村楼に開く嚶鳴社員等の演説を聞く」）といわれている。また『明治国家成立の政治過程』では、前の補証を行い「内藤の記載によっても明らかな如く、植木は当時（十四年七月頃）国会期成同盟本部の林包明から「嚶鳴社」の草案を配布されたものと認められると述べられている。

そこで深沢家から発見された「嚶鳴社」草案についてであるが、これがいつ、いかにして五日市の山奥の僻村の民権家の手に渡ったのか。それを明らかにするために、まずつぎの史料を見たい。

謹啓　陳ハ過日府中駅ニ於テ御約束仕候シ憲法草案壱通拝掌仕リ候

間　正ニ御領取下サレ度ク候　　匇々　頓首

第十二月十三日　　　　　　野村本之助

土屋勘兵衛様

御侍史

これは第二回深沢史料調査(注18)において発見された書簡（文書）であるが、内容に見られるように深沢権八が五日市の民権家の土屋勘兵衛に依頼して「嚶鳴社」草案を入手したことを確証する重要な史料である。

書簡には何年と記されていないが、嚶鳴社と五日市の関係を見ていくと、何年であるかはほぼ推測できる。その推定を行うまえに、まず深沢がなぜ「嚶鳴社」草案を入手したがっていたか、その辺から考えていってみたい。

五日市は今日においては山深い僻村であり、文明の発達から遅れた地方として、一般には忘れられている。しかし、江戸時代中頃以降は、五日市街道を中心とした「市」を通じて、また、木材運搬のために秋川・多摩川の水路を通じて江戸と結ばれ、産業経済の交流を発展させていた。

深沢権八も木材を扱う関係上若いときから父名生《なおまる》とともに深川の木場との間を往来し、都市知識人たちの新しい息吹にふれることができていたろう。このことは「東京ニテ出版スル新刊ノ書籍ハ恭ク之ヲ購求シテ書庫ニ蔵シ居タリ」と、利光鶴松が自叙伝(注20)で述べていることでも知られる。

また明治十二年頃よりは五日市勧能学校を中心とした「学芸講談会」を組織し、勉学に励むなど自由民権意識を高めていた。(注21)こうして熱の入った討論会や学習会を行っていたころ、東京では第二回国会期成同盟の大会が全国から代表六十七名の出席をもって開かれた。（明治十三年十一月）大会中議題も国会開設と憲法起草が問題の中心をなし、討議のすえ一年後の十四年十月第三回大会に各地において起草された憲法草案を持ち寄ることを誓いあって大会は散会した。

このことはかれらの「学芸講談会」や「学術討論会」にも強い刺激を与えた。前々から討論や演説で前提条件が整えられていたところに期成同盟からのアピールが届いたからである。その上、五日市には千葉卓三郎という憲法起草者がいたのであるから尚更である。深沢らが千葉の憲法起草の手助けとその準備のために「嚶鳴社」草案を切実に求めた事情はこの辺にあったのである。

五日市と嚶鳴社の関係

五日市は明治十三年初め頃より嚶鳴社とのつながりを深め、(注22)その上、憲法論にはとりわけ深い関心をもっていたところから、五日市グループの民権家たちが「嚶鳴社」草案のことを知っていたであろうことはほぼ疑いない。

そこで深沢は当時神奈川県会議員として、同じ県議島田三郎や肥塚竜ら嚶鳴社員らと親しかった土屋勘兵衛に草案入手の依頼をしたらしい（このことは起草の中心であった千葉卓三郎の意志が強く働いていたためであろう）。

書簡に見られる「過日府中駅ニ於テ御約束云々」は、明治十三年十二月五日府中駅称名寺において開催された神奈川県の府中演説のことで、嚶鳴社の肥塚龍、野村本之助らが招かれたことが明記されている（富永武男家文書）。また、千葉もこの懇親会に出席していたことが判明している。そこで千葉としては再度土屋に「嚶鳴社」草案入手の相談を行ったであろう。当然土屋自身も「学芸講談会」の重要なメンバーのひとりであり、憲法起草の一員でもあったことからして、その方策を思案したであろう。その結果同席していた野村本之助に対し、現在の五日市における起草過程を話し、「嚶鳴社」草案の必要性を説くとともに、野村に手に入れてくれるように懇請したのではないかと考えられる。

野村は嚶鳴社において沼間守一の側近でもあり実力者でもあった。さらに野村は、明治十三年の始め頃より八王子を中心に多摩地方には数回来訪しているし、五日市にも遊説しているらしいことを考えると、当然土屋とも面識があったであろうことは想像に難くない。また、同十三年の国会開設請願建白運動の最盛時には、野村は東京横浜毎日新聞において、当時請願書を携えて上京する地方の代表の応接掛をやっており、(注23) 当時出版された『国会請願者列伝』にも載せられるというほどで、地方民権家の間にはかなりの信頼がおかれていた。このようなことからして、土屋は野村に依頼することによって「嚶鳴社」草案の入手は可能性ありと判断したのかもしれない。

その結果野村の十二月十三日付の土屋宛返書となったのだと考えたい。この文面から察すると、野村もだれかからか草案を受け取ったようである。

野村が十二月十三日付で土屋宛に憲法草案を送ったこの事実は、野村が先日の嚶鳴社の演説会で来合わせた他の社員から、その草案を受領したという公算が強い。すると植木も十三年十二月十二日に嚶鳴社の演説会に出席していた事実があり（本文植木日記参照）その場で植木も入手した可能性があるという『明治憲法成立史』上巻において論証された稲田説は正しいであろう。

内藤魯一の「嚶鳴社」草案批判に触れて

矢野駿雄も国会期成同盟大会後、山際七司らとともに自由党結成に奔走しており、そのとき東京に滞在していたのであり、十四年熊本の相愛社に送った憲法草案も、あるいは、同じ嚶鳴社の演説会の頃に入手したと考えられていいと思う。

以後、明治十四年五月内藤魯一は、国会期成同盟本部の常備委員であった林包明から「嚶鳴社」草案を送られ、同本部報第九号、第十二号に、草案文と起草者に批判を加えているが、内藤自身も十三年十一月の第二回国会期成同盟大会には愛知県代表荒川定英とともに出席しており、大会後は自由党結成のために奔走している。『自由党史』によると、十二月十二日及び十五日の築地寿美屋楼の会合に出席しており、しかもこの席には植木枝盛も同席している。とすると内藤は、植木や矢野駿雄、しかも野村の手を経て五日市のグループまで入手しえていた「嚶鳴社」草案を知らないわけはないと考えたい。そこで小生はやはりこの段階で内藤も当然「嚶鳴社」草案を入手ないしは熟読していたと考えたい。そのことは内藤起草「日本憲法見込案」第七章　司法権の第五十六条「凡ソ裁判ハ公行トス」、第五十八条「凡ソ刑事ハ陪審官其罪ヲ決ス」（傍点筆者）、第六十条「凡ソ裁判ハ諸裁判長ノ名ヲ以テ之ヲ行フ」と、「草案」司法権の第四条、第八条、第三条などを参照したものと考えられるからである。

そうすると、明治十四年五月、内藤は林から送られた草案を一部参考にして自らの起草を行ったとするならば「司法権」の部分は当然草案を参照することができないはずで、つまり林の送ったのは「嚶鳴社」草案でなくて共存同衆「私擬憲法意見」であったのだろう。

しかし、こういってしまうと内藤批判文の冒頭にみられる「嚶鳴社ノ憲法案追々御郵致相成」云々の部分が矛盾してしまうが、内藤のいわんとしたことは全文を通して「自由ヲ主トシ公平ヲ旨トスル所ノ民権家其人」が選挙権の制限や皇帝に特権を与え、かつ国会は財産のみを議するところと思える草案を起草したというところに批判を集中しているのであって、草案全体の類似性から共存同衆「私擬憲法意見」と同種のしかも起草者もほぼ同一ということで区別しなかっただけと考えてもよいのではないか。そのことは内藤が批判をするならば、なにも十四年七月でなくとも、十三年十二月に入手ないしは「嚶鳴社」草案を知った時点に行い得たと思う。だが、この時点で内藤が批判をしなかったのは、まさに十三年十二月に一部に流布したとはいえ、「嚶鳴社」草案は極秘のものであったからではないか。

もちろん内藤はこの「嚶鳴社」草案が誰の起草のものであったか知っていたに違いない。しかし、この時点に一般公開されない、極秘とされていたに違いない「嚶鳴社」草案に批判文を書くことはできなかったであろう。このようなわけで内藤の「嚶鳴社」草案に対する批判も明治十四年七月までなされなかった。ところが、十四年六月、「嚶鳴社」草案の一部修正されたものらしい草案が「共存同衆案」として片上編『私擬国憲類纂』に公開されたことによって、内藤はそれを「嚶鳴社」草案の修正案と考えて批判文を掲載したのであろう。

嚶鳴社案と共存同衆案の成立年代

つぎに、それでは明治十四年六月片上菊次郎が掲載した共存同衆案「私擬憲法意見」は何年に起草されたものであろうか。そのへんを考えてみたい。

「嚶鳴社」草案を入手した五日市では、その後起草は進み、明治十四年三月末から四月始めに完成したらしい。このことは「意見」「草案」の起草年代を推定する上にたいへん重要な手がかりとなる。この三〜四月完成の説に従うならば、「五日市憲法草案」は明らかに「意見」を参照しなかったとみてよいだろう。一つには条文規定の「帝位相続、摂政、皇帝ノ権利」は「草案」のほとんどを採用している点（このことは「草案」に見られる誤文すらもそのまま引用している点からも明らかである。）また、千葉や深沢らがたいへんな労力を費してまでも入手した「嚶鳴社」草案のことを考えると、当然「意見」が完成していたならば参考としたであろうことは疑いない。ところがそうした形跡が見られないのは「意見」がまだ、起草されていなかったのではないか。このように考えてくると、「意見」は明治十四年四月以降から六月の片上によって公開される間に誰かの手によって修正起草され、共存同衆案として発表されたのではないだろうか。最も「私擬憲法意見」も「嚶鳴社」草案と全文相違しているのではなく、一部に修正された部分を残し、多くは同文であるので「嚶鳴社」草案の修正案と呼べないことはないと思う（稲田氏は「相愛社憲法草案」の追記や『明治憲法成立史』増刷版の補註の中に「共存同衆案はやはり嚶鳴社の修正別案であろう」と述べられている）。だが、小生としては、起草者に同一の人物がいたこと、条文がほぼ同種の草案であることなどの相似点は認めるとしても、一部にかなりの相違する条文があること。また起草された時期が一年半以上も違うこと。さらに植木自筆ノートに記載されていた、各私擬憲法草案の章節の目次に「慶応義塾」「共存同衆」「東京日々新聞」「嚶鳴社」とあり、「共存同衆」と「嚶鳴社」をはっきり区別している点など(注24)を総合して、両案は別個な案としてその存在を認めたいと思う（この終章に述べたものは、全くの推論であって、しかもそれを実証される部分は少ないが、一つの見解としてあえてここに論証しておいた）。

以上のように見て、小生はこの「草案」すなわち「嚶鳴社」草案が一部の人たちの手に配布されたのは明治十三年十二月、国会期成同盟大会直後と考える。本大会で決議された憲法起草の議案に各代表がこたえるべく、その参考となる起草はされていたが、全く未公開資料であった「嚶鳴社」草案の入手を求めたことによって、ここに初めて関係者の手によって一部配布されたのではないかと考えられるのである。

最後に、以上述べてきた如く、小生は今回の史料発掘によって発見された深沢蔵・小冊子の憲法草案（「草案」）は「嚶鳴社」草案であり、共存同衆案「私擬憲法意見」とは条文において一部に本質的差異があり、かつ起草段階にも相違がある点などを指摘して、両案が別案であると確証したい。

なお、小論末に今回発見された「嚶鳴社」草案の全文を掲載して参考史料にしたいと思う。

注

（1）稲田正次氏は、昭和四年に『明治文化全集』（日本評論社）第三巻正史編下巻で吉野作造が「私擬国憲類纂解題」を書いて共存同衆の「私擬憲法意見」が小野梓を中心に起草されたであろうと考証したことに疑問を提出された。昭和三十五年『明治憲法成立史』（有斐閣）上巻「主要民権私擬憲法草案」の章において、また昭和四十一年『明治国家成立の政治過程』（稲田編、御茶の水書房）「国会期成同盟の国約憲法制度への工作・自由党の結成」で同様な推論を示されている。

（2）前掲『明治文化全集』正史編下巻所載。

（3）家永三郎、松永昌三、江村栄一編『明治前期の憲法構想』（福村出版、昭和四十二年）

（4）前掲、稲田『明治憲法成立史』上巻、第八章「主要民間私擬憲法草案」第三節、三七三頁。

（5）「嚶鳴社ノ簿上ニ署名シ以テ社員タルノ実ヲ表スモノ二百数十名ニ及ヒタリ頃者田口卯吉氏カ発論ニヨリ自進者《カンジテート》十名ノ内ヨリ河津、末広（重恭）、金子（堅太郎）、島田、田口、小池、河村（重固）ノ諸氏ヲ選シ各国ノ憲法ヲ調査シ我ガ日本帝国国憲ノ草案ヲ擬撰シテ之レヲ私擬セントス是実ニ一大偉業ナリ」（『嚶鳴雑誌』第一号、吉田次郎「嚶鳴社ノ沿革」参照）。

（6）『明治憲政経済史論』（国家学会、大正八年）所載、金子堅太郎回顧「帝国憲法制定ノ由来」五六頁「当時共存同

衆トイフ団体ガ京橋日吉町ニアッタ夫レハ今デモ猶ホ存在シテ居ル、其所ニハ小野梓、馬場辰猪、三好退蔵、岩崎小二郎、菊地大麓及ビ私ナドモ会員デアッタ、但シ多数ハ皆役人デアル、此所デモ憲法論ヲ頻リニ研究シテ居ル、又其他ニ嚶鳴社ト言ツテ沼間守一、河津祐之、島田三郎、末広重恭、田口卯吉及ビ私ナドガ会員デアッテ一週ニ一二度宛各自ノ私宅ニ会合シテ憲法ノ研究ヲシテ其草案ヲ起草シタ」云々とあり、その他金子の回顧録『憲法制定と欧米人の評論』（金子伯爵功績顕彰会、昭和十三年）、藤井新一『帝国憲法と金子伯』（大日本雄弁会、昭和十七年）、林田亀太郎『明治大正政界側面史』（大日本雄弁会、大正十五年）上巻などにも同主旨の記述が見られる。

（7）前掲、稲田『明治憲法成立史』上巻三七四頁。

（8）同三七四頁。

（9）明治十四年七月中頃の林包明編集「国会期成同盟本部報」に内藤魯一は「嚶鳴社」草案に重要な批判文を投書した。第九報「内藤魯一投書　本年ノ憲法会ハ大ニ官民ノ思想ヲ動カスニ足ルモノナレハ各区ノ組合ニ於テハ特ニ人材ヲ精撰シテ出会アリタキヲ望ム就テハ嚶鳴社ノ憲法案追々御郵致相成覧兄御配慮ノ厚キ実ニ感荷々々而シテ該憲法ニ付拙者ノ長歎息ニ堪ヘサルモノアリ該社ハ東京ニ於テ名望博識ナルモノ結成シタル社ナルヨシ然ルニ其憲法案ヲ読了スレハ其取ル処多シト雖トモ惜乎其起草ノ精神ヲ尋入レハ土台無政府ノ邦土ニ立チテ始テ国家ヲ組織スルノ精神ヲ以テ草案ヲ起シタルモノニ之レナケレハ往往其条目中道理ニ適ハサルモノ之レアリ独リ該社ノミナラス慶応義塾及東京日々新聞社等ノ草シタル憲法案モ其条款小異同アルモ概ネ其精神ヲ同クセザルハナシ是レ拙者ノ歎息スル所ナリ然リト雖トモ是レ其ノ由来スル処ナキニアラス何トナレハ以上ノ諸氏ハ博識ノ為メニ却テ其精神ヲ欧洲各国ノ憲法ニ奪ハレ且ツ政府ノ権威ニ知ラス識ラス其精神ヲ制セラル故ニ道理ニモ適セサル偏重ノ撰挙区ヲ設ケテ上院議員ヲ挙ケ（拙者ハ一局議院ヲ主張ス何トナレハ未タ一局議院ノ弊害ヲモ見サルニ何ソ上下院ヲ置クノ愚ヲ学ハン哉且ツ偏重ナル撰挙区ヲ設クル等ニ至リテハ其道理ニ適セサルノミナラス何等ノ事故ヲ以テ彼等ノ党ニ上院ノ位置ヲ占有セシムルモノトスルヤ更ニ了知シ難シ其起草者或ハ気デモ狂フタカ）其自由ヲ主トシ公平ヲ旨トスル所ノ民権家其人ニシテ同等ノ人民ニ却テ其撰挙権ヲ限制シ（今ヤ初メニ国会ヲ開カントスルニ当リ公平ノ道理ヲ破リ其財産有無ヲ以テ撰挙権等ヲ限制スルモノハ是レ道理ニ適ハサルノミナラス決シテ純然タル国会ニハアラサル也抑モ人類ノ此世ニ産ルルノ始メニ於テ誰カ財産ヲ握掌シテ生レ来ルヤ且ツ国会ハ財産ノミノコトヲ議スル会ニハアラサル也若シ狂気人アリテ国会ハ財産ノミノ事ヲ議スルモノナリト云ハハ拙者ハ犯人ニ取〔合字欠カ〕ハサルノミ）又タ皇帝ニ無謂種々ノ特権ヲ与ヘ且ツ国典ヲ犯シタル罪犯人ヲ減等シ赦免スル等（刑法ニ遵テ犯人ノ罪ヲ定ムヘシ皇帝タリトモ刑法ヲ犯シテ其罪ヲ減等シ赦免スル等ノ不幸アラハ遂ニ刑法ハ無用ノ長物タルノミ然レトモ是レハ其起草者ノ意ヲ問ハサレハ未タ明カニ之レカ攻撃ヲ加フベカラサルモノノ如シ）甚タ道理ニ適セサルモノ之レアルハ是レ其由来スル処ノ各国憲法ト政府ノ威権ニ其精神ヲ制セラレタルノ誤ト謂ハサルヲ得サルモノノ如シ拙者ハ是レヲ評シテ博識ノ病ト云フ（前掲、稲田正次編『明治国家成立の政治過程』五四～五六頁参照）（傍線筆者）。

（10）稲田正次氏は片上編「私擬国憲類纂」の実物に「皇帝　第一款帝位相続」と記載されていることを判明されているので、小論においてもこの稲田説に従い、「意見」目次に、第一款を記載しておく。前掲、稲田『明治国家成立の政治過程』五七頁。なお、小生も現物を確認、記載は認められた。

（11）水野公寿氏の研究によると矢野駿雄ははじめ熊本出身の林正明の創刊した「近事評論」に関係し、明治十四年東京で紫溟会に反対する在京熊本県人の政治結社自愛会に参加し、林と共に自由党に加入した。明治十三年十一月国会期成同盟第二回大会にも出席している。（以上、前掲、家永・松永・江村編『明治前期の憲法構想』二四頁参照）また同年十一月三十日国会期成同盟の閉会した直後、山際七司日記に「十二月五日午後一時尾張町共同社に至り、林正明、松田正久、柏田盛文、森新三郎、矢野駿男（雄）等と会見し、自由党組織、新聞紙発兌等を議決し後云々」。「七日午前十時矢野駿男（雄）を訪い、同人並に森新三郎同袖、旧愛国支社に至り、河野広中に面晤し、拙著等過般築地寿美屋にて照会したる如く自由党を組織し」云々と見られる如く、矢野は山際ら東洋自由新聞社系、嚶鳴社系（沼間、吉田、草間）、東北有志会系（河野、鈴木）、立志社系（植木、山田）の四者代表とともに自由党創立に活動しており、嚶鳴社の憲法草案を入手する機会があったことがうかがわれる。内藤正中『自由民権運動の研究』（青木書店、昭和三十九年）二四四～二四九頁。

（12）「その頃の相愛社は今の研屋支店の西側一部であったが、毎夜々々、その起草について会議をひらきいわゆる甲論乙駁、そのうちに随分奇抜なる議論もでて危険なる思想もあったようである。退散するときはいつも五更に及び、余は少くとも十晩ぐらいは帰途広町あたりで鶏鳴をきいた。（中略）かくの如く毎夜々々議論研究しても意見一致せず、思想纏まらず、又法文になれず、とても作成すること能わず、ついに東京の友人矢野俊雄《ママ》に起稿を依頼した。矢野はこれを受諾し、その後何か月か相たち、矢野より民約憲法草案を贈ってくれた。いづれ粗雑なものであったろうが、今所在わからざるは余の遺憾とするところである」云々（傍線筆者。『松山守善自叙伝』熊本年鑑社、昭和三十九年）。

(13) 有馬成甫氏蔵『東肥新報』明治十四年七月五日、九日号（前掲、家永・松永・江村編『明治前期の憲法構想』二三頁参照）。

(14)『近代熊本』第八号掲載「相愛社員私擬憲法案について」（同右参照）。

(15) 前掲、家永・松永・江村編『明治前期の憲法構想』、二三頁。

(16) 前掲、藤井新一『帝国憲法と金子伯』四六頁。

(17) 前掲、林田亀太郎著『明治大正政界側面史』上巻四九頁。

「然るに嚶鳴社でも末広重恭が漢学の素養を以て一案を作り、共存同衆でも負けず劣らず憲法の取調を為し又其宣伝にも努力した。我輩は共存同衆に在ったが嚶鳴社の方にも加盟し、末広を助けて相当働いた」とあり、共存同衆でも嚶鳴社と同じころ起草準備を行っていたことがうかがわれる、とあるが、若干疑問も残る。

(18) 昭和四十三年十月十日、色川研究室グループの総勢十二名にて行われた。

(19) 深沢家は五日市における有数の山林地主で、江戸期からの山林関係の厖大な史料によってもその所有財産が知られる。明治九年の地租改正のときに編成された「田畑其外反別地価表」（内山善一氏蔵）によると、当時山林、田畑、其他合せて六十有余町歩（ただし、五日市、高尾、戸倉、入野、養沢、小中野、舘谷、小和田、留原、乙津、深沢村の十一ケ村の調べである）明治二十三年二月の「所有地取調表」では八十三町歩を越える大豪農であったことがわかる。

(20)『利光鶴松翁手記』（小田急電鉄、昭和三十三年）一一五頁。

(21) 明治十四年十二月、嚶鳴社の波多野伝三郎が五日市の学術演説会にまねかれたとき、その会員の演説がすばらしいので、わけをきくと「二年前より毎月三回づつ学術演説会をもち、知弁をたたかわしていた」といい、波多野は「其論旨の慷慨悲憤なる、其言論の雄弁痛快なる、往々懦夫をして志を起さしむるあり」（『東京横浜毎日新聞』明治十四年十二月四日）と感嘆している（色川大吉『明治の文化』岩波書店、昭和四十五年、一〇〇頁）。

(22) 明治十三年一月、八王子に第十五嚶鳴社が設立されたことによって、五日市の民権家と嚶鳴社との間に交流はさかんになっていく。明治十三年二月二六日の『東京横浜毎日新聞』の雑報の中に、「武州西多摩郡五日市の近況」として、「五日市は東京を距る十五里西方に在りて一小村落を為し、一町を細区して上中下の三宿とす　警察分署は下宿にあり　戸数は三百十一戸　人口は千三百四十八人なり　人民の気風は漸く旧を捨て新に就かんとするものの如し　町会は去る十六日を以て初めて五日市字猪野　開光院に開きたり　議長は旧多摩郡の書記たりし馬場某氏なり（馬場勘左衛門——引用者注）傍聴に出席せし人の咄に僻地幼稚の会議にも似ず随分議事の体裁も能く整備し場中実に静かなり　這は全く県会議員土屋勘兵衛氏の誘導教示に依るなりと云ふ　目今有志輩五六名相謀り嚶鳴社員四五名を聘し演説会を開かんと各東西に奔走して尽力中なり」云々、という記事がみられ、四月には内山安兵衛らが嚶鳴社の沼間守一、奥宮健吉らを招き演説会を開催するなどしている。

(23) 木下尚江『田中正造之生涯』（国民図書、昭和三年）七一頁。

(24) 前掲、稲田『明治憲法成立史』上巻三七二頁。

小論が書かれてから既に四十五年が過ぎている。その間研究も進み、また、資料の読解等にも新しい解釈も生まれていった。また、論争を展開した先生方もお亡くなりになり、新たな論争の発展を生むこともできなくなった。しかし資料の解釈に発展を見せたことで、研究の発展を生んだことに間違いはない。ここでは前小論はあくまでそのまま書きかえることはせず、原文のまま残し、新しい史料解釈と新史料を若干加えて注として補筆する。

補注　稲田正次氏は吉野作造が昭和四年（前掲、『明治文化全集』第三巻正史編下巻）で記述した、共存同衆の私擬憲法意見、解説に）、「之は共存同衆の連中の作った私案である。前記私擬憲法に比すると幾分粗雑だが、苦心研究の跡は明らかに見える。小野梓などという人が中心だらうということである」と解題で述べていることに疑問を提出された。（前掲、稲田『明治憲法成立史』上巻「主要民権私擬憲法草案」昭和三一年、前掲、稲田編『明治国家成立の政治過程』「国会期成同盟の国約憲法制度への工作・自由党の結成」昭和四一年）

その後、勝田政治氏は「共存同衆と小野梓」（早稲田大学大学史編集所編『小野梓の研究』昭和六十一年）で「小野の憲法起草に携わった根拠は皆無なのである。小野の日記を検討すれば、同衆案として憲法を起草したという記述は見られず、またその他の関連史料においてもその形跡は見られない。憲法起草を共存同衆の活動として指摘することは困難であり、誤伝ではなかろうか」と述べている。

さらに吉野作造は、『私擬国憲類纂』を編纂する中で、資料の重要な部分の読み違いをしていたのである。それは、

① 片上菊次郎編纂のもとで出版され掲載された片上菊次郎編輯『私擬国憲類纂』の現物を見ると、その中に「国権意見」「私擬憲法案」「私擬憲法意見」の三資料が収録されている。一般にいわれる「私擬憲法意見」は「私擬憲法意見第二篇」（傍点筆者）として掲載されている。不思議なのは、吉野作造が気づかなかったのか、また記載するときに編集してしまったのか、「私擬憲法案」（交詢社員）の最後尾に、「私擬憲法　畢」と記されているのが見て取れ、その次に「私擬憲法意見　第二篇」が掲載される。これがあきらかに吉野でなくとも「私擬憲法案」と「私擬憲法意見」が繋がった資料であることが読めるであろう。吉野にとって、なぜこのような資料の部分を見落としたのか、嚶鳴社員と交詢社員が同じグループに所属していた同志であると捉えて気にならなかったのか、なんとも読み取れない。以上のことから、吉野作造は私擬憲法意見は、交詢社のメンバーで起草された草案であり、稲田氏も「私擬国権類纂」の原資料を手にしても、この部分はそれ程重大ではないとほぼ見落としたのだということがいえる。

② 次に、はたして共存同衆案「私擬憲法意見」は本当に存在したかの大問題から考察していかないとならない。また、片上菊次郎なる人物はいかなる経歴を持った人物で、嚶鳴社や共存同衆とどう関わりを持っていたのか、この件に関しては拙稿「嚶鳴社研究」四・五（和光大学人文学部紀要第二四・二五号参照）から触れていきたい。

明治十四年六月八日、神戸の轉々堂において出版された共存同衆案「私擬憲法意見」（以下、煩雑を避けるため『意見』と略称する）は、東京嚶鳴社員、共存同衆社員、交詢社員、誰の手によって片上菊次郎のもとに届けられたのか。

また誰の手によって「嚶鳴社憲法草案」（同じく煩雑を避けるため『草案』と略称する）を修正して『意見』の名を以って明治十四年四月発表したのか。ここには重大な問題を秘めている。なぜなら、『草案』は、東京で活躍する民権派の演説団体「嚶鳴社」の起草であるのに、なぜ、神戸の出版社が発表したのか。さらに注目すべきは、片上菊次郎なる民権家はどうやって「草案」を入手したのか、である。ましてや「草案」は入手が非常に困難だった憲法で、吉野作造でも『明治文化全集』のなかですら「不幸にして私はまだ正文を見たことはない」と述べるほどである。

またなぜこんなに『草案』が入手困難であったのか。明治十二年十月の段階で、「嚶鳴雑誌」『嚶鳴社の沿革』で吉田次郎が高らかに「我ガ日本帝国国憲ノ草案ヲ擬撰シテ之レヲ私擬セントス」と完成を誇っていたのが、僅か数カ月後に入手困難な資料となったのは何であったのか。そのひとつに挙げられるのは、嚶鳴社内部における対立と考えられる。それは、東京嚶鳴社の沼間守一の自由党創立準備会後民権運動の主導権をにぎったことと関係がある。今大会での私擬憲法起草の議案の可決で、これまでに展開してきた啓蒙運動の成果を沼間が一気に集約させるチャンスの到来と認識したことは疑いない。さらに東京嚶鳴社のなかで、肥塚龍、草間時福、野村本之助、青木匡など沼間守一を中心としたグループが台頭したことである。

沼間は、明治十三年一月二十七日『東京横浜毎日新聞』の論説「普ク天下ノ俊傑ヲ招集シテ国憲ヲ制定セザルヲ論ズ」で展開した憲法論の中で、東京嚶鳴社の憲法構想を明確にしているし、その結論が『嚶鳴雑誌』第七号（明治十三年二月）掲載の『国会論』での一院制主張となったと考えていいだろう。

また、肥塚も『東京横浜毎日新聞』で明治十二年十一月から翌年の一月まで二五回にわたる「国会論」でも一院制を論じているし、青木匡は『嚶鳴雑誌』（第一一号、明治十三年四月一日）で、「国会編成ノ順序」、渋江保は『嚶鳴雑誌』（第三十四号、明治十四年十一月二十六日）「国会ハ二院ヲ要セザルヲ論ス」も同様の一院制を主張している。

このように沼間派にはあきらかに『草案』は金子等の手で起草が完成していたか、またその途上にあったものと違った構想を持っていたようである。このことを裏付ける資料として、野村本之助は、明治十四年十一月十一日栃木県都賀郡口粟野の演説会後、横尾輝吉、田中正造との懇談会の席で、「憲法編成等の事を問はる」との質問を受けている。拙稿「自由民権家の演説紀行と演説筆記」（明治十四年十一月野村本之助の「東北紀行」『東京経済大学人文自然科学論集』第二四号、昭和四十五年十一月）当時の田中、横尾と野村の関係を考えても、東京嚶鳴社では沼間を中心に「嚶鳴社憲法草案」とは別に、新たな憲法研究か憲法起草がなされていたと考えられる。

第Ⅳ部　世界の模範・「日本国憲法」

一　自由民権期の民衆憲法と日本国憲法の源流
——五日市憲法草案からみえるもの

新井勝紘

三つの憲法の時代

日本近現代史の中で、憲法に国民の関心が高まった時代が、三回あると私は考えている。国民自らが、この国のあり方を憲法というかたちにした国家構想が、複数創造された時代である。

その最初の時代が、大日本帝国憲法発布前の一八八〇年代の自由民権運動の時代である。第二の時代は、アジア・太平洋戦争が終結した一九四五年八月以降から日本国憲法発布前までに、複数の団体や個人が起草した時代である。第三の時代が、一九五〇年代以降今日までの少し長期にわたる時代である。さまざまな組織・団体や個人が、誰からの要請もなく憲法起草に取り組んだ時代で、現在進行形でもある。

ここでは、第一期の時代をいくつかの代表的な憲法草案に焦点をあてて、その歴史的意義に迫ってみようと思う。それはまた第一から第二の時代を見通すことにつながり、さらに第三の時代の中にある現代の憲法状況と通底させることにもなることを意味する。

明治維新を経て成立した明治国家は、まだ憲法ももたず、民意を反映する国会の開設も実現していない。自由民権運動は早期の国会開設を求めて署名活動を展開し、請願書や建白書を国家に提出しようとしたが、明治政府の対応はこれらの要求を門前で拒否したり、受理しても無視し続けていた。民権家たちのこれらの一連の動きは国会開設請願運動といわれているが、その流れの中で、一八八〇（明治一三）年三月、全国の民権家や運動団体を組織した「国会期成同盟」が誕生した。その第二回大会が、より規模を大きくして同年一一月に開催され、翌八一年の大会までに全国各地の加盟各社（政治結社）が、「憲法見込案」を作成して持ち寄ろうという合議がなされた。持ち寄った憲法草案を国会期成同盟として組織的に議論して、民権運動側の一つの国家構想を政府にぶつけるという算段だったが、「明治一四年の政変」が起こり、九年後の国会開設実現が見通されることになり、そのための政党結成（自由党）が優先課題となった。結局、各地から持ち寄られることになった憲法の検討と論議は実現しなかった。

しかしこの間、全国各地で、憲法起草に向けて動きだした形跡は確認されている。憲法制定に向けて明治政府側も、何もしなかったわけではないが、元老院などで作成された憲法草案はお蔵入りとなっていたのである。そうした明治政府の鈍重な動きに業を煮やしたともいえる民権派の怒りと情熱が、自分たちで憲法を起草するという行動に踏み切らせたと言えよう。

幕末維新期から大日本帝国憲法発布前に、さまざまな団体や個人が憲法草案の起草に取り組んだ数は、私の確認であるが現在一〇二種（元老院など政府側の案も含めて）を数える。その中でも草案全文とその一部の内容が確認されるのは四〇数種となるが、中には地域で取り組んだ成果として草案完成との報道がありながら、未発見のものも含まれている。

神奈川県西多摩郡五日市町（現東京都あきる野市）という地域で取り組まれた憲法起草は、正式には「日本帝国憲法」という名称で完成するが、通称「五日市憲法」と呼ばれている。国会期成同盟に持ち寄ることが決まっていた一八八一年の秋前には完成されていたが、実はこの草案は、一九六八年八月になって、当地の民権家の深沢家の土蔵から発見され、起草されてから八七年ぶりに再登場となった草案である。それまで誰にも知られることなく、長い間、土蔵の中に眠っていた私擬憲法であった。明治から一〇〇年を数える年に、再び冬眠から覚めるように世の中に出てきた感があるが、三方が山に囲まれた山深い里の朽ちかけた土蔵からの発見であったこともあって、注目もされた。しかし、その憲法草案への注目度は、その中身が明らかになるとさらに衝撃を与えた。

ここで簡単に五日市憲法の概略を述べておこう。

和紙二四枚綴りの墨書された史料で、条文には条数が振られていないが、全二〇四条もある。表題は「日本帝国憲法」とあり、「陸陽仙台　千葉卓三郎草」と明記されていることから、千葉卓三郎が起草したと読みとれる。憲法草案までつくり上げる千葉とは、はたしてどんな人物だろう。一九六八年の発見時まで、自由民権運動史上に登場したことのない未知の新人でもあったので、私自身、長年かけて人物掘り起こしに取り組んできた。そこではじめて経歴等が明らかになった。

幕末期に仙台藩の下級武士の家に生まれ、一七歳で参戦した戊辰戦争の敗北を経験したあと、維新後は新しい生き方を求めて、さまざまな学問や宗教を求めながら放浪して歩いた一人の敗者の青年であった。一八七〇年代後半にたどり着いた地点が、神奈川県の五日市で、学制で誕生した地域唯一の小学校（勧能学校）の教師の道だった。

千葉が入村してきた一八八〇年頃、五日市は東京から五〇数キロ離れ、戸数三一一、人口は一三四八人という一小村落だったが、「人民の気風は漸く旧を捨て新に就かんとする」様子が伺われ、できたばかりの町議会は、「随分議事の体裁もよく整備」されていた。最近は「有志輩五、六名相謀り、嚶鳴社員

明治前期憲法諸構想一覧

	名称	起草年	起草者・団体名	職業・出身地等	確認条数	備考
第I期（22種　一八六五年～七八年）						
1	国体	一八六五	ジョセフ・ヒコ	貿易商		日本最初の憲法草案、アメリカ合衆国憲法をモデル
2	船中八策	一八六七	坂本龍馬	土佐藩郷士（高知）		天下の政権がとるべき八つの策
3	日本国総制度	〃	津田真道	政府官僚		立憲大君制憲法、徳川家宗主を大統領
4	議題草案	一八六八	西　周	明六社系知識人		外見的立憲大君制憲法、大君は徳川家世襲の元首
5	政体	〃	副島種臣ほか	政府官僚		
★6	国会草案	〃	市来四郎ほか	薩摩藩士（鹿児島）		
7	国法会議の議案	一八七〇	江藤新平	政治家		
8	立憲為政之略儀	一八七二	福嶋昇			
9	大日本政規	〃	青木周蔵	政府官僚左院少議	88	主権は君民分有、民選議院欠如
10	立国憲議	〃	宮島誠一郎	左院少議（旧米沢藩士）		左院議長の後藤象二郎に提出の「立国憲議」
11	国会議院規則	一八七三	左院	立法諮問機関		
12	大日本会議上院創立案	〃	西村茂樹	佐倉藩士（千葉）		
13	帝号大日本国政典	〃	青木周蔵	政府官僚	98	
14	合衆帝国構想	一八七四	窪田次郎ほか	医師（広島・福山）		
15	建言書	〃	宇加地新八	旧米沢藩士族（山形）		立憲君主制
16	国体議案	〃	田中正道	福岡県役人		左院に提出、3章9節
17	国体新論	〃	加藤弘之	啓蒙学者		
★18	矢口某憲法草案	〃	矢口某（変名）			
19	竹下彌平憲法意見	一八七五	竹下彌平	鹿児島県人	8	「朝野新聞」に投書
20	通諭書	〃	自助社	徳島県民権結社		
21	日本国憲案（第一次）	一八七六	元老院	元老院議官	86	官僚機関からの構想、立憲主義
22	日本国憲案（第二次）	一八七八	元老院	元老院議官	93	
第II期（56種　一八七九年～八一年）						
23	私擬憲法意見	一八七九	不明	民権結社	104	
24	嚶鳴社憲法草案	〃	嚶鳴社	民権結社	108	「五日市憲法」と同じ土蔵から発見
25	大日本国会法草案	〃	桜井静	民権家・村議（千葉）	51	国会構想
26	国会論	〃	肥塚龍	都市知識人		

27	大日本国国会権限	一八八〇	山際七司	民権家（新潟）	9	イギリス流の立憲主義制度を日本に活かす案
28	大日本国憲法大略見込書	〃	筑前共愛会	民権結社（福岡）	138	地方自治権、学科と教授の自由を保障
29	大日本帝国憲法概略見込書	〃	筑前共愛会	民権結社（福岡）	138	
★30	国憲草案	〃	香川県有志	香川の民権家か（香川）		
31	国憲（日本国憲按第三次案）	〃	元老院	元老院議官	88	
32	憲法草稿評林（下段）	〃	島田三郎説・古沢滋（説）	民権家	102	共和制へ移行規定、皇帝廃立、最もラディカルな構想
33	日本国会方法論	〃	九岐晰	思想家		
34	通俗国会之組立	〃	中島勝義	新聞記者		
35	国憲大綱	〃	元田永孚	儒学者	7	
36	大日本国憲法草案	〃	中立正党政談記者	新聞記者（東京）	9	『中立正党政談』に連載
37	大日本国憲法	〃	沢辺正修（推定）	天橋義塾社長（京都）	116	
★38	擬日本憲法	〃	秋月種樹	元日向高鍋藩主（宮崎）		
★39	国憲見込書	一八八一	中節社（田中正造）	民権結社・民権家（栃木）		
★40	国憲草案	〃	実学社（児玉仲児）	民権結社（和歌山）		
41	大隈重信国会開設奏議	〃	矢野文雄	都市知識人		
42	国憲意見	〃	福地源一郎	東京日日新聞記者	52	『東京日日新聞』に連載、君民同治、地方自治権、立憲主義
43	私擬憲法案	〃	交詢社	民権結社	79	『交詢雑誌』と「郵便報知」に連載、司法上の人権保障
44	**日本帝国憲法（五日市憲法）**	〃	**千葉卓三郎**	**小学校教員（神奈川）**	**204**	**千葉は宮城県出身**
45	私考憲法草案	〃	交詢社	民権結社	78	
46	日本政略	〃	加藤政之助	新聞記者（埼玉）		
47	私擬憲法意見	〃	林正明（推定）	共同社社長		『近事評論』に所載
48	私擬憲法案注解	〃	伊藤鈞亮	新聞記者	79	『静岡新聞』に「憲法私議」と題して連載、伊藤は山口県出身
★49	仙台有志憲法見込案	〃	国会期成同盟仙台組合	民権派有志（宮城）		
★50	憲法見込案	〃	進取社	民権結社（宮城）		
★51	盛岡有志憲法見込案	〃	盛岡有志（求我社）	民権家（岩手）		
52	岩倉具視憲法綱領	〃	井上毅	政府官僚	18	
53	国憲私考	〃	兵庫国憲法講習会	慶應義塾関係者	81	地方自治権の保障

54	私草憲法	〃	永田一二（推定）	新聞記者	96	『山陽新報』に連載、交詢社案を参照、永田は大分県出身
55	憲法草案	〃	学校党＋実学党	熊本国権主義者か	154	「佐々友房文書」所収、兵器所持権
★56	憲法見込案	〃	出雲国会請願者	民権家（島根）		尚志社で起草
57	憲法原則	〃	合川正道	東京大学学生		憲法の原則「人民は政府万種の源」／代言人
★58	自由党準備会憲法草案	〃	在京自由党準備会員	民権家		
★59	筑後の憲法見込案	〃	立花親信ほか	民権家（福岡）		
60	大日本国憲草案	〃	内藤魯一	民権家（愛知）	60	君権縮小と人権拡張
61	日本憲法見込案	〃	内藤魯一	民権家（愛知）	60	『愛岐日報』に掲載、民選議院一院制（欠け条文あり）
62	日本国憲法	〃	植木枝盛	民権家（高知）	183	
63	東洋日本国々憲案	〃	植木枝盛	民権家（高知）	220	自由権利制限立法禁止、抵抗権、革命権、最多条文
64	憲法の組立	〃	丸山名政	民権家（長野）	30	丸山著『通俗憲法論』に所収、嚶鳴社案に類似
★65	憲法見込案	〃	東北七州自由党	民権政社		
★66	憲法案	〃	三尾自由党	民権政社（愛知）		岡崎で憲法案討議
67	日本憲法見込案	〃	立志社（北川貞彦）	民権結社・民権家（高知）	192	植木枝盛案の改訂、共和制を将来に予想
68	憲法草案	〃	村松愛蔵	民権家（愛知）	58	『愛岐日報』に発表、女性の参政権、地方の独立自由権
69	憲法草案	〃	山田顕義	参議（政府官僚）	71	欽定憲法
70	日本憲法見込案	〃	内藤魯一	民権家（愛知）	26	
71	相愛社員私擬憲法案	〃	相愛社員	民権家（熊本）	83	『東肥新報』に掲載、相愛社での憲法議論
72	大日本帝国憲法	〃	菊池虎太郎・黒崎大四郎・伊藤東太郎	反民権士族	53	三条太政大臣宛の建白書に付された草案
73	各国対照私考国憲案	〃	東海暁鐘新報記者	新聞記者（静岡）	97	『東海暁鐘新報』に掲載、議院内閣主義
74	各国対照私考国憲案修正案	〃	荒川高俊	民権家（静岡）	2	民権結社の攪民社社員
★75	日本憲法	〃	茨城県真壁郡の人	民権派有志（茨城）		
★76	私拾憲法	〃	高橋喜惣治	地方民権家		
77	憲法草稿評林（上段）	〃	小田為綱	思想家（岩手）	87	廃帝の法則、政治を担う賢者を試験で選抜
★78	憲法意見案	〃	不明			
第Ⅲ期（24種　一八八二年～一八八八年）						
79	立憲帝政党議綱領	一八八二	福地源一郎（立憲帝政党）	新聞記者	11	

80	憲法草案（憲法試草）	〃	井上毅	政府官僚	101	山縣有朋に提出、教育への国家統制、立憲主義
81	私擬憲法案（交詢社）別案	〃	交詢社	民権結社	1	
82	憲法草案	〃	西　周	明六社系知識人	173	
83	国憲汎論	〃	小野梓	都市知識人		
★84	憲法	〃	大島染之助	代言人		
85	私草憲法（54の修正）	一八八三	永田一二	新聞記者	22	『北陸自由新聞』に掲載
86	憲法ノ事	〃	小柳津親雄	長野県士族（長野）	23	柳窓外史著『二十三年未来記』に所収
87	憲法私案	〃	小野梓	都市知識人	13	改進党系の壬午協会案、立憲主義的構想
88	日本帝国国憲ノ草案	〃	不明		100	反民主主義的憲法、民権に反発、最右翼の草案
89	日本政府代議政体論	〃	森有礼	外交官		英文の憲法の訳
90	私擬憲法草案	一八八四カ	『伊勢新聞』掲載	東京専門学校学生		
★91	国憲私擬	一八八四カ	重石祐三	東京専門学校学生		「国憲私擬」3巻
92	憲法私擬（早稲田憲法草案）	一八八四〜一八八五	山田一郎ほか4名	東京専門学校学生		立憲改進党系の草案、イギリス流の立憲君主制
★93	九州改進党憲法草案	一八八六	岡田狐鹿ほか2名	民権活動家		
94	国会審論	〃	浅野義文	愛知の活動家		立憲主義
95	国会組織要論	〃	星　亨	民権家		奴隷廃止、武器所有権
96	星亨憲法草案	〃	星　亨	民権家	9	
97	憲法論	〃	陸奥宗光	外交官		
98	国会組織論	一八八七	出野誠造	法学者		
99	私草大日本帝国憲法案	〃	田村寛一郎	新潟県県会議員（新潟）	107	交詢社案が基礎
100	私擬憲法草案	〃		90の元憲法私会会員	16	『伊勢新聞』に掲載
101	国会論	一八八八	中江兆民	民権思想家		
102	国憲草按	不明	不明	（奈良県）		

注　この一覧表は、既出の表に、真辺将之「東京専門学校における私擬憲法草案の作成――新発見史料『憲法私擬』とその意義」（早稲田大学大学史料センター、二〇〇一年）、明治維新史学会編『講座明治維新』第五巻「立憲制と帝国への道」（有志舎、二〇一二年）の拙稿「自由民権運動と憲法論」に掲載した「憲法草案一覧」、友田昌宏『未刊の国家構想――宮島誠一郎と近代日本』（岩田書院、二〇一一年一〇月）などの最近の研究成果を補充した。なお、頭書の★印（20種）は、起草の動きは確認されたが、現段階では未発見となっているものを示している。★84は、深谷市在住の清水吉二氏からの教示による。『上毛及上毛人』（昭和四年五月一日）のなかの豊国覚堂「大島不染居士傳」が根拠。「明治十五年の頃、試みに我国の憲法を擬作す」とある。

四、五名を聘し演説会を開かんと、各東西に奔走して尽力中なり、其他耶蘇講会、小学教員の茶談会あり」「毎月五、十の日を以て市」が開かれ、二〇〇～三〇〇名も集まってくると報道されている（『東京横浜毎日新聞』一八八〇年二月二六日付）。

千葉がやってきた五日市は、一ヵ月に六回も市が開かれ、その都度、町内外から数百名が来集する政治、経済、文化、物流、交通の拠点地であった。江戸東京につながっていた五日市街道、秋川から多摩川を通しての筏《いかだ》道、絹の道を通して開港地横浜ともつながる。千葉が職を得た「勧能学校は公立小学なれども、実際は全国浪人引受所という形」で、「町村の公費を以て多くの浪人を養い」「浪人壮士の巣窟」となっていたと、千葉が亡くなった一年後の一八八四（明治一七）年に、その後任教員とでもいえる形で同学校に来た利光鶴松（小田急電鉄創設者・衆議院議員、大分県出身）は回想している（『利光鶴松翁手記』）。さらに利光は、この五日市で受けた思想、学問、行動上の感化が、自分の政治的目覚めにつながったともいっている。また、同地の深沢権八という在地民権家は、当時、東京で出版する新刊書籍をことごとく購入してくれ、その文庫は教員が自由に閲覧することができ、読みたい書籍に困ったことがなかったともいう。

千葉や利光のような外から村に入ってきた人間にとって五日市は、まさにユートピアのような地だったといえよう。在地人と外来人との接触、刺激が新しい地域社会を構成する土台をつくりだし、五日市憲法草案は、この環境の中から生まれ出たのである。

五日市憲法の先駆性

ここで、五日市憲法草案の内容を見てみよう。

国帝・公法・立法権・行政権・司法権の全五編一一章で構成され、国民の権利の章で構成されている公法（三六条）と民選議院や国会権任などがメインの立法権（七九条）で一一五条あり、全体の五七％を占めている。また、五日市憲法作成にあたって参考にしたと思われるのが嚶鳴社草案であるが、五日市憲法の国民の権利の項目三六条のうち、嚶鳴社草案に該当条文なしのオリジナルな条文が二五条もあり、ほかの一一条も大幅修正条文である。それだけ国民の権利を重視し、独自な条文づくりに力をさいてきたといえる。

その中でも核心は、次の条文だろう。

「日本国民ハ各自ノ権利自由ヲ達ス可シ、他ヨリ妨害ス可ラス、且国法ヲ保護ス可シ」

要は、国民は一人ひとりの権利自由を当然達せられなければならないし、ほかからも妨害してはならない。国の法律は、この権利自由を保護するためにこそあるという。

日本国憲法では、「国民はすべての基本的人権の享有を妨げられない。この憲法が国民に保障する基本的人権は、侵すことができない永久の権利として、現在及び将来の国民に与へられる」（第一一条）が該当する。基本的人権の最も根幹に位置するものであり、その不可侵性は、現在から将来にわたっても永久の権利として保護されるものだとしている。

五日市憲法のこの条文は、日本国憲法第一一条と比較して、果たして遜色があるだろうか。いや、むしろ、国が定める法律はこの権利自由を保護するものでなければならないと、法律の基本的原理に、権利自由の保護という縛りをつけた点は、大いに注目する必要がある。国民の権利自由への干渉、圧力、無視、削減するような法律は許さないという宣言でもある。

五日市憲法の国民の権利の項目は、三六項目にわたっている。ここでそのすべてに触れることはできないが、注目すべき条文をみておく。

「凡ソ日本国民ハ、族籍位階ノ別ヲ問ハス、法律上ノ前ニ対シテハ平等ノ権利タル可シ」。

大日本帝国憲法には、「平等」という言葉は一行も出てこないが、五日市憲法では、一切の「族籍位階」を問わないと、平等を成文化した。日本国憲法の「すべて国民は、法の下で平等であって、人種、信条、性別、社会的身分又は門地により、政治的、経済的又は社会的関係において、差別されない」（第一四条）と同じ原理を示していることは明らかである。

「凡ソ日本国ニ在居スル人民ハ、内外国人ヲ論セス、其身体生命財産名誉ヲ保固ス」

ここでは、日本国に在居する人民すべてという意味で、「内外国人ヲ論セス」との表現をあえて入れて、身体や生命、財産や名誉は堅く守られなければならないという。日本人だろうが外国人だろうが日本に住んでいる人びとのすべては、個人として尊重されるということである。

日本国憲法では、「すべて国民は、個人として尊重される。生命、自由及び幸福追求に対する国民の権利については、公共の福祉に反しない限り、立法はその他国政の上で、最大の尊重を必要とする」（第一三条）が該当する。この場合の国民の要件は、第一〇条で「法律でこれを定める」とされ、さらに「公共の福祉に反しない限り」との条件が付されている。これに対して、五日市憲法の、日本国内に居住するすべての人民という表現に込められている思想を読みとる必要がある。今日の憲法下でも、「内外国人」が論じられ、差別されているケースがまだ多いことを思い起こしてみることが大事だろう。時代を越えて光る条文である。

このほか、思想・言論の自由、著述・出版・表現の自由、講談討論演説の自由、奏呈・請願・上書・建白の自由、信教の自由、産業・職業の自由、結社・集会の自由、居住の自由が保障されている。また、権利については、国政参与権、同一法典の準用と保護権、不遡及権の原則、信書の秘密を侵されない権、法律によらなければ拘引・召喚・囚補・禁獄されない権、住居不可侵権、財産所有権、賠償を受ける権、国会および国帝の許可ない租税は賦課されない権、当該の裁判所・裁判官でない糺治裁審されない権、一事不再理（判決が確定した場合、その事件については再度の審理が許されないこと）の権、裁判官自著の理由書と劾告者と証人名告知なしでは拿捕されない権、拿捕から二四時間以内に裁判を受ける権、裁判所の宣告は三日以内に受けることができる権、裁判官より宣告状のない場合は禁固されない権、控訴・上告権、保釈を受ける権、正当な裁判官から疎隔されない権、国事犯のために死刑を宣告されない権、違法な命令・拿捕の損害賠償権、義務教育を受ける権などが保障されており、日本国憲法とも通じる条文に、この憲法の先駆的な自由・権利意識と思想を読みとることができる。

五日市憲法に条文化された〝教育の自由〟と〝地方自治〟権

さらに注目すべき条文は、「子弟ノ教育ニ於テ、其学科及教授ハ自由ナル者トス、然レトモ子弟小学ノ教育ハ父兄タル者ノ免ル可ラサル責任トス」である。子どもたちの教育について、〝教育の自由〟を高らかにうたった条文である。また、保護者の責任として、小学校の教育を受けさせなければならないと規定した。子ども側から言えば、最低でも小学校教育を受ける権利があるといえる。学制施行以来、学齢者の就学率と通学率は、政府当局の期待通りにはいかず、なかなか上がらない状況が続いていたことを考えると、教育の自由と教育を受ける権利は、極めて大事な条文であるし、かつまた先駆的なものであった。

日本国憲法では、「すべて国民は、法律の定めるところにより、その能力に応じて、ひとしく教育を受ける権利を有する」とし、また父兄に「普通教育をうけさせる義務」を負わせている第二六条が該当する。また、「学問の自由は、これを保障する」（第二三条）とあるが、〝教育の自由〟という文言は、現憲法には一切ない。このことが、戦後、長期にわたって継続された教科書検定をめぐる家永裁判と通底してくるし、教育内容どころか、教室内での教師自らの教授法にもいろいろとくちばしが入る今日の教育界の現状をみると、憲法条文に〝教育の自由〟が入るか入らないかは、極めて大きな問題である。

それでは五日市憲法に、なぜ〝教育の自由〟が入ってきたのだろうか。それは、起草者の千葉をはじめ、村唯一の学校の現場の教員たちや村の子弟の教育に責任をもっていた戸長や学務委員たちがこぞって、憲法起草につながる論議に関わっていたからこそ、生み出された条文だと思う。まさに現場の声が、そのまま反映されたとみるべきだろう。

五日市憲法のこうした評価は、最後に紹介したい次の条文で、さらにはっきりする。地方自治規定である。

「府県ノ自治ハ各地ノ風俗習例ニ因ル者ナルカ故ニ、必ラス之ニ干渉妨害ス可ラス、其権域ハ国会ト雖トモ之ヲ侵ス可ラサル者トス」。解説するまでもないが、地方自治規定をこれだけ明確にした憲法草案も少ない。立法権をもつ国会といえども侵してはならないと明言している。

「五日市町ヲ始メ其附近一帯ノ村々ハ、皆悉ク自由党ヲ以テ固メ（中略）」「其村内ニハ曾テ一人ノ反対党員ノ存在ヲ許サズ」（利光、前掲書）。町長をはじめ、豪農、名望家、土地の有力者などがこぞって自由党員だったことや、評判を聞いて来遊した長期滞在者や一時の客らもまた自由民権派だったことを、憲法起草後の三年後にこの地に入ってきた利光鶴松は、回想している。一八八〇年代のこの地域は、県会に送り出した議員をはじめ、地元にあって村政の中枢を担う豪農たち、小学校を拠点に村の教育・文化を担当する教員たち、五の日の市を中心に村の産業経済を主体的に担う地元経済人たち、神主や僧侶らの宗教人たち、自由民権運動の中心的担い手となり、彼らが主人公となって、村社会の政治・経済・文化を回転させていたことを思うと、何ものにも拘束されない絶対的な地方自治権を条文として押し出す背景が首肯できよう。

つまり、政治はもちろんのこと、村社会の主要な分野にかかわる新政策を次々と打ち出し、それをそのまま矢継ぎ早にストレートに地域に押しつけてくる明治政府の政治手法に、現場で日常的に振り回されている中間的立場からの自治権の主張は、当然でもあった。

日本国憲法の自治権規定は、第八章（第九二から九五条）として独立させているが、これほど明確な条文ではない。まず最初に、地方公共団体の組織や運営は、「地方自治の本旨に基いて、法律でこれを定める」とあるが、地方自治の本旨とは何かが明確ではない。住民が長、議員、吏員を直接選挙で選ぶこと。財産管理や事務処理、行政を執行する機能を持つこと。条例の制定などを条文化しているが、地方自治の原理という視点でみると、一三〇余年前の五日市憲法のほうがより明確ではないか。

五日市憲法起草の背景と経過

次に五日市憲法の起草は、どのような人びとによって議論され、成文化されてきたかを見ておく。

まず、五日市の自由民権運動の拠点として機能したのは、「学芸講談会」という結社だった。その盟約には、「万般ノ学芸上ニ就テ講談演説或ハ討論シ、以テ各自ノ智識ヲ交換シ、気力ヲ興奮センコトヲ要ス」と目的を明らかにしている。講談、演説、討論を核に、それぞれが知識を交換し、刺激しあい、大いに気力を高めることを目的にしていた。活動日は市が立つ五の日にあわせ月に三回。会員は「倶《とも》ニ共ニ自由ヲ開拓シ、社会ヲ改良スルノ重キニ任シ、百折不撓千挫不屈ノ精神ヲ同クスルノ兄弟骨肉」となり、「特ニ互ニ相敬愛親和スルコト一家親族ノ如クナルベシ」と、会員たちは親族兄弟のような濃密な関係で成り立っていた。また、学芸講談会とは別に、「政治、法律、経済其他百般ノ学術上意義深淵ニシテ容易ニ解シ能ハサルモノ、及ヒ古来其説ノ種々ニシテ、世人ノ往々誤解シ易キ事項ヲ討議論定ス」ることを目指して、「五日市学術討論会」を発足させていた。「討議論定」するというのだから、賛否の決着はつけたのだろう。「討論題集」と表題がついた史料が、憲法草案発見の同じ土蔵から同時に発見されてもいる。そこには六三項目の討論テーマがメモされているが、この討論会での論題候補だったことが推測される。

たとえば、「国会ハ二院ヲ要スルヤ」「憲法改正ハ特別委員ヲ要スルノ可否」「議員ノ権力ニ制限ヲ置クノ可否」「女戸主ニ政権ヲ与フルノ利害」など、憲法の条文に重なるテーマや、女性参政権の是非を問うなど、時代を先取りするような論も討論されていたことが推測される。五日市の民権運動のレベルが、いかに高かったかを示す史料だろう。

自由民権発祥の地・高知で構想された草案

民権運動発祥の地といわれる高知には、一八七四（明治七）年、板垣退助や片岡健吉らが政治結社「立志社」を結成し、全国の運動を牽引していった。この立志社でも、全国に先駆けて憲法起草の動きが出ていた。立志社社員でもあった植木枝盛も積極的に取り組む。その植木が一八八一年に起草した憲法草案が「東洋大日本国々憲案」である。現在確認されている私擬憲法の中で、最も民主主義的かつ最も条数が多い（二二〇条）草案である。

まず、国家体制であるが、聯邦《れんぽう》制国家を構想している。全国を琉球州までいれて六〇州（北海道を除く）に分割し、それを束ねて日本聯邦とする。六〇の州はそれぞれが完全に自由独立しており、聯邦は各州内の事件に干渉してはならないし、また、各州がどんな政治形態を採用しようと、聯邦は干渉してはならない。六〇の小さな国家の地方自治は徹底しているといえる。そこには、「地方分権」をはるかに越える自治思想が生まれていたことを認めるべきだろう。

次に何といっても、徹底した人民主権を採用していることを指摘しておかなければならない。「日本ノ国家ハ日本各人ノ自由権利ヲ殺滅スル規則ヲ造リテ之ヲ行フヲ得ス」（第五条）。逆にいえば、各人の自由権利を守るために政府国家というものがあるという考え方である。この草案の草稿本には、「日本人民カ日本国ヲ立ツルハ、法度ヲ作リテ各其自由権利ヲ保全センカ為メトス」という条項があったことが確認されている。「日本ノ国家ハ日本国民各自ノ私事ニ干渉スルコトヲ施スヲ得ス」（第六条）と、国が個人個人の権利を完全にし、自由を守るためにこそ、政府の存在意義があるということにつながる。植木案では「軍兵ハ国憲ヲ護衛スルモノトス」との条文があり、軍隊の使命として国憲の擁護、つまり憲法で保障された民権の擁護こそ、軍隊の任務であるという認識であった。これだけ民主主義理念が徹底的に貫かれた草案はほかにない。

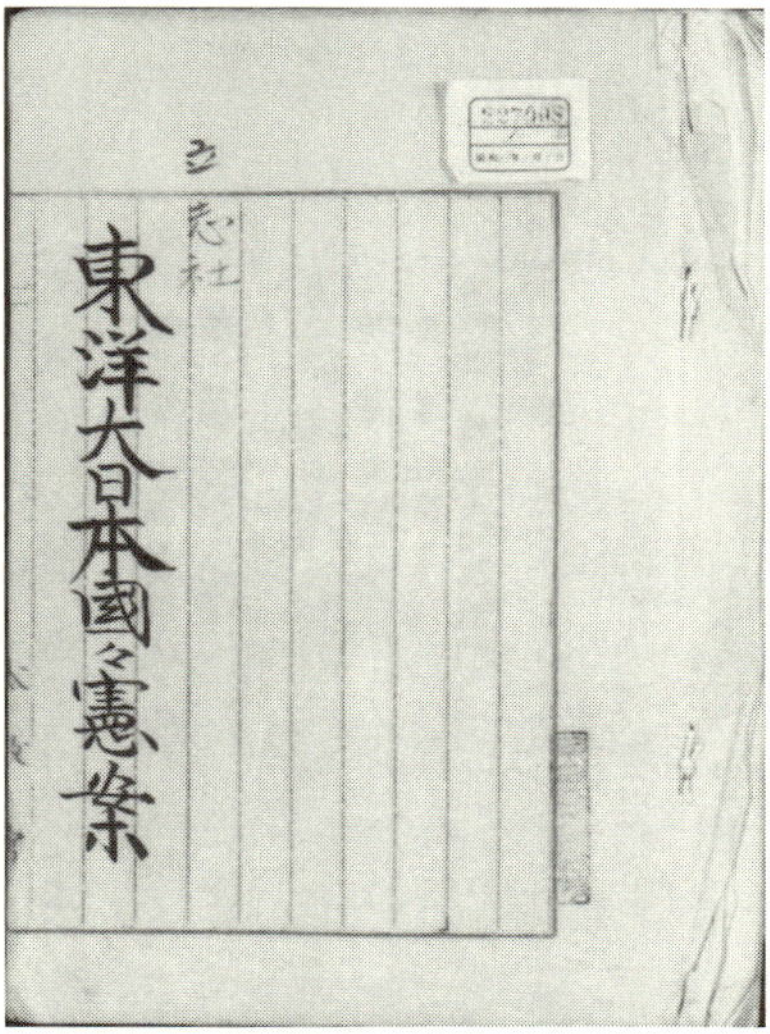

東洋大日本国々憲案表紙

さらに、国民の自由権利の条文は、「法律ノ範囲内ニ於テ」（大日本帝国憲法）とか、「法律ヲ遵守スルニ於テハ」（五日市憲法）とか、「公共の福祉に反しない限り」（日本国憲法）とかいう条件は一切付されていないことにも注目する必要がある。どのような場合も、自由権利は保障されるということだろう。それは、法律によっても制限することのできない「実定法による制限を許さない超実定法的条理」（家永三郎『植木枝盛研究』岩波書店、一九六〇年）ともいわれている。

国民の自由権利の編には、「日本ノ人民ハ生命ヲ全フシ四肢ヲ全フシ形体ヲ全フシ、健康ヲ保チ面目ヲ保チ、地上ノ物件ヲ使用スルノ権ヲ有ス」という注目すべき条文がある。基本的人権として等しく保障されるものとして、生命と四肢（身体）を全うすること、健康と面目を保つこと、地上の物件を使用する権利があることを条文化している。こういう表現の条文は、ほかの草案には見ることができない。人間が生きていくうえでの最も根源的なことを、憲法で保障することを意味している。この条文は、六四年後の一九四五年、自由民権期の憲法草案の研究者であった鈴木安蔵を中心メンバーとする憲法研究会が作成した民間憲法に、「国民ハ健康ニシテ文化的水準ノ生活ヲ営ム権利ヲ有ス」という条文となって再生された。この案はＧＨＱに提出され、新憲法作成の参考にされたことは、すでに歴史的に確認されている。日本国憲法の第二五条「すべて国民は、健康で文化的な最低限度の生活を営む権利を有する」を思い起こしてほしい。明治政府に先駆けて自由民権派が生みだした憲法の条文が、六〇数年後に日本人の手によって再び光があてられ、日本人自らが起草したまっとうな憲法草案として、ＧＨＱに受け取られ、なおかつ条文作成に活かされた歴史が刻印されていることを、私たちは忘れてはならない。自由民権期の私擬憲法が、日本国憲法の源流となっていることの証拠でもある。

また、刑事事件に関わる条文も、ひときわ際だっている。まず、いかなる罪であろうと死刑を禁止し、且つ拷問禁止も条文化している。また五日市憲法にもあったが、罪刑法定主義、一事不再理を採用している。司法は独立し、刑事裁判には陪審を設け、裁判は公開など、現憲法に先行する内容である。日本では死刑廃止は、まだ実現されてはいない。

ほかの私擬憲法と比較して際だっている条文に最後に触れておきたい。通称、「抵抗権」「革命権」といわれている条文である。

「政府国憲ニ違背スルトキハ、日本人民ハ之ニ従ハザルコトヲ得」（第七〇条）、「政府官吏圧制ヲ為ストキハ、日本人民ハ之ヲ排斥スルヲ得、政府威力ヲ以テ擅恣暴逆ヲ逞《たくまし》フスルトキハ、日本人民ハ兵器ヲ以テ之ニ抗スルコトヲ得」（第七一条）、「政府恣《ほしいまま》ニ国憲ニ背キ擅《ほしいまま》ニ人民ノ権利自由ヲ残害シ建国ノ旨趣ヲ妨クルトキハ、日本国民ハ之ヲ覆滅シテ新政府ヲ建設スルコトヲ得」（第七二条）。

この三条は、ひときわ光っている。憲法を守らない政府には、人民は従わなくてもいいといい、政府が人民に圧制を押しつけ、威力をもって傍若無人にふるまうようなことがあれば、人民は兵器をとって抵抗することができるとしている。また政府が国憲に逆らって人民の権利自由を傷つけ損なうようなことがあれば、国民はその政府を覆して滅ぼし、新しい政府を樹立することを憲法で保障している。抵抗権と革命権といわれる所以である。

つまり、国民の権利自由を守るためにある国家政府が、憲法に背いて国家として態をなさなくなったら、国民はいつでも武器をとって政府を打倒し、新政府樹立に踏み切ってもいいというのである。この草案の最後の条文は、「日本国憲法施行ノ日ヨリ、一切ノ法律条例布告等の国憲ニ抵触スルモノハ皆之ヲ廃ス」（第二二〇条）とあり、まさに立憲主義の権化のような草案といえよう。

東北から発信された〝不気味な〟草案

最後に紹介する私擬憲法は、「憲法草稿評林」である。岩手県久慈市の小田為綱文書から発見されたもので、一八八〇～一八八一年頃までに作成。この草案は、これまで紹介してきた草案と違って、明治政府が早くから進めていた元老院の「国憲」第三次案（一八八〇年）に章ごとに評論を加えた下段評者と、その評論を含めて別の人物が新たに評論を上段に書き記したものである。上段と下段の二人の評者が、元老院案に評を加えながら自説を展開させている。この草案について考察するときは、植木枝盛研究者で私擬憲法の論文もある家永三郎が、たまたま筆者と会話の中で、「この時期の憲法草案になぜ、天皇制とは別の案が生まれなかったのだろうか、不思議に思っている」とつぶやかれた記憶が浮かんでくる。維新からの年月も浅く、まだ国家体制そのものも脆弱な時代に、明治藩閥政府に対抗する自由民権家の中で、天皇制を相対化するような考えが、どうして一つも出てこなかったのだろうかという疑問であった。

「憲法草稿評林」は、その問いに応えるような内容の国家構想の出現であった。小田家文書は一九六〇年代から注目はされていたが、憲法構想自体への論究はなく、自由民権一〇〇年の全国集会（一九八一年）を盛り上げようとしていた時期と重なるような形で再評価されたこともあって、一躍注目を浴びた。下段の筆者については諸説あるが、小西豊治が主張する島田三郎説が有力である（小西豊治『もう一つの天皇制構想』御茶の水書房、一九八九年）が、古沢滋説（江村栄一）などもある。また上段については、この史料の出処の南部藩士・小田為綱が通説になっている。

近代天皇制について、下段の評者は、次のような構想であった。

「憲法ニ明記スル諸皇族ニ於テ、更ニ帝位ヲ継クベキモノナキトキハ、議会ハ他ノ皇族中男統ノ者

（女統ハ今上ノ血統ニ限ル）ヲ撰立スルノ権アリテ、而他皇胤中ニ於テモ帝位ヲ承《つ》ク可キ男統ノ者ナケレバ、代議士院ノ豫撰ヲ以テ人民一般ノ投票ニヨリ、日本帝国内ニ生レ諸権ヲ具有セル臣民中ヨリ皇帝ヲ撰立シ、若クハ政体ヲ変ジ（代議士院ノ起草ニテ一般人民ノ可決ニ因ル）、統領ヲ撰定スルコトヲ得」

皇族も含めて万々一、帝位を継承するべき男子の血統が絶えたならば、日本国に生まれた臣民中から、国会で予選して候補者を選び、最終的には国民投票にかけて選ぶことができる。その場合には政体を変革することになるので、天皇ではなく、「統領」（大統領）の撰定になる。

「万世一系国体論打破＝共和制に変革する可能性を示唆」し、ほかの私擬憲法には見られない「不気味な光をはなっている」（小西前掲書）とも言われている。まさにこれこそ、家永が生前に期待した草案だった。

また、「皇帝憲法ヲ遵守セス、暴威ヲ以テ人民ノ権利ヲ圧抑スル時ハ、人民ハ全国総員投票ノ多数ヲ以テ、廃立ノ権ヲ行フコトヲ得ルコト」と、皇帝リコール権を主張している。

この下段の提示に対して、上段筆写の小田は、「国君ノ所業ヲ掲ゲテ、之レヲ全国ニ告示シ、廃立ノ答案ヲ献ゼシメ、之ガ公論ヲ取テ問議案ヲ修正シ、之レヲ両院ニ下シテ議決セシムルモノ」と、廃立への手続き順序を示し、国民の答案が基本であると、ここでも国民の意思を尊重する姿勢が示されている。

また、天皇が「自ラ法ヲ乱リ、罪科ヲ侵ス」場合は、自ら責任を負う法則をたて、最終的には「廃帝ノ法則」をたてるべしと主張している。共和制といい、皇帝リコール権といい、天皇制は、不可侵でもなく、絶対的なものではなかった。まさにこの草案の真骨頂であろう。

さらに、下段筆者は、最後に次のような言葉を残している。

憲法約定の日に、行政官の威力に圧倒され、人民の自由権利を守れなくなるような事態になった場合は、「仮令《たとい》湯火ヲ踏ムト雖ドモ、出版言論ノ自由、兵器ヲ所有スルノ権、並ニ地方自治ノ権丈ケハ、必ズ得ズンバ止ム可カラズ」と記した。これに対して上段筆者もまた、暴政を行うような政府となったら、国が乱れること必至である。その場合は、「人民ハ仮令兵器ヲ所有スルノ権ナクモ、旌旗《せいき》ヲ翻シノ許可ナクモ、竹槍ヲ制シ蓆旗ヲ揚ルニ至ルベシ」と抵抗することの正当性を主張している。出版言論の自由と兵器所有権と同列に、地方自治権だけは、断固守りぬかなければならないと叫んでいることに、注目しておく必要があるだろう。

日本国憲法は自由民権家たちの先駆的思想と熱い思いに源流がある

以上、自由民権運動期に国民自らが構想した一〇〇余の草案の中から三つの憲法草案に絞って見てきたが、その濃淡強弱はあれ、政府でも天皇でもなく、主権は国民にあるとする考え方が徹底的に貫かれている。国家や政府は、国民の自由権利を守るためにこそあるのだと、見事に言い切っている。条文によっては、日本国憲法を先取りし、先行しているものもある。こうした憲法・国家構想を、日本人は一三〇余年前に、全国各地ですでにいくつも構想していたことを、今こそ思い起こすべきではないか。

大日本帝国憲法は極秘裏のうちに起草され、国民に何ら知らされることなく、天皇の命によって欽定憲法として発布された。日本国憲法を〝押しつけ憲法〟という理由で、声高に改憲を叫ぶなら、自由民権家を始め、多くの国民がこの国の国家のあり方を構想して提示したさまざまな草案に、一顧だにせず、いや完全に無視して公布された大日本帝国憲法こそ、正真正銘の〝押しつけ憲法〟というべきであろう。

ここで示してきたように、一九四六年に公布された日本国憲法には、私擬憲法に結実した自由民権家たちの熱い思いと人民主権・地方自治権などの条文や法思想に、その源流があることは明らかであり、歴史が証明している。この歴史から学ぶことが、今まさに求められている。

日本国憲法には、「国民に保障する自由及び権利は、国民の不断の努力によって、これを保持しなければならない」（第一二条）とある。私たちは今こそ不断の努力を検証し、この条文に込められた国民主権の法思想の実態化と具現化につとめ、自由及び権利をまもっていく努力をしなければならないのではないか。そのことはまた、国民の命と平和、さらに民主主義をまもることに、必ずつながると思う。

二　現憲法の理想の実現こそが人類に歴史の新しいページを開く

――現憲法成立の経緯から「押しつけ憲法」論を批判する

色川大吉

「押しつけ憲法」はどのような経緯で成立したのか

結論から先に述べよう。日本国憲法が公布されて六八年にもなる。そのために現在の社会環境に合わないもの、補充したいもの、訂正したいことも、かなり目につくようになった。それらをよりベターなものに改定したいとは思う。その限りでは私も単純な護憲論者ではない。

かつて政治学者の丸山真男氏ら公法研究会の人びとが、極東委員会の呼びかけに応えてそれを試みたことがある。それは大変すぐれた最高の内容を持つ提案であった。だが、残念なことに、その意見は当時の政権にも国会にも採用されることなく埋もれてしまった。残念なことであった（その内容については本文で取り上げる）。

現憲法については、施行後しばらくして保守派の人びとから占領軍による「押しつけ憲法だ」、「GHQが一週間でつくった」ものの「直訳憲法だ」、「占領憲法だ」という非難があった。果してその批判は妥当だろうか。私は歴史家として、当時の歴史事実からそれを検証する。

現憲法の起草に当たって、当時のＧＨＱ（連合国軍総司令部）のマッカーサー司令官の意向により民政局の幹部たちが深く関わった事実は否定しない。一週間という期限を切られて、あわただしく原案が作成されたことも事実である。ただ、それは俗説と違って、民政局のスタッフが米国の国益を離れ、当時考えられる最高の理想主義的な信念をもって、すぐれた内容のものを作成したのであって、短時間であったから粗悪なものだとは全く言えない。

また、その民政局スタッフに協力した日本人の憲法研究会グループの貢献があったことも見落とすことができない。この日本人学者たちは、一九四五年、敗戦直後から新憲法草案の作成の準備をし、その年の一二月には早くもその草案をＧＨＱ民政局に提出していたのである。マッカーサーが憲法原案をつくれと指示したのは一九四六年二月である。この事実を日本人の多くが知らない。その経緯を私はここで詳しく紹介し、論評したい。今の憲法にどれほど日本人スタッフの提案した内容が生きているか、条文をあげて明示したいからである。

憲法を押しつけられたのは、民主主義になると困る人たち

日本最大の政党で、戦後五〇年以上も政権を独占してきた自民党が、「自主憲法制定」といって「憲法改正」という言い方を避けてきたのは、この憲法下で平和と自由権を享受し歓迎していた国民感情を配慮したからであって、きわめて日本独自な用語である。

自民党の岸信介（戦前の東条内閣の元閣僚。Ａ級戦犯でありながら生き残った）は、一九五七年から一九六〇年まで日本国の総理大臣に復活するというしぶとい男であった。その岸が、自主憲法期成議員同盟の会長として一九八〇年に支部設置を要請した文書にこう記している。

「拝啓　早速ながら現日本国憲法は、当時、占領軍によって一週間足らずで作られた英文の憲法を、ほぼそのまま日本文に訳した『押しつけ憲法』であり、しかも日本の歴史と民族の伝統を軽視した『占領基本法』ともいうべきものであります」

その結果、日本の教育は荒廃し、国民の道義は頽れたというのである。

この「押しつけられた植民地憲法」というデマゴギーに私は反論したいと思う。

まず、現憲法の制定過程において、改憲論者らが故意に無視している日本の民間の自主的な憲法起草運動の歴史的事実について述べる。

一九四六年二月、ＧＨＱ草案と日本政府案とが成立する前に、少なくとも一三種の憲法草案が民間でつくられ、発表されていた（ＧＨＱ草案作成の責任者であったケーディス民政局次長は、自分の手元に寄せられた当時の民間草案は三〇種であったと後に証言している）。その中には、ＧＨＱ草案作成の基礎に利用された民間草案があった。それをとりあげる前に、ＧＨＱが、なぜ日本の憲法草案の起草にまで踏み込むに至ったかの経緯を述べておきたい。

その発端は、日本が終戦のとき受諾した「ポツダム宣言」にある。その七項目の中に、日本における軍国主義、封建主義の一掃や、「日本国国民の間に於ける民主主義的傾向の復活強化」と「日本国国民の自由に表明せる意思に従ひ平和的傾向を有し且責任ある政府の樹立」が掲げられていた。この宣言を受諾して降伏した日本政府は、この条件を履行する義務を負っていた。ただ、当時の政府は日本国民の自由な意思とは無関係に天皇とその側近によって任命された内閣（東久邇内閣と幣原内閣）であった。

本来、天皇がポツダム宣言を受諾した以上、その任命した政府も早晩、「日本国国民の自由に表明せる意思」に従った政府に代えられるべきものであった（だが、その余裕はなかった）。当時の天皇制政府は、マッカーサー元帥の従属下にあり、その封建的、軍国的姿勢をきびしく批判され、糾弾され、急激な変革を要求されるという状況下にあった。こうした中での憲法制定であったことを前提に考えなくてはならない。

一九四六年一月時点での米国の最高機関の対日基本政策では、日本の改革が永続的な価値をもち、最も効果的であるためには、日本側の発議や自発性にまつべきで、改革の詳細な公式の指示は最後の手段とされるべきである、との原則が示されていた。マッカーサー司令官もこの訓令に従属していた。

ところが、当時の日本政府は憲法改正に消極的で、改正案の提出を怠り、GHQの期待を裏切ってきた。さらに一九四六年二月一日、毎日新聞によってスクープされた日本政府の一私案とその後提出された「憲法改正の要旨」を見て、GHQは大きな幻滅を味わう。つまり、これ以上待っても連合国を満足させられるものを日本政府に期待できないと見限って、二月三日、ついにマッカーサー総司令官の直接指示による対案（GHQ草案）作成に方針転換されたのである。このような事態を招いた責任は、「民主化」を極力遅らせ、天皇制の国体を守ろうとした当時の保守党政府の側にあった。その上、日本統治に当たって天皇の存在を利用しようとした米側と、天皇の戦争責任をきびしく追及するソ連やイギリス（労働党政権）との対立が背景にあった。

マッカーサーが二月三日に民政局長ホイットニー准将をよんで、彼がメモした三原則を示し、二月一〇日までに憲法草案を急ぎ起草せよと命令した背景には、発足したばかりの極東委員会（対日占領政策の最高決定機関）が憲法問題についてその権限を行使する日が迫っていたからである。

米国政府やマッカーサー元帥にとっては、極東委員会の活動開始前に〝民主的な〟憲法草案を日本政府の名で発表させておく必要があった。

二月一〇日、民政局は全力をあげて起草を終了、一三日にホイットニー局長以下、起草に携わったケーディス、ラウエル、ハッシーの民政局幹部がGHQ草案をたずさえて、日本の外相公邸に赴き、吉田首相や松本国務相らと会談した。日本側は、その草案に、〝国民主権〟や〝天皇の象徴化〟の条項があるのを見てショックを受け、受諾を躊躇したが米側から、日本政府がこの案を拒むなら、国民投票によって国民の賛否を問うと言い切られ屈服した。

つまり押しつけられたのは、多年、国民を支配してきた保守支配層であって、国民ではなかったということ、これが「押しつけ」の真相だった。

現憲法には、自由と民主主義を求める人びとの伝統が流れている

ここで民間草案に話題を変えよう。マッカーサーが民政局の幹部に、急ぎ日本の憲法草案をつくれと命じた一年半も前から、日本の民間には自主的な憲法草案をつくる動きがあらわれていた。そのような能力が日本にあったかと疑う人には、一〇〇年以上も前の歴史の事実から証明しよう。

私は明治一〇年代（一八八〇年代）の自由民権運動の専門研究者である。私は、民権家たちが各地で競って民間憲法草案をつくっていた事実に感動した。現存するものは九〇種にのぼると言われるが、内容のわかる四〇余種のそれを見て、国民の権利を規定した条文が現日本国憲法のそれときわめて似通っていることに驚きを感じていた。とくに私が東京都下西多摩郡五日市町深沢村で発見した五日市憲法草案や、高知県で植木枝盛らが起草した土佐の立志社の憲法草案には、現憲法の条文と通じるものが多い。これは何故であろう。両者ともに近代民主主義変革をめざすものとしての思想上の共通性があったからであろう。そうした歴史的対比だけではない。明治と昭和をつなぐ媒介環が何か考えられないだろうか。

そういった目で敗戦後の民間憲法草案を検討したとき、私たちはそこに新しい事実を発見することができたのである。

戦後の一三種ほどの民間憲法草案中、現憲法との継承関係が直接わかるものとしては、まず、一九四五年一二月の「憲法研究会案」を第一にあげなくてはなるまい。これは戦前から、自由民権期の憲法研究者として名高い鈴木安蔵を中心として、高野岩三郎、馬場恒吾、森戸辰男、岩淵辰雄、室伏高信、杉森孝次郎ら七人の法学関係者が、敗戦の年の一一月からしばしば会合して起草を進めてきたもので、第一次案から第三次案までつくられている。代表起草者鈴木安蔵。彼は、その第三次案の中に国民の抵抗権規定まで書きこんだ人物であるが、戦時中から明治の卓越した自由民権家植木枝盛の『東洋大日本国国憲案』や土佐立志社の『日本憲法見込案』などの研究をしていた憲法史家であり、戦後、憲法研究会に所属し、『憲法草案要綱』のまとめ役を果たした。

この『要綱』は、一九四五年一二月二六日、政府およびGHQに提出された。GHQ民政局はこれを受理し、さっそく英訳し、法規課長マイロ・ラウエル中佐（弁護士）の手で詳細な検討が加えられた。ラウエル中佐は早くから「レポート・日本の憲法についての準備的研究と提案」を執筆したり、鈴木安蔵や布施辰治の著書を検討していた。

ラウエルは「憲法研究会案」に対して、「この憲法草案中に盛られている諸条項は、民主主義的で、賛成できるものである」と評価した。そして、「ここに盛られたすべての骨子は新憲法作成にあたって採用さるべきものである」として、これを叩き台として、さらに欠けていた条項を付記して、「幕僚長に対する覚書——私的グループによる憲法草案に対する所見」を民政局の上部に提出したのである（一九四六年一月一一日）。

マイロ・ラウエルと共にGHQ憲法草案起草の中心人物となったアルフレッド・ハッシー中佐（弁護士）もまた、その「ハッシー文書」の中に日本人による多くの憲法草案のコピーを蔵していた。もし、こうした前段階での準備がなかったら、どうして突然のマッカーサー指令によって、一週間で日本国憲法草案を書きあげるという離れ業を成し得たであろうか。当時の民政局にはチャールズ・ケーディス大佐（弁護士）をふくめて法律のわかる専門家は三人しかいなく、たとえ米国務省の大筋の指示があったとはいえ、日本の民間の憲法グループの草案という基礎がなかったら、「一週間で」というマッカーサーの指示にも応えることができなかったろうと、私は思う。

内容について見よう。

憲法研究会案には、後に現憲法の中に生かされた次のような条文が多数含まれていた。

「日本国ノ統治権ハ日本国民ヨリ発ス」
「天皇ハ国政ヲ親ラセズ国政ノ一切ノ最高責任者ハ内閣トス」
「天皇ハ国民ノ委任ニヨリ専ラ国家的儀礼ヲ司ル」
「国民ハ健康ニシテ文化的水準ノ生活ヲ営ム権利ヲ有ス」
「国民ハ法律ノ前ニ平等ニシテ出生又ハ身分ニ基ク一切ノ差別ハ之ヲ禁止ス」
「国民ノ言論学術芸術宗教ノ自由ヲ妨ケル如何ナル法令ヲモ発布スルヲ得ス」
「国民ハ拷問ヲ加ヘラルコトナシ」
「男女ハ公的並私的ニ完全ニ平等ノ権利ヲ享有ス」
「国民ハ民主主義並ニ平和思想ニ基ク人格完成、社会道徳確立、諸民族トノ協同ニ務ムル義務ヲ有ス」

等々。

一九五八年、国会に憲法調査会が設けられたとき、渡米調査にあたった高田富之委員が次のようなラウエル証言を持ち帰っている。

「一九四五年一二月中ごろ、日本の私的なグループの間でつくられた憲法改正案がGHQに提出された。これを英訳して私がコメントを書いた。GHQ民政局側は、この案からヒントを受けた」と。

家永三郎教授は、後に『歴史のなかの憲法』(一九七七年)で、次のように民間憲法草案を評価している。

「マッカーサー草案自体が、決してアメリカ軍将校がアメリカ的発想だけで起草したのではなく、起草の段階において、すでに日本国民の間で自主的に起草された民間憲法草案の内容が大幅にとり入れられていて、日本国民の意思が、手続きの上ではとにかく、実質的には相当に汲み入れられている」と。

言い換えれば、現憲法の中には、日本人民の自由と民主主義を求めた歴史的伝統が流れていた。明治の植木枝盛らの起草した輝かしい憲法草案が、大正デモクラシー運動をへて吉野作造らによって再発見され、それがGHQの憲法担当の中心人物、ラウエル中佐やハッシー中佐らに重視され、十分な検討を加えられたうえ、「押しつけ」といわれるGHQ草案の中に生かされたという事実を、私たちは確認しておきたいのである。

成功しなかった改憲の企て

さらに、歴史的背景を考えておこう。

第一に、この草案は、国際ファシズム勢力に対して、レジスタンスなどをして戦った「決起セル世界ノ人民ノ民主ト平和を求メル世論」(『ポツダム宣言』)を反映しており、第二に、自由民権運動、大正デモクラシー、昭和初期の反戦運動・労働運動など、日本人民の民主主義の伝統を吸収していた。そして第三に、当時、日本の「占領革命」という未曾有の実験に情熱を燃やしていたＧＨＱ内部のニューディール派に属する進歩的な軍人たち（弁護士のケーディス、ハッシー、ラウエルら当時のアメリカの最良のリベラリストら）が、こうした内外の動向や彼らの理想主義を取りいれたのであり、単純に米国の国益を日本に押しつけたという内容のものではなかった。

そして、このＧＨＱ草案がそのまま現日本国憲法になったのではない。戦後憲法成立史が明らかにしているように、ＧＨＱの圧力を受けたとはいえ、複雑な修正と審議の過程を経過し、「大日本帝国憲法」に規定された改正手続きを踏んで、現憲法は成立したのである。

つまり、ＧＨＱ草案は、日本政府代表と民政局代表とのいくどもの折衝の後、閣議での諒承をへて政府原案となり、それを衆議院や貴族院などで審議し、修正可決された。ＧＨＱは原案にある民主と自由、人権など三原則への反動的な修正は許さなかったが、それ以外の自主的修正は、柔軟に受け入れている。問題の第九条についても、芦田修正（前首相芦田均による）など重要な修正も認めている。

時期にも恵まれた。一九四六年の始めは、第二次世界大戦終結の直後であり、まだ米ソの対立は表面化せず、国際連合の恒久的平和樹立の信念と国の対立を越える普遍主義の理想への希望が燃えていた得難い好機であった。

もし、これが一年遅れていたら、決してＧＨＱ原案にあったような戦争放棄の憲法がつくられることはなかったろう。つまり、現憲法は占領軍の圧力下にありながらも、世界史的な好環境に恵まれて、良質なものとして制定されたと考えられる。これが、日本国民の自主的な起草努力によって遂行されたものでなかったことが残念であるが、当時の国民一般の能力の限界であった。後に「押しつけ」憲法といわれる根因の一つもここにある。

日本国憲法は、一九四七年五月三日に施行されたが、日本占領の最高政策決定機関である極東委員会は、日本国民の再審査を憲法の発効後、一年以上二年以内に、日本の国会が憲法についての状態を再検討すべきだと決めたが、これは「日本国憲法が国民の自由な意思の表現であるか否か」を確認しようとしたものであった。これは日本政府にも伝達され、三月二〇日付新聞で国民に公表された。

これを受けて丸山真男、鵜飼信成、辻清明、磯田進、中村哲ら中堅の公法研究会のメンバーが、現憲法を各条ごとに検討し、その不備や欠陥を鋭く摘出し、会の意見を加えて独自の改正案をまとめた。それは今日の眼で見ても瞠目すべき内容を持っている。

たとえば、第一章天皇について。象徴天皇に付随して国民主権を宣言しているのは不適当なので、第一条に「主権は日本人民にある」と明記する。第二条は「天皇は日本人民の儀章たるべきものである」と改める。「国民」などとあいまいな表現を避ける。

第三条以下第八条までの天皇条項は削除する。第二章の戦争放棄を定めた第九条については、芦田修正を否定して、「如何なる目的のためにも陸海空軍その他の戦力は、これを保持しない。国の交戦権は、これを認めない」と明確化し、解釈改憲の余地をなくす。第三章国民の権利については、現在の「すべての基本的人権の享有を妨げられない」では弱いので、第一一条を「およそ基本的人権の侵害はこれを許さない」という強い表現に変えるなど、憲法前文の精神をより徹底させることを求めた。この「憲法改正意見」を一九四九年三月二〇日に公表したが、自民党政権はこれを議会にかけることもなく、黙殺した。

このとき、現憲法を「押しつけ」だの「植民地憲法」だのと非難するようになる人びとの側から、積極的な改正案が出されなかったのは奇怪だった。それどころか、公法研究会の提案が公表された一ヵ月後の一九四九年四月二〇日に時の首相吉田茂は改正の意思なし、と言明しているのである。東西の冷戦はすでに激化し、占領軍の対日政策も「逆コース」に転じたといわれるほど変化していたにもかかわらず、彼らは毅然とした自主的姿勢を示すことなく、一九五〇年一月一日、マッカーサーの「自衛権は否定せず」の年頭声明が出てから、恐る恐る動きだしたのである。

吉田自由党は自己宣伝とは逆に、終始、占領軍権力に追随的であり、非自主的であった。「自主」など、その名に恥じる彼らが「自主憲法期成同盟」なるものに結束するのは、サンフランシスコ講話条約が締結され、日本国の一定の主権が恢復された一九五一年から、四年後の一九五五年（昭和三〇年）のことだつたのである。彼らは、日本国憲法を公法研究会の改正意見とは正反対の方向に変更しようと動き出しはしたが、すぐ、国民世論の壁に阻まれて停滞してしまう。

憲法改正を公約として総選挙に臨んでいたのに自由党（後の自民党）政権は、改憲論を全く表に出さない。それを掲げて選挙を実施すれば、国民の反発を受け大敗することが明らかだったからである。それは今の安倍晋三内閣でも同じである。彼らは第九条などの解釈改憲をたくらんではいるが、それを表面に立てて闘うことはできない。

アベノミクスなる目くらましの景気対策を掲げて、前回の総選挙で大半の議席を確保したが、第九条には全く言及しなかった。集団的自衛権の閣議決定とか自衛隊法の改正など一連の安全保障法案の提案とかで、国民の目くらましを企てているが、第九条の本文には手をつけられないでいる。

米国の世界戦略に従属する日本にしてよいのか

安倍政権の「積極的平和主義」なるデマゴギーにだまされる国民はたしかに増えているが、それが日本の運命を左右するようになるとは私は思っていない。対等な日米同盟による結束などと宣伝されてはいるが、対等でないことは、今の沖縄の現状を見れば分かる。全島米軍の基地だらけの沖縄は、日本の防衛のために必要なのだと、アメリカは強弁しているが、その言明を信じている沖縄県民はほとんどいない。米軍基地は米国の世界戦略のために必要なのであって、その威圧は中国、北朝鮮、ベトナムなどに向けて配備されている。当然、日本はその基地使用料を請求すべきなのだが、全く逆で、全額日本国家が支払っているばかりでなく、「思いやり予算」として別枠の大金を米側に支払っている。

フィリピン政府が自国の米軍基地使用料を米国に請求し、受領しているのとでは大違いである。安倍内閣は、これでよくも日米対等とか、「日米同盟」などと誇れるものである。沖縄に駐留する海兵隊員は、遠く中東の紛争地にも出撃できる態勢を整えている。イスラエルを保護しなくてはならないからである。日本の安全のためではない。米国の世界戦略のためである。そんな米軍に、日本の国費を使うことは許されない。

国際連合が存在する国際環境のなかで、絶対平和主義を掲げる世界有数の大国である日本を、一方的に侵略できる国があるとは考えられない。日本侵略はイギリスやフランス、ドイツに戦争をしかけるのと同じで、世界世論の非難を浴びるばかりでなく、グローバルな国際関係（金融経済関係など）を破壊する結果になるからである。日本は現在、そのような重要な国になっている。

現憲法の理想を実施に移すことが現代世界での最良の安全保障である

もちろん、私たちは、自分の国ぐらい自分で守る。外国の軍事基地などいらない。自衛については郷土を守る思想、市民総抵抗の立場に立つ。ただし、暴力的手段に訴えるのではなく、もっと賢明な人智の力によって国民と国を守る。

また、私たちは自国だけではなく、この地上で救援を求めている他国の人たちをも守る。それが日本国憲法の精神である。憲法前文の第二項にはこう記されている。

「われらは、平和を維持し、専制と隷従、圧迫と偏狭を地上から永遠に除去しようと努めてゐる国際社会において、名誉ある地位を占めたいと思ふ。われらは、全世界の国民が、ひとしく恐怖と欠乏から免かれ、平和のうちに生存する権利を有することを確認する」と。

そして、「いづれの国家も、自国のことのみに専念して他国を無視してはならない」と戒めている。もし、わが国がGNPの二〜三％を拠出して、この前文の精神を実行していたら、疑いもなく、日本の国際的地位は飛躍的に高まり、世界中の尊敬を受けるようになるであろう。そしてそれこそが、現代世界での最良の安全保障なのである。

そこで考える。

三〇万人の自衛隊はミサイルや弾丸・大砲など兵器を集めて封印し、防災、災害復旧、国土保全などの部隊に改組する。いつ日本を襲うかもしれない大地震、大津波、洪水、火山の爆発、大火災、伝染病などに備えての高度な機械や用具をもつ特科部隊、国民生活を守る災害救助部隊、平和建設部隊の中心になる。また、これまで防衛費として空費してきた莫大な資金を次のような国際的な奉仕事業に活用する。日本列島を文字通り、福祉と文化と技術研究の世界センターとしたい。

広島に平和と軍縮に関する国際的な研究機関やサミットの常設会場を設け、いつでも紛争解決のための首脳会議が開けるようにする。国連本部と付属機関を、ニューヨークから平和宣言都市東京と大阪に移す。国際環境大学を水俣に設置し、産業公害の研究と治療の世界センターとする。

札幌、盛岡、宇都宮、松本、金沢、京都、岡山、松江、高知、大分などに第三世界技術研修センターや文化交流センター、豊かな温泉を活かした世界難病治療センターや保養基地、資源開発研究所をつくる。それに沖縄に世界海洋研究所など多くの国際機関を招致ないし新設する。保養地もつくる。

非同盟全方位外交による友好関係を、アジア諸国をはじめ世界中の国々と締結し、非核、非武装中立地帯を世界中に拡げてゆく。それと同時に、核ミサイルなど現代兵器を無効にするような最先端技術の研究開発を進め、誤った核抑止論を変革する。

世界に先駆けて、日本は軍備を全廃し、永久に交戦権を放棄し、高度な技術力と経済力、外交力など人智を高めて、国際的な奉仕活動に貢献してゆくならば、日本列島をミサイルの針ねずみにして防衛するより、はるかに高い安全性が保障されるであろう。積極的平和主義とはこういうことを言うのではなかろうか。

私たちは、こうして現憲法の理想を実施に移すことによって、人類の新しい歴史のページを開いてゆくことができる。とくに全世界の若者たちに、次のように訴えたい。

窮乏の中にある兄弟姉妹に手を差しのべ、空腹に苦しむ者に食物を与え、家のない者に宿を供し、踏みにじられている者を自由にし、不正の支配するところに正義をもたらし、武器の支配するところには平和をもたらそうではありませんか。

これらは、ローマ法王ヨハネ・パウロ二世の訴え《アピール》でもあった。

史料　五日市憲法草案、嚶鳴社憲法草案全文

校訂　新井勝紘・江井秀雄

五日市憲法草案「日本帝国憲法」

（校訂　新井勝紘）

（自由民権期の私擬憲法草案。「五日市憲法草案」の全文。一九六八年八月二十七日、東京都西多摩郡五日市町（現あきる野市）深沢の深沢家土蔵調査の折、同文書中から発見）

日本帝国憲法

第一篇
　国帝
　　第一章　帝位相続
　　第二章　摂政官
　　第三章　国帝権理

第二篇
　公法
　　第一章　国民権理

第三篇
立法権
第一章　民撰議院
第二章　元老議院
第三章　国会権任
第四章　国会開閉
第五章　国憲改正
第四篇
行政権
第五篇
司法権

日本帝国憲法　　陸陽仙台　　千葉卓三郎草

第一篇　国帝
第一章　帝位相続
一　日本国ノ帝位ハ神武帝ノ正統タル今上帝ノ子裔ニ世伝ス其相続スル順序ハ左ノ条欵ニ従フ
二　日本国ノ帝位ハ嫡皇子及其男統ニ世伝シ其男統ナキトキハ嫡衆子及其男統ニ世伝シ其男統ナキトキハ庶皇子及其男統ニ世伝ス
三　嫡皇子孫庶皇子孫及其男統ナキトキハ国帝ノ兄弟及其男統ニ世伝ス

四　国帝ノ嫡庶子孫兄弟及其男統ナキﾄｷハ国帝ノ伯叔父（上皇ノ兄弟）及其男統ニ世伝ス

五　国帝ノ嫡庶子孫兄弟伯叔父及其男統ナキﾄｷハ皇族中当世ノ国帝ニ最近ノ血縁アル男及其男統〔ヲ〕シテ帝位ヲ襲受セシム

六　皇族中男無キﾄｷハ皇族中当世ノ国帝ニ最近ノ女ヲ〆《して》帝位ヲ襲受セシム但シ女帝ノ配偶ハ帝権ニ干与スルコトヲ得ス

七　以上承継ノ順序ハ総テ長〔ハ〕幼ニ先タチ嫡ハ庶ニ先タチ卑族ハ尊族ニ先タツ

八　特殊ノ時機ニ逢ヒ帝位相続ノ順次ヲ超ヘテ次ノ相続者ヲ定ムルコトヲ必要トスルﾄｷハ国帝其方案ヲ国会ニ出シ議員三分二以上ノ可決アルヲ要ス

九　帝室及皇族ノ歳費ハ国庫ヨリ相当ニ之ヲ供奉ス可シ

一〇　皇族ハ三世ニ〆《して》止ム四世以下ハ姓ヲ賜フテ人臣ニ列ス

第一篇　国帝

第二章　摂政官

一一　国帝ハ満十八歳ヲ以テ成年トス

一二　国帝ハ成年ニ至ラサル間ハ摂政官ヲ置ク可シ

一三　成年ノ国帝ト雖モ政ヲ親ラスル能ハサル事故アリテ国会其事実ヲ認メタル時ハ其事故ノ存スル間亦摂政官ヲ置ク可シ

一四　摂政官ハ国帝若クハ大《ママ》政大臣之ヲ皇族近親ノ中ヨリ指名シ国会三分二以上ノ可決ヲ得ルコトヲ要ス

一五　成年ノ国帝其政ヲ親ラスル能ハサル場合ニ於テ国帝ノ相続者既ニ満十五歳ニ至ルﾄｷハ摂政官ニ任

ス此場合ニ於テハ国帝若クハ太政大臣ヨリ国会ニ通知スルニ止〔リ〕テ其議ニ附スルヲ要セス

一六　摂政官ハ其在官ノ間名爵及儀仗ニ関スルノ外国帝ノ権利ヲ受用スル者トス

一七　摂政官ハ満廿一歳以上ノ成〔年脱カ〕タル可シ

日本帝国憲法

第一篇　国帝

第三章　国帝ノ権利

一八　国帝ノ身体ハ神璽ニメ侵ス可ラス又責任トスル所ナシ

萬機ノ政事ニ関シ国帝若シ国民ニ対シテ過失アレハ執政大臣独リ其責ニ任ス

一九　国帝ハ立法行政司法ノ三部ヲ総轄ス

二〇　国帝ハ執政官ヲ任意ニ除任免黜シ又元老院ノ議官及裁判官ヲ任命ス

但シ終身官ハ法律ニ定メタル場合ヲ除クノ外ハ之ヲ免スルヿヲ得ス

二一　国帝ハ海陸軍ヲ総督シ武官ヲ拝除シ軍隊ヲ整備シテ便宜ニ之ヲ派遣スルヿヲ得

但シ其昇級免黜退老ハ法律ヲ以テ定メタル例規ニ準シ国帝之ヲ決ス

二二　国帝ハ軍隊ニ号令シ敢テ国憲ニ悖戻スル所業ヲ助ケシムルヿヲ得ス

且ツ戦争ナキ時ニ際シ臨時ニ兵隊ヲ国中ニ備ヒ置カント欲セハ元老院民撰議院ノ承諾ナクシテハ決シテ之ヲ行フ可ラサル者トス

二三　国帝ハ鋳銭ノ権ヲ有ス貨幣条例ハ法律ヲ以テ之ヲ定ム

但シ通貨ヲ製造改造シ又己レノ肖像ヲ銭貨ニ鋳セシムルヿヲ得

二四　国帝ハ爵位貴号ヲ賜与シ且法律ニ依準シテ諸種ノ勲綬栄章ヲ授ケ又法律ヲ以テ限定スル所ノ恩賜金ヲ与フルヿヲ得

二五　但シ国庫ヨリシテ之ニ禄ヲ賜ヒ賞ヲ給セラル、ハ国会ノ可決ヲ経ルニ非サレハ勅命ヲ実行ス可ラス

二六　国帝ハ何レノ義務ヲモ負フヿナキ外国ノ勲級ヲ受クルヿヲ得又国帝ノ承諾アレハ皇族モ之ヲ受クルヲ得

但シ何レノ場合ヲ論セス帝臣ハ国帝ノ許允ヲ経スシテ外国ノ勲級爵位官職ヲ受クルヿヲ得ス

日本人ハ外国貴族ノ称号ヲ受クルヿヲ得ス

二七　国帝ハ特命ヲ以テ既定宣告ノ刑事裁判ヲ破毀シ何レノ裁判庁ニモ之ヲ移シテ覆審セシムルノ権アリ

二八　国帝ハ裁判官ノ断案ニ因リ処決セラレタル罪人ノ刑罰ヲ軽減赦免ノ恩典ヲ行フヿヲ得ルノ権ヲ有ス

二九　凡ソ重罪ノ刑〔三〕処セラレ終身其公権ヲ剥奪セラレタル者ニ対シ法律ニ定メタル所ニ由リ国会ノ議事ニ諮詢シ其可決ヲ得テ大赦特赦及赦罪復権ノ敕裁ヲ為スヿヲ得

三〇　国帝ハ全国ノ審判ヲ督責シ及之ヲ看守シ其決行ヲ充分ナラシメ又公罪ヲ犯ス者アルトキハ国帝ノ名称ヲ以テ之ヲ追捕シ求刑シ所断ス

三一　法司ヲ訴告スル者アルトキハ国帝之ヲ聴キ仍ホ参議院ノ意見ヲ問フテ後ニ之ヲ停職スルヿヲ得

三二　国帝ハ国会ヲ催促徴喚シ及之ヲ集開終閉シ又之ヲ延期ス

三三　国帝ハ国益ノ為ニ須要トスル時ハ会期ノ暇時ニ於テ臨時ニ国会ヲ召集スルヿヲ得

三四　国帝ハ法律ノ議案ヲ国会ニ出シ及其他自ラ適宜ト思量スル起議ヲ国会ニ下附ス
三五　国帝ハ国会ニ議セス特権ヲ以テ決定シ外国トノ諸般ノ国約ヲ為ス
但シ国家ノ担保ト国民ノ関係（通商貿易ノ条約）ヲナスヿニ基ヒスル者又ハ国財ヲ費シ若クハ国疆所属地ノ局部ヲ譲与変改スルノ条約及其修正ハ国会ノ承諾ヲ得ルニ非レハ其効力ヲ有セス
三六　国帝ハ開戦ヲ宣シ和議ヲ構シ及其他ノ交際修好同盟等ノ条約ヲ準定ス
但シ即時ニ之ヲ国会ノ両院ニ通知ス可シ且国家ノ利益安寧ト相密接スト思量スル所ノ者モ同ク之ヲ国会ノ両院ニ通照ス
三七　国帝ハ外国事務ヲ総摂ス外国派遣ノ使節諸公使及領事ヲ任免ス
三八　国帝ハ国会ヨリ上奏シタル起議ヲ允否ス
三九　国帝ハ国会ノ定案及判決ヲ勅許制可シ之ニ鈐印シ及ヒ総テ立法全権ニ属スル所ノ職務ニ就キ最終ノ裁決ヲ為シ之ニ法律ノ力ヲ与ヘテ公布ス可シ
四〇　国帝ハ外国ノ兵隊ノ日本国ニ入ルヿヲ許スヿ又太子ノ為メニ王位ヲ辞スルヿトノ二条ニ就テハ特別ノ法律ニ依リ国会ノ承諾ヲ受ケサレハ其効力ヲ有セス
四一　国帝ハ国安ノ為ニ須要スル時機ニ於テハ同時又別々ニ国会ノ両院ヲ停止解散スルノ権ヲ有ス
但シ該解散ノ布告ト同時ニ四十日内ニ新議員ヲ撰挙シ及二カ月内ニ該議院ノ召集ヲ命ス可シ

日本帝国憲法
第二篇　公法
第一章　国民ノ権利

四二　左ニ掲クル者ヲ日本国民トス
一　凡ソ日本国内ニ生ル、者
二　日本国外ニ生ル、𪜈日本国人ヲ父母トスル子女
三　皈化ノ免状ヲ得タル外国人
但シ皈化ノ外国人カ享有スヘキ其権利ハ法律別ニ之ヲ定ム

四三　左ニ掲クル者ハ政権ノ受用ヲ停閣ス
一　外形ノ無能（廃疾ノ類）心性ノ無能（狂癲白痴ノ類）
二　禁獄若クハ配流ノ審判
但シ期満レハ政権剥奪ノ禁ヲ解ク

四四　左ニ掲クル者ハ日本国民ノ権利ヲ失フ
一　外国ニ皈化シ外国ノ籍ニ入ルモノ
二　日本国帝ノ允許ヲ経スシテ外国政府ヨリ官職爵位称号若クハ恩賜金ヲ受クル者

四五　日本国民ハ各自ノ権利自由ヲ達ス可シ他ヨリ妨害ス可ラス且国法之ヲ保護ス可シ

四六　日本国民ハ国憲許ス所ノ財産智識アル者ハ国事政務ニ参与シ之レカ可否ノ発言ヲ為シ之ヲ議スルノ権ヲ有ス

四七　凡ソ日本国民ハ族藉位階ノ別ヲ問ハス法律上ノ前ニ対シテハ平等ノ権利タル可シ

四八　凡ソ日本国民ハ日本全国ニ於テ同一ノ法典ヲ準用シ同一ノ保護ヲ受ク可シ地方及門閥若クハ一人一族ニ与フルノ時《ママ》権アルヿナシ

四九　凡ソ日本国ニ在居スル人民ハ内外国人ヲ論セス其身体生命財産名誉ヲ保固ス

五〇　法律ノ条規ハ其効ヲ既往ニ及ホスヿアル可ラス

五一　凡ソ日本国民ハ法律ヲ遵守スルニ於テハ万事ニ就キ豫メ撿閲ヲ受クルヿナク自由ニ其思想意見論説図絵ヲ著述シ之ヲ出板頒行シ或ハ公衆ニ対シ講談討論演説シ以テ之ヲ公ニスルヿヲ得ヘシ但シ其弊害ヲ抑制スルニ須要ナル処分ヲ定メタルノ法律ニ対シテハ其責罰ヲ受任ス可シ

五二　凡ソ思想自由ノ権ヲ受用スルニ因リ犯ス所ノ罪アルトキハ法律ニ定メタル時機并ニ程式ニ循拠シテ其責ヲ受ク可シ著刻犯ノ軽重ヲ定ムルハ法律ニ定メタル特例ヲ除クノ外ハ陪審官之ヲ行フ

五三　凡ソ日本国民ハ法律ニ拠ルノ外ニ或ハ彊《ママ》テ之ヲ為サシメラレ或ハ彊《ママ》テ之ヲ止メシメラル、等ノヿアル可ラス

五四　凡ソ日本国民ハ集会ノ性質或数人連署或ハ一個人ノ資格ヲ以テスルモ法律ニ定メタル程式ニ循拠シ皇帝国会及何レノ衙門ニ向テモ直接ニ奏呈請願又上書建白スルヲ得ルノ権ヲ有ス但シ該件ニ因テ牢獄ニ囚附セラレ或ハ刑罰ニ処セラル、ヿアル可ラス若シ政府ノ処置ニ関シ又国民相互ノ事ニ関シ其他何ニテモ自己ノ意ニ無理ト思考スルヿアレハ皇帝国会何レノ衙門ニ向テモ上書建白請願スルヿヲ得可シ

五五　凡ソ日本国民ハ華士族平民ヲ論セス其才徳器能ニ応シ国家ノ文武官僚ニ拝就スル同等ノ権利ヲ有ス

五六　凡ソ日本国民ハ何宗教タルヲ論セス之ヲ信仰スルハ各人ノ自由ニ任ス然レトモ政府ハ何時ニテモ国安ヲ保シ及各宗派ノ間ニ平和ヲ保存スルニ応当ナル処分ヲ為スヿヲ得但シ国家ノ法律中ニ宗旨ノ性質ヲ負ハシムルモノハ国憲ニアラサル者トス

五七　凡ソ何レノ労作工業農耕ト雖トモ行儀風俗ニ戻リ国民ノ安寧若クハ健康ヲ傷害スルニ非レハ之ヲ禁

制スルヿナシ

五八　凡ソ日本国民ハ結社集会ノ目的若クハ其会社ノ使用スル方法ニ於テ国禁ヲ犯シ若クハ国難ヲ醸スヘキノ状ナク又戎器ヲ携フルニ非ズ〆平穏ニ結社集会スルノ権ヲ有ス

但シ法律ハ結社集会ノ弊害ヲ抑制スルニ須要ナル処分ヲ定ム

五九　凡ソ日本国民ノ信書ノ秘密ヲ侵スヿヲ得ス其信書ヲ勾収スルハ現在ノ法律ニ依リ法ニ適シタル拿捕又ハ探索ノ場合ヲ除クノ外戦時若クハ法衙ノ断案ニ拠ニ非レバ之ヲ行フヿヲ得ス

六〇　凡ソ日本国民ハ法律ニ定メタル時機ニ際シ法律ニ定示セル規程ニ循拠スルニ非レハ之ヲ拘引招喚囚捕禁獄或ハ強テ其住屋戸鎖ヲ打開スルヿヲ得ス

六一　凡ソ日本国民各自ノ住居ハ全国中何方ニテモ其人ノ自由ナル可シ而シテ他ヨリ之ヲ侵ス可ラス若シ家主ノ承允ナク或ハ家内ヨリ招キ呼フヿナク又火災水災等ヲ防禦スル為ニ非ス〆夜間人家ニ侵シ入ルヿヲ得ス

六二　凡ソ日本国民ハ財産所有ノ権ヲ保固ニス如何ナル場合ト雖𪜈財産ヲ没収セラル、ヿナシ公規ニ依リ其公益タルヲ証スルモ仍ホ時ニ応シスル至当ナル前価ノ賠償ヲ得ルノ後ニ非レハ之レカ財産ヲ買上ラル、ヿナカル可シ

六三　凡ソ日本国民ハ国会ニ於テ決定シ国帝ノ許可アルニ非レハ決シテ租税ヲ賦課セラル、ヿナカル可シ

六四　凡ソ日本国民ハ当該ノ裁判官若クハ裁判所ニ非レハ縦令既定ノ刑法ニ依リ又其法律ニ依リ定ムル所ノ規程ニ循フモ之ヲ糺治裁審スルヿヲ得ス

六五　法律ノ正条ニ明示セル所ニ非レハ甲乙ノ別ヲ論セス拘引逮捕糺弾処刑ヲ被ルヿナシ且ツ一タヒ処

断ヲ得タル事件ニ付再次ノ糺弾ヲ受ク可ラス

六六　凡ソ日本国民ハ法律ニ掲クル場合ヲ除クノ外之ヲ拿捕スルコヲ得ス又拿捕スル場合ニ於テハ裁判官自ラ署名シタル文書ヲ以テ其理由ト劾告者ト証人ノ名ヲ被告者ニ告知ス可シ

六七　総テ拿捕シタル者ハ二十四時間内ニ裁判官ノ前ニ出スコヲ要ス拿捕シタル者ヲ直ニ放還スルコ能ハサルトキニ於テハ裁判官ヨリ其理由ヲ明記シタ〔ル〕宣告状ヲ以テ該犯ヲ禁錮ス可シ右ノ宣告ハ力可能的迅速ヲ要シ遅クモ三日間内ニ之ヲ行フ可シ

但シ裁判官ノ居住ト相鄰接スル府邑村落ノ地ニ於テ拿捕スルトキハ其時ヨリ二十四時間内ニ之ヲ告知ス可シ若シ裁判官ノ居住ヨリ遠隔スル地ニ於テ拿捕スルトキハ其距離遠近ニ準シ法律ニ定メタル当応ノ期限内ニ之ヲ告知ス可シ

六八　右ノ宣告状ヲ受ケタル者ノ求ニ因リ裁判官ノ宣告シタル事件ヲ遅滞ナク控訴シ又上告スルコヲ得ヘシ

六九　一般犯罪ノ場合ニ於テ法律ニ定ムル所ノ保釈ヲ受クルノ権ヲ有ス

七〇　何人モ正当ノ裁判官ヨリ阻隔セラ〔ル〕、コナシ是故ニ臨時裁判所ヲ設立スルコヲ得可ラス

七一　国事犯ノ為ニ死刑ヲ宣告サル、コナカル可シ

七二　凡ソ法ニ違フテ命令シ又放免ヲ怠リタル拿捕ハ政府ヨリ其損害ヲ被リタル者ニ償金ヲ払フ可シ

七三　凡ソ日本国民ハ何人ニ論ナク法式ノ徴募ニ膺リ兵器ヲ擁シテ海陸ノ軍伍ニ入リ日本国ノ為ニ防護ス可シ

七四　又其所有財産ニ比率シテ国家ノ負任（公費租税）ヲ助クルノ責ヲ免ル可ラス皇族ト雖モ税ヲ除免セラル、コヲ得可ラス

七五　国債公債ハ一般ノ国民タル者其負担ノ責ヲ免ル可ラス

七六　子弟ノ教育ニ於テ其学科及教授ハ自由ナル者トス然レ𪜈子弟小学ノ教育ハ父兄タル者ノ免ル可ラサル責任トス

七七　府県令ハ特別ノ国法ヲ以テ其綱領ヲ制定セラル可シ府県ノ自治ハ各地ノ風俗習例ニ因ル者ナルカ故ニ必ラス之ニ干渉妨害ス可ラス其権域ハ国会ト雖𪜈之ヲ侵ス可ラサル者トス

日本帝国憲法

第三篇　立法権

第一章　民撰議院

七八　民撰議院ハ撰挙会法律ニ依リ定メタル規程ニ循ヒ撰挙ニ於テ直接投籤法ヲ以テ単撰シタル代民議院ヲ以テ成ル

但シ人口二十万人ニ付一員ヲ出ス可シ

七九　代民議員ノ任期三カ年トシ二カ年毎ニ其半数ヲ改撰ス可シ

但シ幾任期モ重撰セラル、ヿヲ得

八〇　日本国民ニ〆俗籍ニ入リ（神官僧侶教導職耶蘇宣教師ニ非ル者ニシテ）政権民権ヲ享有スル満三十歳以上ノ男子ニシテ定額ノ財産ヲ所有シ私有地ヨリ生スル歳入アルヿヲ証明シ撰挙法ニ定メタル金額ノ直税ヲ納ル、文武ノ常識ヲ帯ヒ《ママ》サル者ハ撰挙法ニ遵ヒテ議員ニ撰挙セラル、ヲ得

八一　凡ソ此ニ掲ケタル分限ト要款トヲ備具スル日本国民ハ被選挙人ノ半数ハ其区内ニ限リ其他ノ半数ハ何レノ県ノ区ニモ通シテ選任セラル、ヿヲ得

但シ元老院ノ議官ヲ兼任スル〡ヲ得ス

八二　代民議員ハ（撰挙セラレタル地方ノ総代ニ非ス）日本全国民ノ総代人ナリ故ニ撰挙人ノ教令ヲ受クルヲ要セス

八三　婦女未丁年者治産ノ禁ヲ受ケタル者白痴瘋癲ノ者住居ナクメ人ノ奴僕雇傭タル者政府ノ助成金ヲ受クル者及常事犯罪ヲ以テ徒刑一ケ年以上実決ノ刑ニ処セラレタル者又禀告サレタル失踪人ハ代民議員ノ撰挙人タル〡ヲ得ス

八四　民撰議院ハ日本帝国ノ財政（租税　国債）ニ関スル方案ヲ起草スルノ特権ヲ有ス

八五　民撰議院ハ往時ノ施政上ノ撿査及施政上ノ弊害ノ改正ヲ為スノ権ヲ有ス

八六　民撰議院ハ行政官ヨリ出セル起議ヲ討論シ又国帝ノ起議ヲ改竄スルノ権ヲ有ス

八七　民撰議院ハ緊要ナル調査ニ関シ官吏並ニ人民ヲ召喚スルノ権ヲ有ス

八八　民撰議院ハ政事上ノ非違アリト認メタル官吏（執政官　参議官）ヲ上院ニ提喚弾劾スル特権ヲ有ス

八九　民撰議院ハ議員ノ身上ニ関シ左ノ事項ヲ処断スルノ権ヲ有ス

一　議員民撰議院ノ命令規則若クハ特権ニ違背スル者

二　議員撰挙ニ関スル訴訟

九〇　民撰議院ハ其正副議長ヲ議員中ヨリ撰挙シテ国帝ノ制可ヲ請フ可シ

九一　民撰議院ノ議員ハ院中ニ於テ為シタル討論演説ノ為ニ裁判ニ訴告ヲ受クル〡ナシ

九二　代民議員ハ会期中及会期前後二十日間民事訴訟ヲ受クル〡アルモ答弁スルヲ要セス

但シ民撰議院ノ承認ヲ得ルトキハ此限ニアラス

九三　民撰議院ノ代民議員ハ現行犯罪ニ非レハ下院ノ前許承認ヲ得スシテ会期中及会期ノ前後二十日間拘致囚捕審判セラル、ヿナシ
但シ現行犯罪ノ場合ニ於テモ拘致囚捕或ハ会期ヲ閉ツルノ後糺治又囚捕スルニ於テモ即時至急ニ裁判所ヨリ代民議員ヲ拿捕セシヿヲ民撰議院ニ通知シ該院ヲ〆其件ヲ照査シテ之ヲ処分セシム可シ
九四　民撰議院ハ請求シテ会期中及会期ノ前後廿日間議員ノ治罪拘引ヲ停止セシムルノ権ヲ有ス
九五　民撰議院ノ議長ハ院中ノ官員（書託等其他）ヲ任免スルノ権アリ
九六　代民議員ハ会期ノ間旧議員任期ノ最終会議ニ定メタル金給ヲ受ク可シ又特別ノ決議ヲ以テ往返ノ旅費ヲ受ク可シ

日本帝国憲法
第三篇　立法権
第二章　元老議院
九七　元老院ハ国帝ノ特権ヲ以テ命スル所ノ議官四十名ヲ以テ成ル
但シ民撰議院ノ議員ヲ兼任スルヲ得ス
九八　満三十五歳以上ニ〆左ノ部ニ列スル性格ヲ具フル日本人ニ限リ元老院ノ議官タルヿヲ得べシ
一　民撰議院ノ議長
二　民撰議員ニ撰ハレタルヿ三回ニ及ヘル者
三　執政官諸省卿

四　参議官
五　三等官以上ニ任セラレシ者
六　日本国ノ皇族華族
七　海陸軍ノ大中少将
八　特命全権大使及公使
九　大審院上等裁判所ノ議長及裁判官又其大撿事
十　地方長官
十一　勲功アル者及材徳輿望アル者

九九　元老院ノ議官ハ国帝ノ特命ニ因リテ議員中ヨリ之ヲ任ス

一〇〇　元老院ノ議官ハ終身在職スル者トス

一〇一　元老院ノ議官ハ一カ年三万円ニ過キサル一身ノ俸給ヲ得ベシ

一〇二　皇子及太子ノ男子ハ満二十五歳ニ至リ文武ノ常識ヲ帯ヒサル《ママ》者ハ元老院ノ議官ニ任スルヿヲ得

一〇三　諸租税ノ賦課ヲ許諾スルヿハ先ツ民撰議院ニ於テ之ヲ取扱ヒ元老院ハ唯其事アル毎ニ民撰議院ノ議決案ヲ覆議シテ之ヲ決定スルカ若クハ抛棄スルカノ外ニ出テス決〆之ヲ変改スルヿヲ得可ラス

一〇四　元老院ノ編成及権利ニ関スル法律ハ先ツ之ヲ元老院ニ持出サヾルヲ得ス民撰議院ハ唯之ヲ採用スルカ棄擲スルニ過キス決〆之ヲ刪添ス可ラス

一〇五　元老院ハ立法権ヲ受用スルノ外左ノ三件ヲ掌トル

一　民撰議院ヨリ提出劾告セラレタル執政大臣諸官吏ノ行政上ノ不当ノ事ヲ審糺裁判ス其劾告

手続ハ法律別ニ之ヲ定ム

二　国帝ノ身体若クハ権威ニ対シ又ハ国安ニ対スル重罪犯ヲ法律ニ定メタル所ニ循ヒ裁判ス

三　法律ニ定メタル時機ニ際シ及ヒ其定メタル規程ニ循ヒ元老院議官ヲ裁判ス

一〇六　元老院議官ハ其現行犯罪ニ由リテ拘捕セラル、時又ハ元老院ノ集会セサル𪜈ノ外予メ元老院ノ決定承認ヲ経ス〆之ヲ糺治シ又ハ拘致囚捕セラル、ヿナシ

一〇七　何レノ場合タルヲ論セス議官ヲ糺治シ若クハ囚捕スル時ハ至急ニ之ヲ元老院ニ報知シ以テ該院権限ノ処ヲ為サシム

日本帝国憲法

第三篇　立法権

第三章　国会ノ職権

一〇八　国家永続ノ秩序ヲ確定国家ノ憲法ヲ議定シ之ヲ添删更改シ千載不抜ノ三大制度ヲ興廃スル事ヲ司ル

一〇九　国会ハ国帝及立法権ヲ有スル元老院民撰議院ヲ以テ成ル

一一〇　国会ハ総テ公行シ公衆ノ傍聴ヲ許ス

但シ国益ノタメ或ハ特異ノ時機ニ際シ秘密会議ヲ開クヿヲ要スヘキニ於テハ議員十人以上ノ求ニ因テ各院ノ議長傍聴ヲ禁止スルヲ得

一一一　国会ハ総テ日本国民ヲ代理スル者ニ〆国帝ノ制可ヲ須ツノ外総テ法律ヲ起草シ之ヲ制定スルノ立法権ヲ有ス

一一二　国会ハ政府ニ於テ若シ憲法或ハ宗教或ハ道徳或ハ信教自由或ハ各人ノ自由或ハ法律上ニ於テ諸民平等ノ遵奉財産所有権或ハ原則ニ違背シ或ハ邦国ノ防禦ヲ傷害スルカ如キヿアレハ勉メテ之レカ反対説ヲ主張シ之カ根元ニ遡リ其公布ヲ拒絶スルノ権ヲ有ス

一一三　国会ノ一部ニ於テ否拒シタル法案ハ同時ノ集会ニ於テ再ヒ提出スルヲ得ス

一一四　国会ハ公法及私法ヲ整定ス可シ即チ国家至要ノ建国制度及根原法一般ノ私法及民事訴訟法海上法礦坑法山林法刑法治罪法庶租税ノ徴収及国財ヲ料理スルノ原則ヲ議定シ兵役ノ義務ニ関スル原則国財ノ歳出入予算表ヲ規定ス

一一五　国会ハ租税賦課ノ認許権又工部ニ関〆取立タル金額使用方ヲ決シ又国債ヲ募リ国家ノ信任（紙幣《ママ》公債証書発行）ヲ使用スルノ認許権ヲ有ス

一一六　国会ハ行政全局（法律規則ニ違背セシカ処置其宜キヲ得サルヤ）ヲ監督スルノ権ヲ有ス

一一七　国会議スル所ノ法案ハ其討議ノ際ニ於テ国帝之ヲ中止シ若クハ禁止スルヿヲ得ス

一一八　国会（両院）共ニ規則ヲ設ケ其院事ヲ処置スルノ権ヲ有ス

一一九　国会ハ其議決ニ依リテ憲法ノ缺典ヲ補充スルノ権総テ憲法ニ違背ノ所業ハ之ヲ矯正スルノ権新法律及憲法変更ノ発議ノ権ヲ有ス

一二〇　国会ハ全国民ノ為ニ法律ノ主旨ヲ釈明ス可シ

一二一　国会ハ国帝太子摂政官若クハ摂政ヲ〆国憲及法律ヲ遵守スルノ宣誓詞ヲ宣ヘシム

一二二　国会ハ国憲ニ掲ケタル時機ニ於テ摂政ヲ撰挙シ其権域ヲ指定シ未成年ナル国帝ノ太保ヲ任命ス

一二三　国会ハ民撰議院ヨリ論劾セラレテ元老院ノ裁判ヲ受ケタル執政ノ責罰ヲ実行ス

一二四　国会ハ内外ノ国債ヲ募リ起シ国土ノ領地ヲ典売シ或ハ疆域ヲ変更シ府県ヲ発立分合シ其他ノ行

政区画ヲ決定スルノ権ヲ有ス

一二五　国会ハ国家総歳入出ヲ計算シタル（予算表）ヲ撿視ノ上同意ノ時ハ之ヲ認許ス

一二六　国会ハ国事ノ為メニ緊要ナル時機ニ際シ政府ノ請ニ応シ議員ニ該特務ヲ許認指定ス

一二七　国会ハ国帝殂スル𪜈ハ若クハ帝位ヲ空フスル𪜈既往ノ施政ヲ撿査シ及施政上ノ弊害ヲ改正ス

一二八　国会ハ帝国若クハ港内ニ外国海陸軍兵ノ進入ヲ允否ス

一二九　国会ハ毎歳政府ノ起議ニ因リ平時若クハ臨時海陸軍兵ヲ限定ス

一三〇　国会ハ内外国債ヲ还償スルニ適宜ナル方法ヲ議定ス

一三一　国会ハ帝国ニ法律ヲ施行スルタメニ必要ナル行政ノ規則ト行政ノ設立及不全備ヲ補フ法ヲ決定ス

一三二　国会ハ政府官僚及其奉給ヲ改正設定シ若クハ之ヲ廃止ス

一三三　国会ハ貨幣ノ斤量価格銘誌模画名称及度量衡ノ原位ヲ定ム

一三四　国会ハ外国トノ条約ヲ議定ス

一三五　国会ハ兵役義務執行ノ方法及其規則ト期限トニ関スル事就中毎歳召募ス可キ徴兵員数ノ定数及予備馬匹ノ賦課兵士ノ糧食屯営ノ総則ニ関スル事ヲ議定ス

一三六　政府ノ歳計予算表ノ規則及諸租税賦課ノ毎歳決議政府ノ決算表并ニ会計管理成跡ノ撿査新公債証券ノ発出政府旧債ノ変更官地ノ売易貸与専売并特権ノ法律総テ全国ニ通スル会計諸般ノ事務ヲ決定ス

一三七　金銀銅貨及銀行証巻《ママ》ノ発出ニ関スル事務ノ規則税関貿易電線駅逓鉄道航運ノ事其他全国通運ノ方法ヲ議定ス

一三八　証巻《ママ》ノ銀行工業ノ特準度量衡製造ノ模型記印ノ保護ノ法律ヲ決定ス

一三九　医薬ノ法律及伝染病家畜疫疾防護ノ法律ヲ定ム

日本帝国憲法

第三篇　立法権

第四章　国会ノ開閉

一四〇　国会ハ両議院共ニ必ス勅命ヲ以テ毎歳同時ニ之ヲ開クヘシ

一四一　国帝ハ国安ノ為ニ須要トスル時機ニ於テハ両議院ノ議決ヲ不認可シ其議会ヲ中止シ紛議スルニ当リテハ其議員《ママ》ニ解散ヲ命スルノ権ヲ有ス然レトモ此場合ニ当リテハ必ラス四十日内ニ新議員ヲ撰挙セシメ二ヶ月間内ニ之ヲ召集シテ再開ス可シ

一四二　国帝崩シテ国会ノ召集期ニ至ルモ尚ホ之ヲ召集スル者無キ時ハ国会自ラ参集シテ開会スルヿヲ得

一四三　国会ハ国帝ノ崩御ニ遭フモ嗣帝ヨリ解散ノ命アル迠ハ解散セス定期ノ会議ヲ続クルヿヲ得

一四四　国会ノ閉期ニ当リテ次期ノ国会未タ開カサルノ間ニ国帝崩御スルヿアルトキハ議員自ラ参集シテ国会ヲ開クヿヲ得若シ嗣帝ヨリ解散ノ命アルニ非レバ定期ノ会議ヲ続クルヿヲ得

一四五　議員ノ撰挙既ニ畢リ未タ国会ヲ開カサルノ間ニ於テ国帝ノ崩御ニ遭フテ尚ホ之ヲ開ク者ナキトキハ其議員自ラ参集〆之ヲ開クヿヲ得若シ嗣帝ヨリ解散ノ命アルニ非レバ定期ノ会議ヲ続クルヿヲ得

一四六　国会ノ議員其年限既ニ尽キテ次期ノ議員未タ撰挙セラレサル間ニ国帝崩御スルトキハ前期ノ議員

　　集会〆一期ノ会ヲ開クヿヲ得
一四七　各議院ノ集会ハ同時ニス可シ若シ其一院集会〆他ノ一院集会セサルトキハ国会ノ権利ヲ有セス
　　但シ糺弾裁判ノ為〔ニ〕元老院ヲ開クハ其法庭ノ資格タルヲ以テ此限ニアラス
一四八　各議院議員ノ出席過半数ニ至ラサレハ会議ヲ開クヿヲ得ス

日本帝国憲法
第三篇　立法権
第五章　国憲ノ改正
一四九　国ノ憲法ヲ改正スルハ特別会議ニ於テス可シ
一五〇　両議院ノ議員三分ノ二ノ議決ヲ経テ国帝之ヲ允可スルニ非レバ特別会ヲ召集スルヿヲ得ス特別
　　会議員ノ召集及撰挙ノ方法ハ都テ国会ニ同シ
一五一　特別会ヲ召集スルトキハ民撰議院ハ散会スル者トス
一五二　特別会ハ元老院ノ議員及国憲改正ノ為ニ特ニ撰挙セラレタル人民ノ代民議員ヨリ成ル
一五三　特別ニ撰挙セラレタル代民議員三分ノ二以上元老院議員三分二以上ノ議決ヲ経テ国帝之ヲ允可
　　スルニ非レバ憲法ヲ改正スルヿヲ得ス
一五四　其特ニ召集ヲ要スル事務畢ルトキハ特別会自ラ解散スル者トス
一五五　特別会解散スルトキハ前ニ召集セラレタル国会ハ其定期ノ職務ニ復ス可シ
一五六　憲法ニアラザル総テノ法律ハ両議院出席ノ議員過半数ヲ以テ之ヲ決定ス

日本帝国憲法

第四篇

第一章　行政権

一五七　国帝ハ行政官ヲ総督ス

一五八　行政官ハ大政《ママ》大臣各省長官ヲ以テ成ル

一五九　行政官ハ合〆内閣ヲ成シ以テ政務ヲ議シ分レテ諸省長官ト為リ以テ当該ノ事務ヲ理ス

一六〇　諸般ノ布告ハ大政《ママ》大臣ノ名ヲ署シ当該ノ諸省長官之ニ副署ス

一六一　大政《ママ》大臣ハ大蔵卿ヲ兼任ス可シ

一六二　大政《ママ》大臣ハ国帝ニ奏シ内務以下諸省ノ長官ヲ任免スルノ権アリ

一六三　諸省長官ノ序次左ノ如シ

　大蔵卿　内務卿　外務卿　司法卿
　陸軍卿　海軍卿　工部卿　宮内卿
　開拓卿　教部卿　文部卿　農商務卿

一六四　行政官ハ国帝ノ欽命ヲ奉シテ政務ヲ執行スル者トス

一六五　行政官ハ執行スル所ノ政務ニ関シ議院ニ対シテ其責ニ任スル者トス若シ其政務ニ就キ議院ノ信ヲ失スル時ハ其職ヲ辞ス可シ

一六六　行政官ハ諸般ノ法案ヲ草シ議院ニ提出スルヲ得

一六七　行政官ハ両議院ノ議員ヲ兼任スルヲ得

一六八　行政官ハ毎歳国費ニ関スル議案を草シ之ヲ議院ノ議ニ付ス可シ

一六九　行政官ハ毎歳国費決算書ヲ製シ之ヲ議院ニ報告ス可シ

日本帝国憲法

第五篇

第一章　司法権

一七〇　司法権ハ国帝之ヲ摠括ス

一七一　司法権ハ不羈独立ニシテ法典ニ定ムル時機ニ際シ及ヒ之ヲ定ムル規程ニ循ヒ民事並ニ刑事ヲ審理スルノ裁判官判事及陪審官之ヲ執行ス

一七二　大審院上等裁判下等裁判所等ヲ置ク

一七三　民法商法刑法訴訟法治罪法山林法及司法官ノ構成ハ全国ニ於テ同均トス

一七四　上等裁判所下等裁判所ノ数並ニ其種類各裁判所ノ構成権任其権任ヲ執行スヘキ方法及裁判官ニ属ス可キ権理等ハ法律之ヲ定ム

一七五　私有権及該権ヨリ生シタル権理負債其他凡ソ民権ニ管スル訴訟ヲ審理スルハ特ニ司法権ニ属ス

一七六　裁判所ハ上等下等ニ論ナク廃改スルヿヲ得ス又其構制ハ法律ニ由ルニ非レハ変更ス可ラス

一七七　凡ソ裁判官ハ国帝ヨリ任シ其判事ハ終身其職ニ任ジ陪審官ハ訴件事実ヲ決判シ裁判官ハ法律ヲ準擬シ諸裁判ハ所長ノ名ヲ以テ之ヲ決行宣告ス

一七八　郡裁判所ヲ除クノ外ハ国帝ノ任シタル裁判官ノ三年間在職シタル者ハ法律ニ定メタル場合ノ外ハ復之ヲ転黜スルヿヲ得ス

一七九　凡ソ裁判官法律ニ違犯〔スルヿ〕アルトキハ各自其責ニ任ス

一八〇　凡ソ裁判官ハ自ラ決行セラルベキ罪犯ノ審判アルトキヲ以テスルノ外有期若クハ無期ノ時間其職ヲ褫ハル、ヿナシ又司法官ノ決裁（裁判所議長若クハ上等裁判所ノ決裁等ヲ云フ）ヲ以テセラル、カ又ハ充分ノ緒由アリテ国帝ノ令ヲ下シ且ツ憑拠ヲ帯ヒテ罪状アル裁判官ヲ当該ノ裁判所ニ訴告スル時ノ外ハ裁判官ノ職ヲ停止スルヿヲ得ス

一八一　軍事裁判及護卿《ママ》兵裁判亦法律ヲ以テ之ヲ定ム

一八二　租税ニ関スル争訟及違令ノ裁判モ同ク法律ヲ以テ之ヲ定ム

一八三　法律に定メタル場合ヲ除クノ外審判ヲ行フカタメニ例外非常ノ法衙ヲ設クルヿヲ得ス如何ナル場合タリ𪜈臨時若クハ特別ノ裁判所ヲ開キ臨時若クハ特別ノ糺問掛リヲ組立裁判官ヲ命シテ聴訟断罪ノヿヲ行ハシム可ラス

一八四　現行犯罪ヲ除クノ外ハ当該部署官ヨリ発出シタル命令書ニ依ルニ非ズ〆拿捕スルヿヲ得ス若シ縦マ、ニ拿捕スルヿアレハ之ヲ命令シタル裁判官及之ヲ請求シタル者ヲ法律ニ掲クル所ノ刑ニ処ス可シ

一八五　罰金及禁錮ノ刑ニ問フヘキ罪犯ハ勾留スルヿヲ得ス

一八六　裁判官ハ管轄内ノ訟獄ヲ聴断セス〆之《ママ》ニ他ノ裁判所ニ移スヿヲ得ス　是故ヲ以テ特別ナル裁判所及専務ノ員ヲ設クルヿヲ得ス

一八七　何人モ其意志ニ悖ヒ法律ヲ以テ定メタル正当判司裁判官ヨリ阻隔セラル、ヿナシ是故ヲ以テ臨時裁判所ヲ設立スルヿヲ得可ラス

一八八　民事刑事ニ於テ法律ヲ施行スルノ権ハ特ニ上下等裁判所ニ属ス然レ𪜈上下等裁判所ハ審判及審判ノ決行ヲ看守スルノ外他ノ職掌ヲ行フヿヲ得ス

一八九　刑事ニ於テハ証人ヲ推問シ其他凡テ劾告ノ後ニ係ル訴訟手続ノ件ハ公行ス可シ

一九〇　法律ハ行政権ト司法権トノ間ニ生スルヿヲ得ヘキ権限抵触ノ裁判ヲ規定ス

一九一　司法権ハ法律ニ定ムル特例ヲ除キ亦政権ニ管スル争訟ヲ審理ス

一九二　民事刑事トナク裁判所ノ訟庭ハ（法律ニ由テ定メタル場合ヲ除クノ外ハ）法律ニ於テ定ムル所ノ規程ニ循ヒ必ス之ヲ公行ス可シ
但シ国安及風紀ニ関スルニ因リ法律ヲ以テ定メタル特例ハ此限ニ非ラス

一九三　凡ソ裁判ハ其理由ヲ説明シ訟庭ヲ開テ之ヲ宣告ス可シ刑事ノ裁判ハ其處断ノ拠憑スル法律ノ條目ヲ掲録ス可シ

一九四　国事犯ノ為ニ死刑ヲ宣告ス可ラス又其罪ノ事実ハ陪審官之ヲ定ム可シ

一九五　凡ソ著述出板ノ犯罪ノ軽重ヲ定ムルハ法律ニ定メタル特例ノ外ハ陪審官之ヲ行フ

一九六　凡ソ法律ヲ以テ定メタル重罪ハ陪審官其罪ヲ決ス

一九七　法律ニ定メタル場合ヲ除クノ外ハ何人ヲ論セス拿捕ノ理由ヲ掲示スル判司ノ命令ニ由ルニ非レバ囚捕ス可ラス

一九八　法律ハ判司ノ命令ノ規式及罪人ノ糺弾ニ従事スヘキ期限ヲ定ム

一九九　何人ヲ論セス法律ニ由テ其職任アリト定メタル権ヲ以テシ及法律ニ指定シタル規程ニ於テスルノ外ハ家主ノ意志ニ違ヒテ家屋ニ侵入スルヿヲ得ス

二〇〇　如何ナル罪科アリトモ犯罪者ノ財産ヲ没収ス可ラス

二〇一　駅郵若クハ其他送運ヲ掌ル局舎ニ託スル信書ノ秘密ハ法律ニ由リ定メタル場合ニ於テ判司ヨリ特殊ノ免許アルトキヲ除クノ外ハ必ズ之ヲ侵ス可ラス

二〇二　保塞ノ建営土堤ノ築作脩補ノタメニシ及ヒ伝染病其他緊急ノ情景ニ際シ前文ニ掲クル公布ヲ必需トセサルヘキ時ハ一般ノ法律ヲ以テ之ヲ定ム

二〇三　法律ハ豫メ公益ノ故ヲ以テ没収ヲ要スルヿヲ公布ス可シ

二〇四　公益ノ公布及没収ノ前給ハ戦時火災溢水ニ際シ即時ニ没収スルヿヲ緊要トスルヿハ之ヲ要求スルヿヲ得ス然レ𪜈決〆没収ヲ被リタル者ハ没収ノ償価ヲ請求スルノ権ヲ損害セス

注

(1) 五日市草案はタテ二三・三センチ×三二センチ和紙二十四枚綴りの文書である。平明方直な文字で浄書されているうえ、第一篇第一章の冒頭部分に大型の「葉卓」朱印が一カ所と、中型の「葉卓」の朱印が二カ所、最後尾の条文のあとに中型の「葉卓」朱印が一カ所、計四ヵ所におされている。

(2) 漢字表記については、原則として新字体に改めた。

(3) 合字の「〆」(して)、「トキ」(とき)、「𪜈」(とも)、「ヿ」(こと)は、原文のまま表記した。

(4) 誤字・脱字と思われる箇所には、「ママ」の傍注ないし、推定の字句は〔 〕に表記した。

(5) 本文中、若干の虫喰いのための不明箇所がある。その部分は〔 〕の中へ推定の語句を挿入しておいた。

(6) 本文には各篇ごとに「日本帝国憲法」なるタイトルがあったので、繁をいとわずそのまま収録した。

(7) 各条文については全くナンバーが附されていないので、利用者の便宜を考え、各条文の頭に番号を附することにした。原史料にたいして手を加えたのはこの一点だけである。

(8) 五日市憲法草案は一九八三年(昭和五八)に、発見された土蔵のある深沢家屋敷跡(旧跡)とともに、東京都有形文化財(古文書)に指定された。

(9) 五日市憲法草案の原典は、薄葉和紙に墨書されているが、虫喰い箇所なども見られたため、二十四枚とも裏打ちされて保存されている。

（10）五日市憲法草案の原本は、現在、東京都あきる野市中央図書館に深沢家文書とともに保存されている。
（11）旧版の『民衆憲法の創造』所収の五日市憲法草案全文について、今回改めて逐条にわたって全面的に点検し直し、誤読、誤記等を修正した。

嚶鳴社憲法草案

（校訂　江井秀雄）

第一篇　皇　帝

第一欵　帝位相續

第一条　日本国ノ帝位ハ神武天皇ノ正統タル今上皇帝陛下ノ皇裔ニ世傳ス其相續スル順次ハ必ス左ノ条款ニ従フ

第二条　今上皇帝ノ皇位ハ嫡皇子及ヒ其男統ニ世傳シ其男統ナキ時ハ嫡衆子及ヒ其男統ニ世傳シ其男統ナキ時ハ庶皇子及ヒ其男統ニ世傳ス

第三条　若シ嫡皇子孫庶皇子孫及ヒ其男統ナキ時ハ皇帝ノ兄弟及ヒ其男統ニ世傳ス

第四条　皇帝ノ嫡庶子孫兄弟及ヒ其男統ナキ時ハ皇帝ノ伯叔父（注）皇帝ニ皇位ヲ傳ヘタル父ノ兄弟云フ及ヒ其男統ニ世傳ス

第五条　皇帝ノ嫡庶子孫兄弟伯叔父及ヒ其男統ナキ時ハ皇族中當世ノ皇帝ニ最近ノ血縁アル男及ヒ其男統ヲシテ帝位ヲ襲受セシム

第六条　皇族中男無キ時ハ皇族中當世ノ皇帝ニ最近ノ女ヲシテ帝位ヲ襲受セシム　但女帝ノ配偶ハ帝権ニ干與スルコトヲ得ズ

第七条　以上承継ノ順序ハ総テ長ハ幼ニ先ダチ嫡ハ庶ニ先ダチ卑族《ママ》ハ尊族《ママ》ニ先ダツ

第八条　特殊ノ時機ニ逢ヒ帝位相續ノ順次ヲ超ヘテ次ノ相續者ヲ定ムルコトヲ必要トスルトキハ皇帝其

方案ヲ国会ニ出シ議員三分二以上ノ可決アルヲ要ス

第二欵　摂　政

第九条　皇帝ハ満十五歳ヲ以テ成年トス

第十条　皇帝成年ニ至ラザル間ハ摂政官ヲ置クベシ

第十一条　成年ノ皇帝ト雖ドモ政ヲ親ラスル能ハサル事故アリテ国会其事實ヲ認メタル時ハ其事故ノ存スル間亦摂政官ヲ置クベシ

第十二条　摂政官ハ皇帝若クハ太政大臣之ヲ皇族近親ノ中ヨリ指名シ国会三分二以上ノ可決ヲ得ルコトヲ要ス

第十三条　成年ノ皇帝政ヲ親ラスル能ハザル場合ニ於テ皇帝ノ相續者既ニ満十五歳ニ至ルトキハ摂政官ニ任ズ此場合ニ於テハ皇帝若クハ太政大臣ヨリ国会ニ通知スルニ止リテ其ト議ニ附スルヲ要セズ

第十四条　摂政官ハ其在官ノ間名爵及ヒ儀仗ニ関スルノ外皇帝ノ権利ヲ受用ス

第三欵　皇帝ノ権利

第十五条　皇帝ハ神聖ニシテ責任ナシ

第十六条　皇帝ハ立法行政司法ノ三部ヲ総轄ス

〔原文二条、空文〕

第十九条　皇帝ハ何等以上ノ官及ヒ裁判官ヲ任免ス
但終身官ハ法律ニ定メタル場合ノ外ハ之ヲ免スルコトヲ得ス

第二十条　皇帝ハ陸海軍ヲ総督ス

第二十一条　皇帝ハ戦ヲ宣シ和ヲ講ズ
但即時ニ之ヲ国会ニ通知スベシ

第二十二条　皇帝ハ外国派遣ノ使節諸公使及ヒ領事ヲ任免ス

第二十三条　皇帝ハ外国ト諸般ノ条約ヲ為ス
但国財ヲ費シ若クハ国疆ヲ変改スルノ条約ハ国会ノ承諾ヲ得ルニ非サレハ其効力ヲ有セス

第二十四条　皇帝ハ通貨ヲ製造シ改造ス

第二十五条　皇帝ハ爵位勲章ヲ與ヘ恩賜金ヲ授與ス

第二十六条　皇帝ハ義務ナキ外国ノ勲章ヲ受ルコトヲ得

第二十七条　皇帝ハ特命ヲ以テ既定宣告ノ刑事裁判ヲ破毀シ何レノ裁判廰ニモ之ヲ移シテ復審セシムルノ権アリ

第二十八条　皇帝ハ刑罰ヲ減等及ヒ赦免スルノ権アリ

第二十九条　公罪ヲ犯ス者ハ皇帝ノ名稱ヲ以テ之ヲ追捕シ求刑シ所断ス

父
- 九 庶伯父
- 八 嫡叔父
- 十 庶叔父
- 嫡伯叔母

母

皇
- 六 庶兄
- 五 嫡弟
- 七 庶弟
- 嫡庶姉妹

帝
- 一 嫡太子
- 二 嫡庶子
- 三 庶長子
- 四 庶衆子
- 嫡庶女

- 嫡孫男
- 嫡孫男
- 庶孫男
- 庶孫男
- 嫡庶孫女

- 嫡曾孫男
- 嫡曾孫男
- 庶曾孫男
- 庶曾孫男
- 嫡曾孫女

国会

国会ハ一切ノ法律ヲ議定スル所トス
国会ハ天皇及ビ上下両院ノ三部ヲ以テ成ルモノトス
国会ハ毎年開集スルモノトス
国会ノ一部ニ於テ否拒シタル法案ハ同時ノ集会ニ於テ再ビ提出スルヲ得ス
国会ハ公衆ノ傍聴ヲ許ス
　但シ特別ノ場合ニ於テハ議員十人以上ノ求ニ因リテ各院ノ議長傍聴ヲ禁止スルヲ得
両院議スル所ノ法案ハ其討議ノ際ニ於テ天皇之ヲ中止シ若クハ禁止スルヲ得ス
上下両院トモ規則ヲ設ケ院事ヲ処置スルノ権ヲ有ス

下院

下院ハ法律ニ定メタル選挙区ニ於テ選挙シタル代議員ヨリ成ル
下院ノ議員ハ各選挙区ヨリ一名以上ヲ出サシム
議員ノ任期ハ満三ケ年トス
　但シ幾任期モ重選セラルルヲ得
日本人民ニシテ政権民権ヲ享有スル二十五歳以上ノ男子ニシテ定格ノ財産ヲ所有スルモノハ選挙法ニ遵ヒテ議員ニ選挙セラルルヲ得
議員ハ全国民ノ代議員トス故ニ選挙人ノ教令ヲ受クルヲ要セズ
下院ハ日本帝国ノ財政ニ関スル方案ヲ起草スルノ特権ヲ有ス
下院ハ政事上ノ非違アリト認メタル官吏ヲ上院ニ弾劾スルノ権アリ

下院ハ緊要ナル調査ニ関シ官吏並ニ人民ヲ召喚スルノ権アリ
下院ハ議員ノ身上ニ関シ左ノ事項ヲ處断スルノ権ヲ有ス
　議員下院ノ命令規則若クハ特権ニ違背スルモノ
　議員選挙ニ関スル訴訟
下院ハ其正副議長ヲ議員中ヨリ選挙シテ皇帝ノ制可ヲ請フベシ
下院ノ議員ハ院中ニ於テ為シタル討論演説ノ為ニ裁判ニ訴告ヲ受クルコトナシ
議員ハ会期中及ヒ会期ノ前後二十日間民事訴訟ヲ受クルコトアルモ荅辨スルヲ要セズ
　但シ下院ノ承認ヲ得ルトキハ此限ニアラス
下院ノ議員ハ現行犯ニ非ラザレバ下院ノ承認ヲ得ズシテ会期中及会期ノ前後二十日間拘致セラルルコトナシ
　但シ現行犯罪ノ場合ニ於テモ即時ニ裁判所ヨリ議員ヲ拿捕セシコトヲ通知スベシ
下院ハ請求シテ会期中及ヒ会期ノ前後二十日間議員ノ治罪拘引ヲ停止セシムルノ権アリ
　議長ハ院中ノ官員ヲ任免スルノ権アリ

上　院

第一条　上院ハ　皇帝陛下ノ特命ニ因ツテ任ゼラレタル議員ヨリ成ル
第二条　上院ノ議員ハ定員五十人トス
第三条　上院議員ノ任期ハ十年トシ五年毎ニ其議員ノ半ヲ改任ス
　但満期ノ後モ重任セラルルヲ得
第四条　上院ノ議員ハ日本人民ノ年齢三十五歳以上ニシテ左ノ性格ヲ具フルモノニ限ル

第一　皇族華族
第二　国家ニ大功労アリシ者
第三　三等官以上ニ任セラレシ者
第四　地方長官
第五　三度以上下院ノ議員ニ撰ハレシ者
右上院議員ニ任セラルル性格ハ法律ニ因リ修正スルヲ得
第五条　上院ノ正副議長ハ　皇帝陛下ノ特命ニ因リ議員中ヨリ任ス
第六条　上院ハ下院ノ弾劾シタル官吏ヲ審糺シ其有罪ト決シタル者ヲ　皇帝陛下ニ奏上シテ之ヲ免スルノ権ヲ有ス
第七条　上院議員ハ現行犯ニ非サレハ上院ノ承認ヲ得スシテ之ヲ拘致スルヲ得ス
但現行犯罪ノ場合ニ於テモ即時ニ裁判所ヨリ議員ヲ拿捕セシコトヲ通知スベシ

国会ノ権利

第一条　国会ハ租税ヲ賦課スルノ権利ヲ有ス
第二条　国会ハ内外ノ公債ヲ起スノ権利ヲ有ス
第三条　国会ハ国土ノ疆域ヲ変更シ縣ヲ廃立分合シ其他ノ行政区畫ヲ定ムルノ権利ヲ有ス
第四条　国会ハ国憲許ス所ノ権利ヲ施行スル為メニ諸規則ヲ立ルノ権利ヲ有ス
第五条　国会ハ既往ニ遡ルノ法律ヲ立ツルヲ得ス
但シ舊法ヲ寛ニシ及ヒ契約ノ効ヲ動カササルモノハ此限ニアラス

国会ノ開閉

第一条　皇帝崩殂シテ国会ノ召集期ニ至ルモ之ヲ召集スル者無キトキハ国会自ラ参集シテ開会スルコトヲ得

第二条　国会ハ皇帝ノ崩殂ニ遭フモ嗣皇解散スルノ命アル迄ハ解散セズ定期ノ会議ヲ續クルコトヲ得

第三条　国会ノ閉期ニ當リテ次期ノ国会未ダ開カザル間皇帝崩殂スルコトアルトキハ議員自ラ参集シテ国会ヲ開クコトヲ得若シ嗣皇之ヲ解散スルノ命アルニアラザレバ定期ノ会議ヲ続クルコトヲ得

第四条　議員ノ撰挙既ニ畢リ未ダ国会ヲ開カザル間皇帝ノ崩殂ニ遭テ国会ヲ開ク者ナキトキハ其議員自ラ参集シテ国会ヲ開クコトヲ得若シ嗣皇之ヲ解散スルコト無レバ定期ノ会議ヲ續クルコトヲ得

第五条　国会ノ議員其年期既ニ尽キテ次期ノ議員未ダ撰挙セラレザル間ニ皇帝崩殂スルトキハ前期ノ議員集会シテ一期ノ会ヲ開クコト得

第六条　各院ノ集会ハ同時ニシテ其一院集会シテ他院集会セザルトキハ国会ノ権利ヲ有セズ

第七条　各院議員ノ出席過半数ニ至ラザレバ会議ヲ開クコトヲ得ズ

国憲ノ改正

第一条　憲法ヲ改正スルハ特別会議ニ於テスベシ

第二条　両院ノ議員三分二ノ議決ヲ経テ皇帝之ヲ允可スルニアラザレバ特別会ヲ召集スルコトヲ得ズ特別会議員ノ召集及ビ撰挙ノ方法ハ都テ国会ニ同ジ

第三条　特別会ヲ召集スルトキハ下院ハ散会スルモノトス

第四条　特別会ハ上院ノ議員及ビ国憲改正ノ為メニ特ニ撰挙セラレタル人民ノ代議員ヨリ成ル

第五条　特別ニ撰挙セラレタル代議員三分二以上及ビ上院議員三分二以上ノ議決ヲ経テ皇帝之ヲ允可スルニアラザレバ憲法ヲ改正スルコトヲ得ズ

第六条　其特ニ召集ヲ要シタル事務畢ルトキハ特別会自ラ解散スルモノトス
第七条　特別会解散スルトキハ前ニ召集セラレタル国会ハ其定期ノ職務ニ復スベシ
第八条　憲法ニアラザル総テノ法律ハ両院出席ノ議員過半数ヲ以テ之ヲ決定ス

国民ノ権利

第一条　凡ソ日本人民タルモノハ法律上ニ於テ平等ノモノトス
第二条　日本ノ政権ヲ享有スルニハ日本国民タルヲ要ス
第三条　日本人民ハ文武ノ官吏タルヲ得
第四条　日本人民ハ法律ニ定メタル場合ニ於テ法律ニ定メタル程式ニ據ルニ非レバ拘引招喚セラルルコトナシ
第五条　日本人民ハ至當ノ賠償ヲ得ルニアラザレハ公益ノ為ナリトモ其財産ヲ買上ラルルコトナシ
第六条　日本人民ハ結社集会演説出版ノ自由ヲ享有ス
但シ法律ニ対シテ其責ニ任スベシ
第七条　日本人民ハ皇帝及ビ何レノ衙門ニ向テモ直接ニ乞願シ建言スルヲ得
第八条　日本人民ハ何ノ宗教タルヲ論セス信仰ノ自由ヲ得
第九条　日本人民ハ犯罪ノ場合ニ於テ法律ニ定ムル所ノ保釋ヲ受クルノ権アリ
第十条　日本人民ハ法律ニ定メタル場合ノ外夜中住家ヲ侵サレザルノ権ヲ有ス

行政官

第一条　皇帝ハ行政官ヲ総督ス
第二条　行政官ハ太政大臣及各省長官ヲ以テ成ル

第三条　行政官ハ合シテ内閣ヲ成シ以テ政務ヲ議シ分レテ諸省長官ト為リ以テ當該ノ事務ヲ理ス

第四条　太政大臣ハ大蔵卿ヲ兼子《ね》諸省長官ノ首座ヲ占ムル者トス

第五条　太政大臣ハ皇帝ニ奏シテ内務以下諸省ノ長官ヲ任免スルノ権アリ

第六条　諸省長官ノ序次ハ左ノ如シ

大蔵卿
内務卿
外務卿
司法卿
陸軍卿
海軍卿
工部卿
宮内卿
開拓卿

第七条　行政官ハ皇帝ノ欽命ヲ奉シテ政務ヲ執行スル者トス

第八条　行政官ハ執行スル所ノ政務ニ関シ議院ニ対シテ其責ニ任ズル者トス若シ其政務ニ就キ議院ノ信ヲ失スル時ハ其職ヲ辞スベシ

第九条　行政官ハ諸般ノ法案ヲ草シ議院ニ提出スルヲ得

第十条　行政官ハ毎歳国費ニ関スル議案ヲ草シ之ヲ議院ノ議ニ付スベシ

第十一条　行政官ハ毎歳国費決算書ヲ製シテ之ヲ議院ニ報告スベシ

第十二条　行政官ハ上下両院ノ議院ニ兼任スルヲ得
第十三条　諸般ノ布告ハ太政大臣ノ名ヲ署シ當該ノ諸省長官之ニ副署ス

司法権

第一条　司法権ハ帝皇《ママ》之ヲ総括シ諸裁判所ニ於テ之ヲ執行ス
第二条　凡ソ裁判ハ皇帝ノ命ヲ奉シ諸裁判所長ノ名ヲ以テ之ヲ決行ス
第三条　諸裁判所ノ種類構成権限及裁判官ノ識制《ママ》ハ法律之ヲ定ム
第四条　凡ソ裁判ハ必之ヲ公行ス
第五条　判事ハ終身其職ニ任ス
第六条　判事ハ法律ニ掲ゲタル場合ノ外ハ之ヲ免黜スルコトヲ得ス
第七条　軍事ノ裁判ハ法律之ヲ定ム
第八条　凡ソ法律ヲ以テ定メタル重罪及国事犯ハ陪審官其罪ヲ決ス

注

変体がなヿ、トキ、𪜈などはコト、トキ、トモなどに改めておいた。また誤字誤文と考えられるものもあったが原文のままにしておいた。その場合横に（ママ）としてある。旧漢字もできるだけそのままにしたが、一部新漢字に改めたものもある。

旧版のあとがき

昭和四十三年八月、深沢家の土蔵が開かれ、厖大な史料とともに、学界をはじめ、一般の人びとを驚かせた「五日市憲法草案」が発見されてから、早二年の歳月が過ぎようとしている。

この二年間、深沢家史料の整理と分析に、全くといってもいいほどのエネルギーを費やしてきた私にとっては、本書において研究成果の一端を発表するということは、なにかいうにいわれない開放感がある。思い起してみれば、この期間は本当にあわただしかったが、しかし、楽しい毎日でもあった。

昨年十一月、東京経済大学の大学祭で行われた「武州三多摩史料展」、また三ヵ月のロング・ランを続け、本年一月末、大成功のうちに終了した八王子郷土資料館の「多摩の先駆者展」。さらに、立川社会教育会館の都民への歴史教養講座、五日市成人講座の講演等、まるで盆と正月がいちどにきたようないそがしさで、生活のペースまでもが狂ってしまうといった日々であった。

しかし、今こうして一段落したあと、このあわただしかった二年間の研究過程を振り返ってみると、いろいろの貴重な体験や感動的な事柄が走馬燈のように脳裡をかすめていく。

なかでも、千葉卓三郎を追跡した時のことは生涯忘れられない思い出のひとつとなろう。

志波姫《しわひめ》町の役場で、多くの戸籍簿のなかから千葉卓三郎の名前を発見した時の喜び、また、卓三郎の苦難の道ではあったが、生涯一貫して反体制運動に挺身したことを知って、自らの人生に光をみいだしたと感激していた地元の多感な高校生のすがた、志波姫町あげて卓三郎を町の生んだ偉人と私たちに対して誇らしげに語ってくれた農民たち。

神戸医大に入院されていた卓三郎の孫にあたる八十歳の千葉敏雄氏の病室を訪れたときのこと、私たちの東京から着くのを首を長くして、しかも大切な史料の入ったトランクを抱えて床の上に正座をして待っておられた老人のすがた。そこひの手術を間近に控えた病人に四時間もの長いインタビューを強行したふてぶてしさなど忘れられない。

こうした卓三郎追跡のことを考えてみると、私たちはずいぶん幸運に恵まれていたことになる。明治の戸籍の残存や子孫の判明、と同時に千葉敏雄氏が史料を大切に保存していてくれたことなどは稀有といわなくてはならないだろう。

今回の追跡調査で深く感じたことは、決して諦めないこと、最後の最後まで希望を捨てずに追求することの重要性をはっきり知ったことである。正に千載一遇の機会は執拗な追跡によって得られたものといえよう。

また、大学の史料展準備にかけた夏休みの文書修復の作業も忘れられないひとつである。色川ゼミナールの学生諸君、とくに海津敬、中島孝雄君は、故郷にも帰らず、図書館の藤本雅司氏と私とともに丸々二ヵ月間という大事な休暇を返上して文書修復に打ちこんでくれたことである。朝から晩まで虫くいだらけの、手の施しようのないと思われるような史料を、一枚一枚細心の注意を払って裏打ちをしていく作業は大変なことであった。正にそれは年期の入った表具職人の仕事であった。

なかでも四帖半もの大きさのある、武蔵国全図の古地図を復元するときの二日にわたる労力は、想像を絶する業であった。ほとんど原形がわからないほど虫にくわれていた古地図がほぼ完全に修復できたときには、思わず手を取りあって喜んだものであった。

こうして二ヵ月の間に約五百枚からの文書を全く私たちだけの手で完全に修復したのであった。今、考えるとよくあのような困難な作業ができたと思う。ここに両君ならびに東京経済大学図書館司書藤本雅司氏の不断の努力に対して心から敬服する次第である。

最後に、貴重なる史料を心よく提供下された立川短期大学教授深沢一彦氏、また、深沢史料の発掘からともに研究を行ってきた良き友である五日市高等学校教諭溝口重郎氏、この書の刊行にあたってお骨折を下さった評論社の竹下晴信氏に、心から感謝の意を表してあとがきとしたい。

一九七〇年六月三十日

江井秀雄記す

新版のあとがき

評論社版の『民衆憲法の創造』が刊行されてから半世紀ほど経つ。この本の中心は一九六八年に都下五日市町の深沢の土蔵から発見された「五日市憲法草案」であるが、その折、立会っていただいた深沢一彦先生や協力して下さった方々のほとんどが故人になられている。

また、私に同行し、土蔵開けや文書整理を共にした東京経済大学色川ゼミの学生たちも、みな高齢化し、中には飯島敏雄君のように先立ったものもいる。旧著を共に出版した江井秀雄君は当時、私の研究室の副手をしており、後輩学生たちの指導者でもあった。また、一九六九年、共著者に名をつらねた新井勝紘君は発見当時、学部の四年生で卒業論文の準備中であった。その新井君は後に専修大学の教授になったが、今年の春、定年退職したという。まさに「光陰矢のごとし」で、今昔の感に堪えない。かれは、専修大学在任中、この憲法や民権思想に関する小論文を数えきれないほど発表している（『新井勝紘先生専修大学退職記念誌』二〇一五年三月、所収）。いかにこの発見が重いものであったかがわかる。

この私の「あとがき」は新版の「まえがき」を兼ねたような内容になったが、旧版の「あとがき」は江井秀雄君が署名入りで書いているのである。今、読み返してそれを訂正することは何もない。

最後に、新稿の出版、再録を承諾して下さった評論社、農山漁村文化協会、志波姫《しはひめ》町（現栗原市）、五日市町（現あきる野市）の住民の皆さん、役場の方々、およびこの本の編集を自ら担当され、五日市憲法に再び陽の目を見させてくれた日本経済評論社の栗原哲也社長にこころからのお礼を申し上げる。同社の皆さんにも謝意を表したい。

二〇一五年一〇月二〇日

色川大吉

【執筆者紹介】

江井　秀雄（えい　ひでお）
1940年、東京都世田谷区生まれ
日本近代史専攻。現在、民衆思想史研究所代表。和光大学、東京経済大学などで講師を務めるほか、東京都立高等学校で教鞭をとる。
主著に、『多摩近現代の軌跡――地域史研究の実践』（けやき出版、1970）、『自由民権に輝いた青春――卓三郎・自由を求めてのたたかい』（草の根出版会、2002）。共著に、『五日市町史――東京都西多摩郡五日市町』（五日市町史編さん委員会編、1976）、『三多摩自由民権史料集』（色川大吉責任編集、大和書房、1979）、『狛江市史』（狛江市史編さん委員会編、1985）『多摩川誌』（建設省関東地方建設局京浜工事事務所多摩川誌編集委員会 企画・編集、財団法人 河川環境管理財団、1986）ほか。
論文に、「私擬議憲法の思想」『歴史公論』（雄山閣、1976）、「嚶鳴社研究 1～5」『和光大学人文学部紀要』（第14、16、23～25号、1979、81、88～90）。

新井　勝紘（あらい　かつひろ）
1944年、東京都福生市生まれ
日本近代史専攻。専修大学史編集副主幹。
町田市史編纂室、町田市立自由民権資料館主査、国立歴史民俗博物館歴史研究部助教授、専修大学文学部教授を歴任。
共著に『明治大正図誌』（第七巻「関東編」筑摩書房、1979）、共編著『戦いと民衆』（「人類にとって戦いとは」三、東洋書林、2000）、編著『近代移行期の民衆像』（「民衆運動史」四、青木書店　2000）、共編著『多摩と甲州道中』（「街道の日本史」一八、吉川弘文館2003）、監修・解説『驥尾団子』（第1～9巻、柏書房）、編著『自由民権と近代社会』（「日本の時代史」二二、吉川弘文館、2004）。「近代民衆史と展示表現の自由」（『歴史学研究』第六六四号、1994）、「自由民権運動と民権派の憲法構想」（江村栄一編『自由民権と明治憲法』、吉川弘文館、1995）、「自由民権と憲法論」（明治維新史学会編『講座明治維新』第五巻「立憲制と帝国への道」有志舍、2012）ほか。

【編著者紹介】

色川　大吉（いろかわ　だいきち）

1925年、千葉県佐原町（現香取市）生まれ

1943年、第二高等学校卒業、東京帝国大学文学部入学。1944年、学徒出陣で土浦海軍航空隊に入隊、1948年、東京大学文学部卒業。その後、中学教師、民主商工会書記、日本近代史研究会などを経て1962年、東京経済大学専任講師、助教授、教授を経て1996年、同大学退職。その間「日本はこれでいいのか市民連合」代表、不知火海学術調査団長、歴史民俗博物館総合展示代表者会議座長等をつとめる。1968年の「五日市憲法草案」の発見は歴史的発見として記録されている。

主著に『明治精神史』（黄河書房、1964、後に岩波現代文庫、上・下、2008）、『近代国家の出発』（中央公論社、「日本の歴史」21、1966、後に中公文庫、1974）、『自由民権』（岩波書店、1981）、『ある昭和史』（中央公論社、1975）、『北村透谷』（東京大学出版会、1994）、『廃墟に立つ』『カチューシャの青春』（小学館、2005）、『若者が主役だったころ』『昭和へのレクイエム』（岩波書店、2008、2010）、近著に『追憶のひとびと』（街から舎、2012）、『近代の光と闇』『新世紀なれど光は見えず』（日本経済評論社、2013、2014）、『戦後七〇年史』（講談社、2015）等がある。他に『色川大吉著作集』（全5巻、筑摩書房、1995）。

五日市憲法草案とその起草者たち

2015年11月20日　第1刷発行

定価（本体3000円＋税）

編著者　色　川　大　吉

発行者　栗　原　哲　也

発行所　株式会社日本経済評論社

〒101-0051　東京都千代田区神田神保町3-2

電話 03-3230-1661　FAX 03-3265-2993

URL：http://www.nikkeihyo.co.jp

印刷＊文昇堂・組版＊閏月社・製本＊誠製本

装丁＊渡辺美知子

乱丁本・落丁本はお取替えいたします　　Printed in Japan

ISBN 978-4-8188-2408-9

自由民権の再発見　安在邦夫・田﨑公司編著　三五〇〇円

自由民権〈激化〉の時代
運動・地域・語り　高島千代・田﨑公司編著　七四〇〇円

日本近代のサブ・リーダー
歴史をつくる闘い　金原左門　四五〇〇円

近代農村社会運動の群像
在野ヒューマニストの思想　坂本昇　三八〇〇円

色川大吉歴史論集
近代の光と闇　色川大吉　二八〇〇円

表示価格は本体価（税別）です。

日本経済評論社